供应商质量管理

主 编 孙 磊
参 编 孙长敬

机械工业出版社

本书以供应商质量管理体系较为成熟的电子通信、汽车行业的供应商质量管理为主线，介绍了采购与供应商管理基础知识、质量管理与供应商质量管理、潜在供应商的选择、潜在供应商质量保证能力评价、供应商先期产品质量管理、供应商批量生产质量管理、供应商绩效考核与关系管理、供应商质量改进常用工具方法。

本书可作为本科院校质量管理工程、工业工程专业的教材，也可作为企业供应商质量管理工程师、供应商管理人员的培训用书。

图书在版编目（CIP）数据

供应商质量管理/孙磊主编．—北京：机械工业出版社，2020.9（2024.1重印）

ISBN 978-7-111-66497-0

Ⅰ.①供… Ⅱ.①孙… Ⅲ.①企业管理-供销管理-质量管理 Ⅳ.①F274

中国版本图书馆 CIP 数据核字（2020）第 169580 号

机械工业出版社（北京市百万庄大街22号 邮政编码100037）
策划编辑：王 博 责任编辑：王 博 关晓飞
责任校对：赵 燕 封面设计：马精明
责任印制：常天培
固安县铭成印刷有限公司印刷
2024年1月第1版第5次印刷
184mm×260mm · 13.25 印张 · 360 千字
标准书号：ISBN 978-7-111-66497-0
定价：48.00元

电话服务 网络服务
客服电话：010-88361066 机 工 官 网：www.cmpbook.com
　　　　　010-88379833 机 工 官 博：weibo.com/cmp1952
　　　　　010-68326294 金 书 网：www.golden-book.com
封底无防伪标均为盗版 机工教育服务网：www.cmpedu.com

前　言

随着工业化进程的不断深化以及社会劳动分工的不断细化，任何一家企业不可能把产成品的所有原材料、零部件、仪器设备等生产物质在企业内全部生产加工出来，因此企业都不约而同地将自己不擅长、不专业、不能做或自己做不经济的非核心业务外包出去，交给对应领域的专业企业来实现，随之就产生了供应商。

统计资料表明，许多企业一年的采购成本占年销售额的60%以上，因此企业纷纷把采购部门从一般的职能部门上升到战略职能部门，名称也从采购管理（Purchasing Management）变成供应商管理（Supplier Management）。表面看上去可能就是几个字的变化，但其背后蕴含了对采购管理价值的期待和定位的重大改变。采购管理的主要职能是建立一种买卖之间的交易，其中包含采（Sourcing）和购（Buying），前为寻源过程，后为下单购买的过程，是基于单价利益最大化的博弈。而供应商管理不仅仅聚焦单价成本的博弈，更多聚焦于如何形成长期合作、互利共赢的局面，也只有互利共赢才能支持长期合作。

供应商管理绕不开质量（Quality）、成本（Cost）、交付（Delivery）和服务（Service）等评价指标。理论上把质量放在首位以显示其重要性，质量也是最基本的要素。但现实工作中我们发现，在供应商选择上以成本为第一考量因素的不在少数，因成本问题引起的供方质量的风险、零部件质量指标不达标甚至出现质量危机事件都屡见不鲜，给企业本身、产业链乃至国家造成了巨大的损失。可以说供应商零部件的质量水平在很大程度上决定了采购方最后交付的产品的质量水平。企业质量管理的边界也早已从传统的管好自家的"进门"（IQC，来料检验）与"出门"（OQC，出货检验），不得不延伸至对供应商质量的系统管理。如何有效地管控好供应商质量，是近些年讨论最多、最热门的质量话题，也是许多企业供应商管理的痛。从各大人才招聘网站上看，供应商质量管理工程师（Supplier Quality Engineer, SQE）排在质量人才招聘需求的第一位，这充分说明企业对供应商质量管理的重视程度及企业对SQE人才的渴求。

基于对供应商质量管理多年的实践与教学工作经验，我们编写了这本系统性阐述供应商质量管理的书籍，助学校培养高质量的SQE人才，以及指导企业正确、系统地开展供应商质量管理。

不同的产业、不同的行业以及处于不同发展阶段的企业在供应商选择标准和供应商质量管理的关注点、合作动机等方面都是不同的。无论高校师生，还是采购、设计开发、工艺、生产及质量人员，都能通过阅读本书而有所收获。让我们一起坚持质量为本，一起为做有质量的工作、过有质量的生活而努力！还可登录中国质量俱乐部网 www.qualityclub.cn，获取更多行业动态。

本书编者水平有限，再加上编写时间仓促，书中不足之处在所难免，望读者指正。

编者

目 录

前言
第1章　采购与供应商管理概述 ··· 1
  1.1　采购概述 ·· 1
    1.1.1　采购的定义 ··· 1
    1.1.2　采购在价值链中的地位 ·· 1
    1.1.3　采购的一般作业流程 ··· 3
  1.2　采购管理概述 ·· 3
    1.2.1　采购管理的概念 ··· 3
    1.2.2　采购管理的作用 ··· 4
    1.2.3　采购管理的目标 ··· 5
    1.2.4　采购管理的基本内容 ··· 5
  1.3　供应商与供应商管理概述 ··· 6
    1.3.1　供应商与供应商管理的定义 ·· 6
    1.3.2　供应商管理的主要内容 ·· 7
    1.3.3　供应商管理的价值 ·· 7
    1.3.4　供应商管理的发展历程 ·· 8
第2章　质量管理与供应商质量管理 ··· 12
  2.1　质量的概念、内涵及其发展 ·· 12
    2.1.1　质量的概念与内涵 ·· 12
    2.1.2　质量概念的发展 ··· 13
  2.2　质量管理与全面质量管理 ··· 15
    2.2.1　质量管理的概念 ··· 15
    2.2.2　全面质量管理的概念 ··· 16
  2.3　质量管理的发展阶段 ··· 16
    2.3.1　质量检验阶段（质量管理1.0） ·· 17
    2.3.2　统计质量控制阶段（质量管理2.0） ·· 17
    2.3.3　全面质量管理阶段（质量管理3.0） ·· 17
    2.3.4　大数据质量管理阶段（质量管理4.0） ··· 18
  2.4　质量管理的代表人物及其核心思想 ·· 18
    2.4.1　休哈特及其质量管理思想 ··· 18
    2.4.2　戴明及其质量管理思想 ·· 19
    2.4.3　朱兰及其质量管理思想 ·· 19
    2.4.4　费根堡姆及其质量管理思想 ·· 20
    2.4.5　克劳士比及其质量管理思想 ·· 20
    2.4.6　石川馨及其质量管理思想 ··· 20
    2.4.7　田口玄一及其质量管理思想 ·· 21
  2.5　供应商质量管理与SQE ·· 21
    2.5.1　WT公司供应商质量管理的现状 ··· 21

2.5.2 供应商质量管理的重要性 ……………………………………………………… 22
2.5.3 供应商质量管理概述 …………………………………………………………… 23
2.5.4 SQE的职责、角色、能力要求与知识体系 ………………………………… 24

第3章 潜在供应商的选择 …………………………………………………………… 26
3.1 外包的概念与外包模式的产生 ………………………………………………… 26
3.1.1 外包的概念 ……………………………………………………………………… 26
3.1.2 外包模式的产生 ………………………………………………………………… 26
3.2 外包的特征与选择外包的意义 ………………………………………………… 26
3.2.1 外包的特征 ……………………………………………………………………… 26
3.2.2 选择外包的意义 ………………………………………………………………… 27
3.3 自制与外包的业务决策 ………………………………………………………… 28
3.3.1 自制与外包的业务决策考量因素 …………………………………………… 28
3.3.2 自制或外包决策的盈亏平衡分析 …………………………………………… 30
3.4 潜在供应商开发的原则与主要途径 …………………………………………… 31
3.4.1 潜在供应商开发的原则 ……………………………………………………… 31
3.4.2 潜在供应商开发的主要途径 ………………………………………………… 31
3.5 潜在供应商的选择步骤与方法 ………………………………………………… 32
3.5.1 潜在供应商的选择步骤 ……………………………………………………… 32
3.5.2 潜在供应商的选择方法 ……………………………………………………… 33
3.6 潜在供应商选择的八大关注点 ………………………………………………… 38
3.6.1 供应商所在区域 ……………………………………………………………… 38
3.6.2 供应商自身规模 ……………………………………………………………… 38
3.6.3 供货产品质量 ………………………………………………………………… 39
3.6.4 供货产品成本 ………………………………………………………………… 39
3.6.5 供应商的库存政策 …………………………………………………………… 40
3.6.6 供应商的柔性 ………………………………………………………………… 42
3.6.7 供应商的交货时间 …………………………………………………………… 43
3.6.8 供应商的服务 ………………………………………………………………… 43

第4章 潜在供应商质量保证能力评价 …………………………………………… 44
4.1 潜在供应商的初期管理 ………………………………………………………… 44
4.1.1 潜在供应商的基本情况调查 ………………………………………………… 44
4.1.2 潜在供应商调查表的回收与复核 …………………………………………… 46
4.1.3 潜在供应商初步拜访 ………………………………………………………… 46
4.1.4 潜在供应商初步报价 ………………………………………………………… 46
4.2 潜在供应商的现场审核流程 …………………………………………………… 46
4.2.1 现场审核的启动 ……………………………………………………………… 47
4.2.2 现场审核的策划 ……………………………………………………………… 47
4.2.3 现场审核的实施 ……………………………………………………………… 49
4.2.4 现场审核报告的撰写 ………………………………………………………… 49
4.2.5 现场审核的结论 ……………………………………………………………… 50
4.2.6 现场审核结果的应用 ………………………………………………………… 51
4.3 潜在供应商的质量体系审核与过程质量审核 ………………………………… 51
4.3.1 潜在供应商的质量体系审核 ………………………………………………… 56

4.3.2　潜在供应商的过程质量审核 ………………………………………… 65
　　4.3.3　潜在供应商审核的策略 ……………………………………………… 68
4.4　询价材料的内容与评审 …………………………………………………………… 70
　　4.4.1　询价材料的内容 ……………………………………………………… 70
　　4.4.2　询价材料的评审 ……………………………………………………… 70
4.5　技术质量方案的交底与评审 ……………………………………………………… 70
　　4.5.1　技术质量方案的交底 ………………………………………………… 70
　　4.5.2　技术质量方案的评审 ………………………………………………… 72
4.6　质量保证协议的管理 ……………………………………………………………… 72
　　4.6.1　合同管理概述 ………………………………………………………… 72
　　4.6.2　质量保证协议的基本要求 …………………………………………… 74
　　4.6.3　质量保证协议的评审组织 …………………………………………… 74
　　4.6.4　质量保证协议的评审内容与要求 …………………………………… 75
　　4.6.5　质量保证协议的交流 ………………………………………………… 75
　　4.6.6　质量保证协议节点的确认 …………………………………………… 75
　　4.6.7　质量保证协议中的主要质量指标 …………………………………… 75

第5章　供应商先期产品质量管理 ……………………………………………… 77

5.1　初识先期产品质量策划 …………………………………………………………… 77
　　5.1.1　先期产品质量策划的目标 …………………………………………… 77
　　5.1.2　先期产品质量策划的价值 …………………………………………… 77
　　5.1.3　先期产品质量策划的典型过程 ……………………………………… 77
　　5.1.4　先期产品质量策划过程的输入输出 ………………………………… 79
5.2　供应商先期开发过程的基础工作 ………………………………………………… 80
　　5.2.1　项目管理 ……………………………………………………………… 80
　　5.2.2　同步工程 ……………………………………………………………… 81
　　5.2.3　项目质量管理 ………………………………………………………… 81
5.3　项目策划与概念设计过程 ………………………………………………………… 83
　　5.3.1　项目策划与概念设计过程流程图 …………………………………… 83
　　5.3.2　项目可行性分析与研究 ……………………………………………… 83
　　5.3.3　产品的标杆分析 ……………………………………………………… 84
　　5.3.4　概念设计 ……………………………………………………………… 84
5.4　产品设计与验证 …………………………………………………………………… 85
　　5.4.1　产品设计与验证过程流程图 ………………………………………… 85
　　5.4.2　产品质量功能展开 …………………………………………………… 85
　　5.4.3　产品特殊特性的识别与管理 ………………………………………… 86
　　5.4.4　设计失效模式与影响分析 …………………………………………… 87
　　5.4.5　面向X性设计与可追溯性分析 ……………………………………… 87
　　5.4.6　产品设计验证计划 …………………………………………………… 88
　　5.4.7　模拟计算产品设计验证 ……………………………………………… 88
　　5.4.8　工程样件的制作 ……………………………………………………… 89
　　5.4.9　样件试验验证管理 …………………………………………………… 89
　　5.4.10　产品设计评审 ………………………………………………………… 90
　　5.4.11　产品设计的确认与发布 ……………………………………………… 90
5.5　过程设计与验证 …………………………………………………………………… 91

目 录

  5.5.1 过程设计与验证工作流程图 ... 91
  5.5.2 过程设计的常见交付件 ... 91
  5.5.3 过程流程图与平面布置图 ... 91
  5.5.4 作业标准指导书 ... 92
  5.5.5 过程质量功能展开 ... 92
  5.5.6 过程特性清单 ... 93
  5.5.7 过程失效模式与影响分析 ... 94
  5.5.8 控制计划 ... 95
  5.5.9 模拟计算过程验证 ... 96
  5.5.10 过程设计评审 ... 96
  5.5.11 过程设计冻结 ... 97
 5.6 生产设施的准备与验收 ... 98
  5.6.1 生产、检验设备提供商的选择 ... 98
  5.6.2 生产、检验设备的设计评审 ... 98
  5.6.3 生产、检验设备的调试与优化 ... 99
  5.6.4 生产、检验设备的产线生产验证 ... 99
  5.6.5 工装样件的生产与交付 ... 99
  5.6.6 生产设施的验收 ... 100
  5.6.7 检测设施、量检具的验收 ... 101
 5.7 批量生产过程的认可 ... 101
  5.7.1 批量试生产 ... 101
  5.7.2 初始过程能力研究 ... 102
  5.7.3 小批量试装试加工 ... 103
  5.7.4 批量生产的批准 ... 103
 5.8 技术状态管理与知识管理 ... 104
  5.8.1 技术文件的管理 ... 104
  5.8.2 产品、过程设计记录的版本管理 ... 104
  5.8.3 样机状态的管理 ... 105
  5.8.4 项目知识的管理 ... 105
 5.9 二级供应商的管理 ... 106
  5.9.1 二级供应商的质量资质要求 ... 106
  5.9.2 二级供应商的选择原则与要求 ... 106
  5.9.3 二级供应商的设计评审与确认 ... 106
  5.9.4 二级供应商样件的验收 ... 107
  5.9.5 二级供应商的批量生产确认 ... 107

第6章 供应商批量生产质量管理 ... 108

 6.1 批量生产概述 ... 108
  6.1.1 批量生产的概念 ... 108
  6.1.2 批量生产的分类 ... 108
 6.2 初期流动管理 ... 109
  6.2.1 初期流动管理的目的 ... 109
  6.2.2 初期流动管理的时机 ... 110
  6.2.3 初期流动检验方案的制定 ... 110
  6.2.4 初期流动阶段的检验 ... 111

	6.2.5	初期流动管理的发运	111
	6.2.6	初期流动管理的退出	111
6.3	供方生产过程关键点管理	112
	6.3.1	产品可追溯性管理	112
	6.3.2	产品先进先出管理	113
	6.3.3	产品储存管理	113
	6.3.4	标准化作业	114
	6.3.5	关键岗位人员的管理	114
	6.3.6	工程变更的管理	114
	6.3.7	设备、工治具维保管理	115
	6.3.8	防错方法导入	116
6.4	供方生产过程的质量控制方法	117
	6.4.1	产品检验	117
	6.4.2	不合格品的标识与管理	118
	6.4.3	不合格品的处理	118
	6.4.4	质量问题的临时对策	118
	6.4.5	测量仪器设备的管理	119
	6.4.6	关键过程控制与过程能力	120
	6.4.7	例行产线稽查	120
	6.4.8	三大审核的实施	120
6.5	供方质量的统计与分析改进	123
	6.5.1	质量信息管理	123
	6.5.2	质量沟通会议	123
	6.5.3	质量分析和改进	124
	6.5.4	质量目标与绩效管理	124
6.6	供方质量问题逐级升级管理	125
	6.6.1	质量问题逐级升级处理原则	125
	6.6.2	一级受控发运管理	126
	6.6.3	二级受控发运管理	127

第7章 供应商绩效考核与关系管理 128

7.1	供应商绩效考核体系的建立	128
	7.1.1	供应商绩效考核的定义与意义	128
	7.1.2	供应商绩效考核的目的	128
	7.1.3	供应商绩效考核的流程	129
	7.1.4	供应商绩效考核的指标	131
	7.1.5	供应商绩效考核的方法	133
7.2	供应商绩效考核的实施	138
	7.2.1	成立供应商绩效考核小组	138
	7.2.2	供应商绩效考核小组的职责	138
	7.2.3	供应商绩效考核的实施步骤	139
7.3	供应商绩效考核后的管理	140
	7.3.1	供应商的分级管理	140
	7.3.2	供应商的奖惩	142
	7.3.3	供应商辅导与能力提升	142

7.4 供应商关系管理 · 143
7.4.1 供应市场的变化对供应商关系管理的要求 · 144
7.4.2 供应商关系管理的意义 · 144
7.4.3 供应商关系管理的原则 · 145
7.4.4 供应商关系管理的价值 · 146
7.5 战略伙伴供应商关系的建设 · 147
7.5.1 战略伙伴供应商关系的定义 · 147
7.5.2 战略伙伴供应商关系的意义 · 147
7.5.3 战略伙伴供应商关系的内容 · 147
7.5.4 建立战略伙伴供应商关系的步骤 · 148
7.5.5 战略伙伴供应商关系的维护 · 149
7.5.6 案例：西门子供应商关系管理的15条原则 · 150

第8章 供应商质量改进 · 151
8.1 质量改进概述 · 151
8.1.1 质量改进的定义 · 151
8.1.2 质量改进的目标与原则 · 151
8.1.3 质量改进的分类与途径 · 153
8.1.4 质量改进的环境要求 · 154
8.1.5 质量改进的策略与步骤 · 155
8.1.6 质量改进的内涵 · 158
8.2 质量改进中常用的定量分析方法 · 159
8.2.1 检查表 · 159
8.2.2 排列图 · 161
8.2.3 因果图 · 163
8.2.4 散布图 · 166
8.2.5 层别法 · 168
8.2.6 直方图 · 170
8.2.7 控制图 · 174
8.3 质量改进中常用的定性分析方法 · 182
8.3.1 纠正和预防措施 · 182
8.3.2 8D真因分析 · 184
8.3.3 5Why分析法 · 188
8.4 系统性质量改进方法 · 190
8.4.1 质量改进圈 · 190
8.4.2 精益六西格玛管理 · 193

附录 英文缩写中英文对照 · 200
参考文献 · 202

第1章 采购与供应商管理概述

1.1 采购概述

1.1.1 采购的定义

采购是指单位或个人基于生产、销售、消费等目的购买商品的交易行为。根据人们取得商品的方式和途径不同,采购也可以从狭义和广义两方面来理解。

1. 狭义的采购

狭义的采购就是指买东西,也就是指根据需求提出采购目标、采购计划,审核采购计划,选好供应商(Supplier),经过商务谈判确定价格、交货方式及相关条件后,最终达成一致或签订合同,并按要求收货、付款的全过程。在狭义的采购中,买方一定要先具备支付能力(也就是要有钱),才能换取卖方的物品来满足自己的需求。

2. 广义的采购

广义的采购是指除了以购买的方式获取物品之外,还可以通过下列途径取得物品的使用权,以达到满足需求的目的。

租赁:一方以支付租金的方式取得他人物品的使用权。

借贷:一方以无须支付任何代价的方式取得他人物品的使用权,使用完毕,仅返还原物品。这种无偿借用他人物品的方式,通常基于借贷双方的情谊与密切关系,特别是借方的信用。

交换:用以物易物的方式取得物品的所有权及使用权,但是并没有直接支付物品的全部价款。换言之,当双方交换物品的价值相等时,不需要以金钱补偿对方;当双方交换物品的价值不等时,仅由一方补贴差额给对方。

综上所述,广义的采购是指单位或个人为了满足某种特定的需求,以购买、租赁、借贷、交换等各种不同的途径,取得商品及劳务的所有权或使用权的活动过程。采购是一种经济活动,是企业经济活动的主要组成部分。既然是经济活动,就要遵循经济规律,追求经济效益。在整个采购活动过程中,一方面,通过采购获取了资源,保证了企业正常生产的顺利进行,这是采购的效益;另一方面,在采购过程中也会发生各种费用,这就是采购成本。我们要追求采购经济效益的最大化,就要不断降低采购成本,以最少的成本去获取最大的效益。而要做到这点,科学、系统地开展采购工作是必然要求。科学采购是实现企业经济利益最大化的基本利润源泉。要实现科学采购,就要科学地进行采购管理。

1.1.2 采购在价值链中的地位

在传统思维里,采购就是拿钱买东西,目标就是以最少的钱买到最好的商品。但是,随着市场经济的发展、技术的进步及竞争的日益激烈,采购已由单纯的商品买卖发展成为一种职能,一种可以为企业节省成本、增加利润、获取服务和创造价值的职能。随着国际贸易合作的日益频繁,采购职能已由企业战术地位提高到了企业战略地位的高度。

随着在企业中职能的扩展,采购越来越具有举足轻重的地位。采购已经成为企业经营的一个核心环节，是获取利润的重要来源，在企业的产品开发、质量保证、供应链管理及经营管理中起着极其重要的作用。走出传统的采购认识误区、正确确定采购的地位，是当今每个企业在全球化、信息化市场经济竞争中赖以生存的基本保障，更是现代企业谋求发展壮大的必然要求。

（1）采购的价值地位　采购成本是企业成本管理中的主体和核心部分，采购是企业管理中"最有价值"的增值部分。在企业的成本构成中，采购的原材料、零部件成本占企业总成本的比例随行业的不同而不同，一般在30%～90%，平均水平在60%以上。从世界范围来说，对于一个典型的企业，一般采购成本（包括原材料、零部件）要占企业总成本的60%，工资和福利占20%，管理费用占15%，其他占5%。而在中国的工业企业中，各种物资的采购成本要占到企业总成本的70%。现实中，许多企业在控制成本时将大量的时间和精力放在占比不到总成本40%的企业管理费用及工资和福利上，而忽视其主体部分的采购成本，因此往往是事倍功半、收效甚微。

（2）采购的供应地位　从供应的角度来说，采购是整体供应链管理中"上游控制"的主导力量。在工业企业中，利润是同制造及供应过程中的物流和信息流流动速度成正比的。在商品生产和交换的整体供应链中，每个企业既是顾客又是供应商。为了满足最终顾客的需求，企业都力求以最低的成本将高质量的产品以最快的速度供应到市场，以获取最大利润。从整体供应链的角度来看，企业为了获得尽可能多的利润，都会想方设法加快物料和信息的流动，这就必须依靠采购的力量，充分发挥供应商的作用与价值，因为占总成本60%的物料及相关的信息都发生或来自供应商处。供应商提高其供应可靠性及灵活性，缩短交货周期，增加送货频率，可以极大地改进工业企业的管理水平，如缩短生产总周期、提高生产效率、减少库存、增强对市场需求的应变力等。

（3）采购的质量地位　质量是产品的生命。采购物料不只是价格问题（而且大部分不是价格问题），更多的是质量水平、质量保证能力、售后服务水平、综合实力等。有些商品看起来买得很便宜，但经常出质量问题，维修频繁，售后成本居高不下，这就大大增加了使用的总成本（TCO）；如果买的是假冒伪劣商品，就会蒙受更大的损失。一般企业都将质量控制按产品实现过程的先后顺序划分为设计开发质量控制、采购质量控制、生产过程质量控制及售后质量控制。

由于产品中价值的60%是通过设计与采购由供应商提供的，毫无疑问，产品的质量很大程度上受采购产品质量控制的影响。也就是说，保证企业产品质量不仅要靠企业内部各个过程的质量控制，更依赖于对供应商的质量控制。这也是"上游质量控制"的体现。上游质量控制得好，不仅可以为下游质量控制打好坚实的基础，同时可以降低不该发生的质量成本（Cost of Quality，COQ），减少企业来料检验（Incoming Quality Control，IQC）费用（降低检验频率甚至免检）等。经验表明，一个企业若能将1/4甚至1/3的质量管理精力花在供应商的质量管理上，那么企业自身的质量（设计质量、生产质量及售后产品质量）水平起码可以提高50%以上。可见，通过开展质量控制前移工作将质量管理延伸到供应商质量控制，是提高企业自身质量水平的基本保证。

采购也能对质量成本的降低做出巨大贡献。当供应商交付产品时，许多公司都会进行来料检验和定期的质量稽核，可以通过选择那些有健全质量保证体系的供应商来减少来料检查和质量稽核成本。

采购不但能够降低所采购的物资或服务的价格，而且能够通过多种方式增加企业的价值，这些方式主要有支持企业的战略、改善库存管理、稳步推进与核心供应商之间的关系、密切了解供应市场的变化趋势及技术发展趋势等。因此，加强采购管理对企业提升核心竞争力也具有十分重要的意义。

1.1.3 采购的一般作业流程

采购的作业流程会因采购来源、采购方式以及采购对象的不同而在作业细节上有若干差异，但采购的基本作业流程则每家企业都大同小异。图1-1所示为采购的基本作业流程。

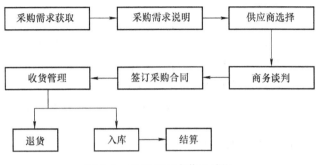

图1-1 采购的基本作业流程

（1）采购需求获取 任何采购都产生于企业中某个部门提出的需求，所以在进行采购之前，采购部门应先获取并确定企业中各部门所需物料的种类、数量、时间等相关采购信息。

（2）采购需求说明 在获取需求之后，由各部门对需要采购的商品或服务做出一个准确的描述，即对需求的细节，如数量、质量、单价、时间、包装、售后服务、运输及检验方式等，加以明确说明，以便采购部门对需求有充分的了解，为后续作业能顺利进行做好铺垫。

（3）供应商选择 供应商选择是采购职能中重要的一环，涉及高质量物料或服务的确定和评价。这一环节主要是根据需求说明，在原有供应商库中选择适合的厂商或寻找潜在的供应商并进行相关的评价与审核后，通知其评估要求并给出报价。

（4）商务谈判 在进行前期的寻找并决定了可能的供应商后，应进行商务相关的谈判，例如价格谈判，交货方式、交货周期等相关指标谈判；也可通过询价、比价、议价来确定合适的采购价格与商务条件。

（5）签订采购合同 在商务谈判谈妥后，应办理相关的订货签约手续。订单和合同均属于具有法律效力的书面文件，对买卖双方的要求、权利及义务，必须予以说明。

（6）收货管理 在签订采购合同后，采购方应按照合同上的规定对供应商所提交的产品进行验收，凡因供应商所交货品与合同规定不符而导致验收不合格者，应依据合同规定做不合格品处理，并立即进行相关协调活动。

（7）入库、退货 凡经过验收合格的产品应入库，验收不合格的产品应进行不合格品处理。采购部门还需办理结案手续，清查各项书面资料有无缺失、绩效好坏等，报上级管理层。

（8）结算 在通过交货并验收合格后，知会供应商按照合同约定开具发票，进行货款结算。采购部门一般会对发票内容的正确性进行审核，然后再由财务部门办理付款。

1.2 采购管理概述

1.2.1 采购管理的概念

所谓采购管理（Purchasing Management）是指为了保障整个企业的物资供应而对企业采购活动进行的管理，是整个物流活动的重要组成部分。它着眼于组织内部、组织与供应商之间构建和持续改进采购过程。

1.2.2 采购管理的作用

1. 直接作用

采购管理在以下几个方面对经营的成功具有重大贡献：

1）采购管理可以通过实际成本的节约显著提高营业利润。

2）通过与供应商一起对质量和物流进行更好的安排，为实现更高的资本周转率做出贡献。

3）通过科学的采购流程管理，能够对企业的业务流程重组及组织结构的改革做出贡献。

4）采购部门通过与市场的接触可以为企业内部各部门提供有用的信息，主要包括价格、产品的可用性、新供应源、新产品及新技术的信息，这些信息对企业的其他部门都非常有用。供应商所采用的新营销技术和配送体系很可能对营销部门大有好处；而关于投资、合并、兼并对象及当前和潜在的顾客等方面的信息，对营销、财务、研发和高层管理都有一定意义。

2. 间接作用

除了直接降低采购成本，采购管理也能够以一种间接的方式对公司竞争地位的提高做出贡献。这种间接贡献以产品品种的标准化、质量成本（与检查、报废、维修有关的成本）的降低和产品交货时间的缩短等形式体现。在实践中，这些间接贡献通常比直接节省的资金更有利于企业的持续发展。采购管理的间接作用如图1-2所示。

图1-2 采购管理的间接作用

（1）产品标准化 可以通过采购标准化的产品来减少采购品种，从而降低企业生产成本。这样还可降低对某些供应商的依赖性，更好地使用竞标的方法采购产品。

（2）减少库存 通过对采购活动的科学管理，可以实现对企业各个生产环节所需原材料的即时供应，从而降低企业的库存水平以及因大量库存而带来的资金占用。

（3）递增的柔性 迫于国际竞争的压力，越来越多的公司正尝试实施柔性制造系统，这些系统的实施要求供应商具有良好的市场反应能力。采购部门的协调将使供应商与企业共同努力，为供应链在最终用户市场上竞争力的提升带来益处。

（4）对产品设计和革新的贡献 随着科技的进步，产品的开发周期在极大地缩短，产品开发同步工程应运而生。以汽车为例，20世纪50年代的开发周期约为20年，70年代缩短为10年，80年代缩到5年，90年代则进一步缩短到3年左右。企业之所以能做到这一点是与供应商参与早期开发分不开的。通过采购让供应商参与到企业产品开发中，不仅可以利用供应商的专业技术优势缩短产品开发时间、节省产品开发费用及产品制造成本，还可以更好地满足产品功能性的需要，提高产品在整个市场上的竞争力。成功的工业革新常常是从供应商和买方的相互深入作用中实现的，积极地寻求这种相互作用是采购的任务。

（5）提高企业部门间的协作水平 近年来，许多公司都采用了事业部结构，事业部有着越来越大的自主权。在这样一种结构中，每个事业部的总经理都需要报告其全权负责部门的损益情况，因此事业部总经理要对收入和成本（包括原料成本）负责。在这种情况下，整个公司的集中采购可以促使各部门加强协调和协作。

总之，采购管理在企业管理中占有至关重要的地位，采购环节是整个经营中关键的一环。因此，搞好采购工作和做好采购管理，是企业在激烈的市场竞争中发展的基本条件。

1.2.3 采购管理的目标

采购管理的总目标是保证物资供应及其有效性。采购管理的目标可以归结为"五个合适"，即 5R 原则，如图 1-3 所示。

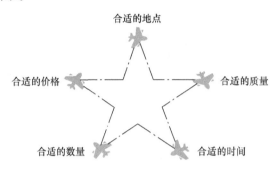

图 1-3 采购管理的 5R 原则

（1）合适的地点（Right Place） 合适的地点是指采购的物品和使用地点之间的距离越近越好。选择近距离的供应商一方面便于双方沟通交流、对问题的快速处理。同时，也可以减少远距离带来成本上升和处理效率降低的影响。

（2）合适的质量（Right Quality） 采购商进行采购的目的是满足生产需要。因此，为了保证企业生产产品的质量，首先应保证所采购材料的质量能够满足企业生产标准的要求。所采购产品或材料的质量应该"合适"：一方面，如果产品质量过高，会加大采购成本，同时造成质量过剩；另一方面，如果所采购的原材料质量太差，就不能满足企业生产对原材料品质的要求，从而影响到最终产品质量，甚至会危及消费者生命财产安全。

（3）合适的时间（Right Time） 采购管理对采购时间有严格的要求，即要选择合适的采购时间。所谓"合适"就是指既要保证供应不间断、库存合理，又不能出现过早采购，导致出现原材料积压，占用过多的仓库面积，加大库存成本。

（4）合适的数量（Right Quantity） 科学地确定采购数量也是采购管理的一个重要目标。在采购中，要防止超量采购和少量采购。如果采购量过多，易出现积压现象；如果采购量过少，则可能出现供应中断、采购次数增加，使采购成本增大。因此，采购数量一定要合适。

（5）合适的价格（Right Price） 采购价格的高低是影响采购成本的主要因素，因此采购是否能够做到以"合适的价格"完成采购任务是采购管理的重要目标之一。如果采购价格过高，加大了采购方的生产成本，产品将失去竞争力，供应商也将失去一个稳定的客户，这种供需关系不会长久；但如果采购价格过低，供应商利润空间小、无利可图，将会影响供应商的供货积极性，甚至出现以次充好、以降低产品质量来维持供应的情况。

1.2.4 采购管理的基本内容

为了使企业的采购目标达成，并使采购管理在企业的生产经营中起到良好的作用，企业必须全面重视和加强采购管理活动。图 1-4 所示是企业常见的采购管理的基本内容。

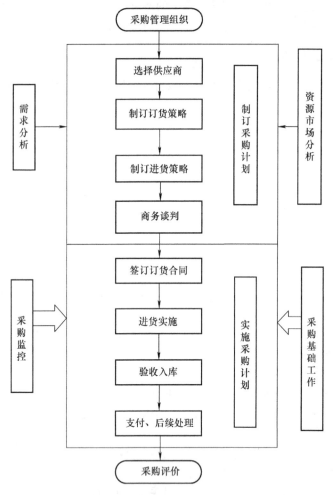

图1-4 采购管理的基本内容

1.3 供应商与供应商管理概述

1.3.1 供应商与供应商管理的定义

供应商是指可以提供产品和服务的组织或个人,也可以狭义理解为为组织或个人提供原材料、设备、工具、服务及其他资源的企业或个人。

供应商管理(Supplier Management)是指对供应商进行计划、组织、指挥、协调与控制的一系列活动。通常包括对潜在供应商的了解、选择、开发、采购、合作和管理等工作,以实现供应链的整体优化,完成所需产品和服务的采购,降低寿命周期成本,提升最终顾客满意度,实现组织、供应商和客户的共赢。

从采购和采购管理发展到供应商和供应管理,可以清晰看出买卖双方之间业务合作形态的变化及彼此之间角色的微妙变化。传统意义下采购与采购管理是基于买卖关系的交易,而发展至供应商和供应商管理的层面时,可以清楚看到买卖双方不仅仅是单纯的商品交换关系,而是发展成彼此间相互协商、相互尊重、互利共赢的一种合作关系。这也印证了 ISO 9000 族国际质量管理体系标准从 2000 版本提出的八大质量管理原则之一的"互利共赢的供方关系"。

1.3.2 供应商管理的主要内容

供应商管理的主要内容包括对供应商的选择与认证、对供应价格与成本的管理、对供应产品的质量控制、对供应产品的交期控制、供应商电子信息化管理、对供应商的绩效考核及对与供应商关系的管理等。表 1-1 所示为供应商管理的主要内容。

表 1-1　供应商管理的主要内容

序号	供应商管理的内容	详细说明
1	对供应商的选择与认证	在选择供应商时，需要对供应商的厂址、产品质量、产品价格、交货能力、服务水平、物流政策及财务状况等因素进行考虑，必要时，必须对供应商的加入门槛、资质进行严格的评审和认证
2	对供应价格与成本的管理	产品的制造成本通常受原材料与零部件的价格影响。从公司的利润角度来看，应进行供应产品价格分析、加强与供应商的价格协商以及做好供应成本的控制工作
3	对供应产品的质量控制	在企业生产中，供应产品的好坏直接影响到企业的生产、经营过程的结果。如果企业对供应产品的质量不加以控制，会直接影响产品生产的质量。因此，必须做好供应产品的质量控制，这不只是为了防止不合格外包品流入生产过程，也能保证产品生产质量及安全
4	对供应产品的交期控制	对于企业而言，零库存是最好的状态。外包产品的供应时间不宜太早或太迟。太早供应会造成货品堆积，占用仓储空间，增加存货成本；若供应太迟会导致生产停工待料，给生产与销售带来损失
5	供应商电子信息化管理	随着时代的发展，企业之间的竞争日益复杂化，供应链之争日益加剧。通过供应商管理电子信息化，可以实现企业与供应链上游供应商的无间合作、无缝对接，达成企业与供应商在信息流、物流、现金流管理上的资源共享与最优分配
6	对供应商的绩效考核	为了对供应商在合作中的表现进行比较，淘汰落后供应商，了解供应环节中的不足之处将其反馈给供应商助其持续改善，企业需要定期对供应商进行绩效考核，这也为建立战略合作伙伴关系打下坚实基础
7	对与供应商关系的管理	企业要想供应商达到低成本、高柔性的目标，就要与其建立相互合作共赢的伙伴关系。这就要求企业加强对与供应商关系的管理，通过与供应商长期、紧密的业务关系，整合双方优势来共同开拓市场，实现互利共赢的目标

1.3.3 供应商管理的价值

工业化分工越来越细化与专业化，一家企业不可能生产出自家产品的一切零件，于是企业不得不把其中的某些零件或某些工序交给供应商来制造，并对其加以管理。企业选择供应商的目的在于有效利用供应商的资本、设备、技术、劳动力等资源，借此来生产出品质更佳、价格更低廉的产品。

同时，由于企业之间的竞争日趋激烈，加上企业规模的不断扩大、零部件产品的分工细化及技术的专业化，企业能否善于运用供应商帮助生产，将直接影响到企业的经营绩效，因此在企业经营中必须加强对供应商的管理。

总的来说，企业加强对供应商的管理有如下作用：

（1）获得符合企业质量要求的产品或服务　对供应商的质量控制已经成为企业质量控制的关键环节。强化对供应商的质量控制，就是为了与供应商通力合作，从而确保原、辅材料的质量,从源头上保障产品的质量。

(2) 以最低的成本获得产品,提高企业盈利能力　原材料与零部件的价格最终会对成品的价格及竞争力产生影响。出于对利润的考量,进行产品供应价格分析,同时加强与供应商的价格协商工作,可以有效降低生产成本,提高企业盈利能力。

(3) 确保供应商提供最优的服务和及时送货　供应商准时交货对企业正常生产活动至关重要。供应商交货期的延误,无疑会妨碍企业正常生产活动的进行,给生产人员、现场管理及有关部门带来各种负面影响。通过加强对供应商的交货期控制,可以提高供应商的准时交付能力,确保企业正常生产。

(4) 发展和维持良好的供应商关系　企业根据自身实际状况对所有供应商进行分类,再对供应商进行差异化的关系管理和控制,可以使双方保持最适宜的合作关系。

(5) 开发新供应商,确保潜在供应商能够得以持续开发　企业通过建立一整套供应商选择与认证制度,并根据供应商开发计划进行供应商的开发与管理,能够动态地保证潜在供应商的质量与数量。

(6) 企业与供应商之间可建立互利共赢的合作关系　对于供应商来说,增加对整个供应链业务活动的共同责任感和利益的分享,增加对未来需求的可预见性和可控能力,以及长期的合同关系,可以使供应计划更加稳定。成就客户有助于供应商的成功。

1.3.4　供应商管理的发展历程

1. 企业供应商管理的发展阶段

同供应商管理理论的发展一样,企业对供应商管理的理解也是一个逐步发展的过程。供应商管理的发展通常可划分以下五个阶段,从企业内部的协调分工到企业间的协作与联盟,最后实现网络经营一体化,如图 1-5 所示。

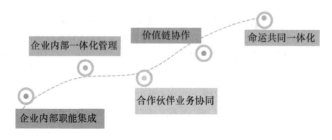

图 1-5　企业供应商管理的发展阶段

(1) 第一阶段:企业内部职能集成　本阶段的特点是企业关注内部部分职能、流程的改进与集成,例如原材料采购与库存控制集成为物料管理功能,送货与分拣、挑选等集成为配送功能。在美国,为了指导早期的实践,许多企业采用供应链委员会开发的"计划、采购、制造、运输、退货"供应链运作参考模型(SCOR)。在这一阶段,几乎所有的企业都将最初的关注焦点放在了原材料采购和物流两大功能。然而,大多数企业在这一阶段不能实现整个企业的均衡发展,只满足于由部分功能集成化带来的少量利润,认识不到功能一体化能够给企业带来的好处。因此,它们反对各职能部门之间的协作,也就不会建设对整个企业有利的信息系统。

(2) 第二阶段:企业内部一体化管理　本阶段的特点是企业内部物流一体化,整个企业供应链系统的优化把各项分散的物流功能集中起来作为一个系统来管理。原来企业多为分段管理,即把采购、运输、配送、储存、包装、库存控制等物流功能割裂开来,各自为政。各职能部门都力图使自己的运作成本最小化,却忽略了整个企业的总成本最优原则,忽视了各功能要素之间的相互作用。而事实上,各部门的优化并不能保证整个企业的最优化,因为企业的各功能要素之间存在冲突。

在这一阶段,企业开始意识到企业实施供应链一体化管理所产生的利润,并且力求在这一进程中领先。原材料采购上升到了具有战略意义的地位,并且承担了决定第二阶段全部交易成败的责任。随着企业把注意力集中于最有战略意义的供应商,企业间的关系发展到更高级的买卖关系。同时,企业的物流部门开始关注资产的利用和配送系统的效率,但关键之处在于寻求最好的物流服务供应商承担准确、及时的运输配送业务。贸易活动的自动化与信息化使得各部门之间保持信息畅通,有助于装卸、搬运及仓库管理人员满足顾客的需求。此外,需求管理在这一阶段成为一个很重要的因素,原因是企业逐渐意识到需求预测的准确与否直接影响着生产和制造的准确性。大多数企业中存在一堵"部门墙"妨碍其由第二阶段向第三阶段发展。这堵"部门墙"建立在这样一系列不完善的前提之下:所有好的想法都来自企业内部;企业一般不会从外部寻求援助;即使确实要从外界获取信息,也不会与其他企业共享。常常是行业领导者率先越过这堵墙,然后带动其他企业。一旦越过这堵墙进入第三阶段,企业就开始进行企业间协作,并且与其精心挑选的合作伙伴结成战略联盟。

(3) 第三阶段:合作伙伴业务协同　企业逐渐意识到产品的竞争力并非由一个企业决定,而是由产品的供应链决定,并开始与关系较近的合作伙伴实施一体化管理。过去,企业尽量将成本转嫁给供应链上、下游的企业,这样或许会降低某个企业的成本,但它好比把钱从一个口袋放入另一个口袋,钱的总数并没有发生变化。因此,成本的转移无法减少整个供应链的成本,最终仍要反映在产品售价上。由于产品竞争力并未得以提高,最后受损失的仍将是供应链中的所有企业,所以牺牲供应链伙伴的利益以谋求自身利益的做法是不可取的。于是,有战略眼光的企业开始寻求一种更加智慧的方法,先与关系密切的合作伙伴协作,共同寻找降低成本、改善服务的途径。

从供应商的角度来看,随着企业与重点供应商结成利益同盟,供应商关系管理(Supplier Relationship Management,SRM)变得日益重要。企业经常邀请供应商参与其设计与运作计划的筹划,提出能够更好地满足顾客需求的解决方案。企业还引进了仓库管理系统和运输管理系统,加强了它们与关键供应商的信息沟通。总之,企业与重点供应商在物流、运输和仓储等方面建立了长期的合同与战略伙伴关系。

从顾客的角度来看,企业对顾客与市场需求能够做出快速响应,力求更好地理解和满足顾客需求,提供更为贴切的服务和产品,客户关系管理(Customer Relationship Management,CRM)成为企业经营管理的重要内容。任何供应链都只有唯一一个收入来源——顾客。顾客是供应链中唯一真正的资金流入点,其他所有的现金流动只不过是发生在供应链中的资金交换,这种资金交换增加了供应链的运作成本。因此顾客是核心,企业只有尽早、充分意识到这一点,密切与顾客的关系,通过互联网等高新技术了解顾客想要什么、什么时候想要,然后快速地交货,才能实现整条供应链企业的利润"共赢"。总之,在第三阶段,企业利用各种工具和技术与重点供应商和客户协作,能够缩短产品生命周期,更快地占领市场,更有效地利用资产实现"双赢"。

(4) 第四阶段:价值链协作　企业不仅要与重点供应商和客户协作,而且需要整合企业的上下游企业,将上游供应商、下游客户及服务供应商、内容提供商、中间商等进行垂直一体化的整合,构成一个价值链网络,追求系统的整体最优化。这一阶段的协作被称为"价值链协作"。企业试图通过价值链中其他合作伙伴的帮助来建立其在行业中的支配地位。当每个价值链成员的活动都像乐队队员按同页乐谱演奏时,延误程度将降到最低。供应商知道何时增加生产,运输公司能够掌握何时提供额外的车辆，分销商也可以及时地进行调整。价值链成员之间利用网络共享信息，因此他们能够更加敏锐地发现机遇，达到更高的绩效水平。

在这个阶段，电子商务、网上交易和电子通信技术的应用对实现价值链的可视化是至关重要的。这个阶段的两个特征是协同设计与制造（Collaborative Design Manufacturing，CDM），以及协同计划、预测和补充（CPFR）。

（5）第五阶段：命运共同一体化　这是供应链管理发展的最高阶段。在这一阶段，所有供应链的成员能够为实现共有的目标进行有效沟通，通过亲密无间的合作以及技术共享以获得市场的支配地位。但目前只有少数企业达到了这一阶段，原因是它们完全采用网络化、虚拟经营、动态联盟等，实现了信息的共享、交易的可视化以及准确供货。

2. 供应商管理在中国的发展

随着产品复杂程度的增加，供应商管理的重要性也不断提高，供应商管理的方法和模式也在随之不断变化。在中国的经济发展历程中，随着经济体制和经济环境的改变，供应商管理的模式大概经历了三个典型阶段的发展，如图1-6所示。

图1-6　中国供应商管理的发展阶段

（1）计划经济下的"托管"阶段　计划经济最明显的特征是政府宏观控制作用占主导地位，同时物资非常短缺。这一经济时期企业的性质绝大多数是国营和集体，企业的经营权归政府所有，企业的重要职责是按照国家计划进行加工和生产，企业所需的原料和物资、生产出来的产品全部由政府进行调拨。

所以这一时期企业和供应商之间的协作机会很少，大家都服从于各部委的统一管理，这也使得企业并没有办法真正地对自己的供应商进行管理。这一阶段的供应商管理模式，可以称为"托管"，更贴切的说法则是"脱管"模式。

（2）市场经济初期的"人情+制度"管理阶段　改革开放以后，随着经济体制的改革，加上国外技术、资金的大量进入，新型的合资企业、个体企业、民营企业出现，企业逐步享有自主权。这段时期企业间的协作、经济往来机会不断增加，企业能够开始选择自己的供应商，与供应商之间的互动也开始频繁。

20世纪80年代初期，国内逐渐引进电视机、电冰箱、洗衣机、空调等家电产品生产技术和生产线。家电产品相较于以前的轻、重工业产品，其显著的特点是零部件种类和数量众多，技术覆盖面广，涉及电子电器、机械加工、金属材料、表面处理、橡胶塑料等多个行业，一个企业基本无法独立完成，需要多个专业制造企业共同合作完成。以普通电冰箱为例，用于生产的零部件有数百种之多，按照类别分为电器件、铸造件、金属加工件、塑料件、橡胶件、搪瓷件、喷涂件、标准件及专用件等，整机生产企业只需要掌握部分关键技术，引进必需的箱体成型线、焊接线、喷涂线和组装线，而其他的零部件（包括最核心的压缩机）都可以全部由供应商完成。供应商提供的零部件数量可以占到电冰箱总零件数量的80%以上。因此，供应商对企业产品性能和质量的影响越来越大，供应商的成本与质量管理在企业管理中的重要性也不断增加。

不过由于当时的市场经济只是建立初期，整个经济形态和思想还处于一个刚开始转变的阶段，供应商的选择和管理还处于一个比较无序的状态。供应链的中上端出现了大量的新兴私营企业，这些早期的私营企业大多数是来料加工企业，技术含量不高，管理松散，主要给整机厂供应一些设计不复杂、加工流程简单的零配件，因而造成了小企业间产品类型雷同、竞争激烈的局面。而处于供应链下游的大部分主导企业，在有了更多选择的时候，却还没有形成一套科学的供应商选择和管理程序，配合与否有可能就靠两个企业的最高管理者决定。而企业最高管理者之间的商业情感，有时就成了后续供应商管理的支柱。这种管理方式在这段时期的很多企业中，往往能维持一段较长的时间。

（3）科学管理时代的"互利共赢"阶段　随着市场经济的发展，企业规模不断扩大，国内企业与国际知名企业之间的合作更进一步加深，促使企业的管理水平不断提高。而众多国际大企业进入中国，也带来了很多先进的供应商管理理念和模式。各行各业的企业都深刻认识到供应商管理的重要性，纷纷采用国际通用的 ISO 9000 族标准及不同行业在 ISO 9000 族标准基础上构建的具有行业特点的行业质量管理标准，如通信行业的质量标准 TL 9000、汽车行业的质量标准 IATF 16949 等，以此来建立并规范供应商的质量控制。

在外部复杂环境不断变化及管理模式不断提升的同时，企业与供应商的关系也在逐步转型。传统的单向比价、相互竞争关系已经不再适合于很多企业的经营与持续发展。时至今日，绝大多数企业已清楚地认识到，供应商所提供的零部件质量在很大程度上直接决定着企业产品的质量和成本，影响着顾客对企业的满意程度及企业的竞争力，供应商提供的产品和服务对企业的发展起着十分重要的作用。因此，在互利共赢的关系原则下加强对供应商的管理控制已经成为新一阶段的管理模式。

第 2 章　质量管理与供应商质量管理

2.1　质量的概念、内涵及其发展

2.1.1　质量的概念与内涵

质量的概念最初仅用于产品（实物质量），以后逐渐扩展到服务、过程、体系、组织和人，以及以上几项的相互组合。

1. 质量的概念

质量：客体的一组固有特性满足要求的程度（摘自 ISO 9000：2015《质量管理体系　基础和术语》）。

在理解质量的概念时，应注意以下几个要点：

（1）关于"客体"　指可感知或可想象的任何事物（包括产品、过程、服务、人、组织、体系、资源）。

（2）关于"固有特性"　特性指"可区分的特征"，可以有各种类别的特性，如物的特性（如力学性能）、感官的特性（如气味、噪声、色彩等）、行为的特性（如礼貌、诚实）、时间的特性（如准时性、可靠性）、人体工效的特性（如生理的特性或有关人身安全的特性）和功能的特性（如飞机的最高速度、手机的待机时间等）。

特性可以是固有的或赋予的。"固有的"就是指某事或某物中本来就有的，尤其是那种永久的特性，例如螺栓的直径、机器的生产率、手机能接打电话等技术特性。赋予特性不是固有的，不是某事物中本来就有的，而是完成产品后因不同的要求使产品增加的特性，如产品的价格、硬件产品的供货时间和运输要求（如运输方式）、售后服务要求（如保修时间）等特性。产品的固有特性与赋予特性是相对的，某些产品的赋予特性可能是另一些产品的固有特性，例如：供货时间及运输方式对硬件产品而言，属于赋予特性，但对运输服务而言，就属于固有特性。

（3）关于"要求"　"要求"指明示的、通常隐含的或必须履行的需求或期望。

1)"明示的"可以理解为规定的要求，如在文件或合同中阐明的要求或顾客明确提出的要求。

2)"通常隐含的"是指组织、顾客和其他相关方的惯例或一般做法，所考虑的需求或期望是不言而喻的。例如：化妆品对顾客皮肤的保护性，去银行办理服务时个人信息的保密性，医院看病时病人信息的不能透露等。一般情况下，顾客或相关方的文件（如标准）中不会对这类要求给出明确的规定，组织应根据自身产品的用途和特性进行识别，并做出规定。

3)"必须履行的"是指法律法规要求的或有强制性标准要求的，如《中华人民共和国食品安全法》、GB 8898—2011《音频、视频及类似电子设备　安全要求》等，组织在产品的实现过程中必须执行这类标准。

4)要求可以由不同的相关方提出，不同的相关方对同一产品的要求可能是不相同的。例如：对汽车来说，顾客要求美观、舒适、轻便、省油，但社会要求对环境不产生污染。故组织在确定产品要求时，应兼顾顾客及相关方的要求。

要求可以是多方面的,当需要特指时,可以采用修饰词表示,如产品要求、质量管理要求、顾客要求等。

2. 质量的内涵

从质量的概念可知,质量的内涵是由客体的一组固有特性组成的,并且这些固有特性以满足顾客及其他相关方所要求的能力为表征。所以,质量具有经济性、广义性、时效性和相对性,如图 2-1 所示。

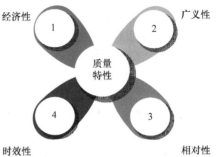

图 2-1 质量四特性

(1) 质量的经济性 由于要求汇集了价值的表现,价廉物美实际上反映了人们的价值取向,物有所值就是质量有经济性的表征。虽然顾客和组织关注质量的角度是不同的,但对经济性的考虑是一样的。高质量意味着以最少的投入获得最大的效益。

(2) 质量的广义性 在质量管理体系(QMS)所涉及的范畴内,组织的相关方对组织的产品、过程或体系都可能提出要求,而产品、过程和体系又都具有固有特性,因此质量不仅指产品质量,也可指过程质量和体系的质量。

(3) 质量的时效性 组织的顾客和其他相关方对组织和产品、过程、体系的需求与期望是不断变化的,例如,原先被顾客认为质量好的产品会因为顾客要求的提高而不再受到顾客的欢迎。因此,组织应不断地调整对质量的要求。

(4) 质量的相对性 组织的顾客和其他相关方可能对同一产品的功能提出不同的需求,也可能对同一产品的同一功能提出不同的需求。需求不同,质量要求也就不同,只有满足需求的产品才会被认为是质量好的产品。

2.1.2 质量概念的发展

随着经济的发展和社会的进步,人们对质量的需求不断提高,质量的概念也随之不断深化、发展。具有代表性的质量概念主要有"符合性质量"、"适用性质量"、"经济性质量"和"生态性质量"。同时,质量的边界也从"狭义质量"走向"广义质量"。

1. 符合性质量的概念

它以"符合"现行标准的程度作为衡量依据。"符合标准"就是合格的产品质量,"符合"的程度反映了产品质量的一致性。这是长期以来人们对质量的定义,认为产品只要符合标准,就满足了顾客需求。但"规格"和"标准"有先进和落后之分,过去认为是先进的,现在可能就是落后的。落后的标准即使产品百分之百符合,也不能认为是质量好的产品。同时,"规格"和"标准"不可能将顾客的各种需求和期望都逐一规定出来,特别是隐含的需求与期望。质量大师克劳士比先生对质量的定义是"质量即符合要求"。

2. 适用性质量的概念

在市场竞争中,即使产品符合相关"规格"和"标准",也不一定能卖得出去,也不一定生产出来了就能有客户。所以,我们在思考质量时就应该从适用性的维度来看,以适合顾客需要的程度作为衡量的依据。从使用角度定义产品质量,认为产品的质量就是产品的"适用性",即"产品在使用时能成功地满足顾客需要的程度"。这就是质量管理专家朱兰(J. M. Juran)博士对质量的定义。

"适用性"的质量概念要求人们从"使用要求"和"满足程度"两个方面去理解质量的实质。质量的概念从"符合性"发展到"适用性"阶段的过程,体现了企业对质量的认识逐步深化的过程，企业逐渐将顾客的需求放在了首位。顾客对他们所购买的产品和服务有不同的需求和期望，这意味着组织需要决定他们想要服务于哪类顾客，是否在合理的前提下使每一件事都满足顾客的需要和期望。

3. 经济性质量的概念

质量问题实际上是一个经济问题，古人在创造质量（品质）这一词语时，就为我们提供了佐证。"质"的繁体字为"質"，上部为两个斤，意味着"斤斤计较"，下部为"贝"，通常理解为"钱"。也就是说，质量对企业和顾客而言都是在"钱"（即经济性）上"斤斤计较"。质量的经济性要从利益和成本两个方面考虑。从利益方面考虑：对顾客而言，必须考虑减少费用、改进适用性、提高满意度和忠诚度；对企业而言，必须考虑安全性、购置费、运行费、保养费、等待损失和修理费以及可能的处置费用。从成本方面考虑：对顾客而言，必须考虑安全性、购置费、运行费、保养费、停机损失和修理费以及可能的处置费用；对企业而言，必须考虑为满足顾客需要和修补设计中缺陷所追加的成本，包括不满意的产品返工、返修、更换、重新加工、生产损失、保险和现场修理等发生的费用，以及承担产品责任和索赔风险等。质量经济性是人们对获得质量时所耗费资源的价值量的度量，在质量相同的情况下，耗费资源价值量小的，其经济性就好，反之就差。所以，我们需要做质量经济性分析，通过分析产品的质量、成本、利润三者之间的关系，研究在不同经营条件下经济的质量，以求得企业、顾客和社会最佳经济效益的方法。著名的质量专家戴明先生对质量的定义是，"质量是以一种最经济的手段，制造出市场上最有用的产品"。

4. 生态性质量的概念

生活质量的提高有赖于经济的发展，但人们生活质量的提高也不完全取决于经济，如果经济发展以牺牲生态和环境为代价，每天呼吸着污浊的空气，喝着不放心的水，那么生活将无质量可言。因此，改善环境，发展经济，实现人们生活质量全面的提高，才是正确的生态质量观。

生态质量是指包括生态环境在内的综合质量概念，其内容包括：综合量、产品生命周期、环境生产互动、以人为本、代际公平等相关内容。

质量最新的定义为客体的一组固有特性满足顾客和其他相关方明示的、习惯上隐含的或必须履行的需求或期望的能力。虽然必须履行的需求或期望所泛指的法规要求中已有对环境质量的要求，但环境质量被法规所覆盖的仅是其中的一部分。所以，综合的质量观应是在实现这些要求的同时，也满足了对生态环境质量的要求。

从代际公平的视角来看，人类享用的资源是地球赐予当代人和我们的后代的。人类社会是作为一个世代延续的状态而存在的，"我们"和"我们的先辈"及"我们的后代"作为一个整体来共同拥有地球的自然和文化资源，共同享有适宜生存的环境。从这个视角来看，"我们"不仅是"我们的先辈"遗留的资源和成果的受益人，更是"我们的后代"将要使用的环境和资源的管理人或受托人。这就意味着，我们有合理享用地球资源与环境的权利，但同时也有保护地球资源与环境的义务。如果做不到这一点，那我们就是不道德的，对"我们的后代"也是不公平的。

日本著名的质量专家田口玄一博士创造性地提出了关于质量的定义："所谓质量，是指产品上市后给社会带来的损失大小。"田口玄一博士把产品质量与给社会带来的损失联系在一起，他认为，质量好的产品就是上市后给社会带来损失小的产品。这个定义保存了满足社会需要的中心内容，在本质上它与 ISO 9000：2015 版给出的质量定义是一致的，但是田口玄一博士的质量定义强调了质量的经济效果和设计的目的性。

随着社会的进步与发展，质量的被关注的高度获得空前提高，质量一词早已成为了高频词。质量概念已广泛地渗透到国民经济、生产、消费和社会活动的各个领域。当今社会人们对"质量"的认识并不仅限于产品实物质量和服务质量本身,而是从更广的视角、更大的范围、更全面的角度去研究质量问题,因而逐渐形成"大质量"的概念。

"大质量"概念的提出最早可以追溯到美国著名的质量管理学家朱兰博士,由于他提出了适用性观点,把"质量"从狭义的产品质量扩展到包括设计质量、符合性质量、有效性和服务等方面在内的广义的质量。他的质量螺旋原理所概括的产品质量产生、形成和实现的规律,把质量职能贯穿于市场调研、产品开发设计、工艺策划、采购过程、生产制造、检验与试验、安装与交付、售后服务等全部过程之中,提出了过程质量的概念,进一步扩大了质量概念的内涵。

2.2 质量管理与全面质量管理

2.2.1 质量管理的概念

质量管理是指在质量方面指挥和控制组织的协调活动,通常包括制定质量方针和质量目标、质量策划、质量控制、质量保证、质量改进(Quality Improvement)等五个最主要的活动。

(1) 质量方针和质量目标 质量方针是指由组织的最高管理者正式发布的该组织总的质量宗旨和质量方向。质量方针是企业经营总方针的组成部分,是企业管理者对质量的指导思想和承诺。企业最高管理者应确定质量方针并形成文件。质量方针的基本要求应包括组织的目标及顾客的期望和需求,也是组织质量行为的准则。质量目标是组织在质量方面所追求的目的,是组织质量方针的具体体现。质量目标既要先进又要可行,还要便于实施和检查。

(2) 质量策划 质量策划是质量管理的一部分,致力于制定质量目标并规定必要的运行过程和相关资源以实现质量目标。质量策划的关键是制定质量目标并设法使其实现。质量目标通常依据组织的质量方针制定,并且通常对组织的相关职能和层次分别规定质量目标。

(3) 质量控制 质量控制是质量管理的一部分,致力于满足质量要求。作为质量管理的一部分,质量控制适用于对组织任何质量的控制,不仅仅限于生产领域,还适用于产品的设计、生产原料的采购、服务的提供、市场营销、人力资源的配置,涉及组织内几乎所有的活动。质量控制的目的是保证质量、满足要求,因此要解决要求(标准)是什么、如何实现(过程)、需要对哪些进行控制等问题。

(4) 质量保证 质量保证是质量管理的一部分,致力于提供质量要求会得到满足的信任。质量保证定义的关键词是"信任",对达到预期质量要求的能力提供足够的信任。这种信任是在订货前建立起来的,如果顾客对供方没有这种信任则不会订货。质量保证不是买到不合格品以后保修、保换、保退,保证质量、满足要求是质量保证的基础和前提。质量管理体系的建立和运行是提供信任的重要手段,因为质量管理体系将所有影响质量的因素,包括技术、管理和人员方面的,都采取了有效的方法进行控制,因而具有减少、消除、预防不合格的机制。组织规定的质量要求,包括产品的、过程的和体系的要求,只有完全反映顾客的需求,才能给顾客足够的信任。因此,质量保证要求供方的质量体系需要向顾客提供证实,以使顾客具有足够的信任。证实的方法可包括:供方的合格声明;提供形成文件的基本证据(如质量手册、第三方的型式检验报告);提供由其他顾客认定的证据;顾客亲自审核;由第三方进行审核;提供经国家认可的认证机构出具的认证证据(如质量体系认证证书或名录)。质量保证是在有两方的情况下,由一方向另一方提供信任。由于两方的具体情况不同,质量保证分为内部和外部两种,内部质量保证是组织向自己的管理者提供信任,外部质量保证是组织向顾客或其他方提供信任。

(5) 质量改进 质量改进作为质量管理的一部分,目的在于增强组织满足质量要求的能力,由于要求可以是任何方面的，因此质量改进的对象也可能会涉及组织的质量管理体系、过程和产品，可能会涉及组织的方方面面。同时，由于各方面的要求不同，为确保有效性、效率或可追溯性，组织应注意识别需改进的项目和关键质量要求，考虑改进所需的过程，以增强满足要求的能力。

2.2.2 全面质量管理的概念

全面质量管理（Total Quality Management，TQM）的概念最早出现在美国通用电气公司原质量主管费根堡姆（Armand V. Feigenbaum，1920—2014）编写的《全面质量管理》一书中，他指出："全面质量管理是指为了能够在最经济的水平并考虑到充分满足顾客需求的条件下进行市场研究、设计、生产和服务，而把企业各部门的研制质量、维持质量和提高质量的活动构成一体的有效体系。"费根堡姆首次提出了质量体系问题，提出质量管理的主要任务是建立质量管理体系，这一个全新的见解，具有划时代的意义。费根堡姆的思想在日本、美国、欧洲国家和其他许多国家广泛传播，并在各国的实践中得到了丰富和发展。

全面质量管理的含义：以质量为中心，以全员参与为基础，目的在于通过让顾客满意和本组织所有者、员工、供方、合作伙伴或社会等相关方受益而达到长期成功的一种管理途径。

2.3 质量管理的发展阶段

质量管理是生产和科学技术发展的产物，已成为一门新兴的学科，具有很强的综合性和实用性，它应用了管理学、工程技术、数学等各门学科的成就和方法。总之，质量管理已经成为现代社会的重要组成部分，现代企业的经营与管理早已离不开它。"没有质量一切都是负数"也早已成为人们的共识。对于质量管理的发展历程，一般质量相关的书籍通常将其分为三个典型的阶段、分别是质量检验阶段、统计质量控制阶段和全面质量管理阶段。根据编者多年来对质量管理理论的理解，在前人对质量管理研究的理论基础上将质量管理的发展历程划分成质量管理1.0到质量管理4.0四个阶段，如图2-2所示。

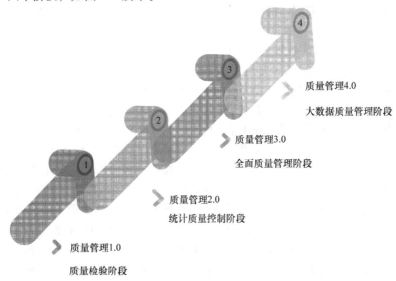

图2-2 质量管理发展的4个阶段

2.3.1 质量检验阶段（质量管理 1.0）

20 世纪初，人们对质量管理的理解还只限于质量的检验，质量检验所使用的手段是通过专职的人和各种的检测设备和仪表，方式是严格把关，进行百分之百地检验。其间，美国出现了以泰勒为代表的"科学管理活动"，"科学管理"提出了在人员中进行合理分工的要求，并将计划职能与执行职能分开，中间加一个检验环节，以便监督检查对计划、设计、产品标准等项目的贯彻执行情况。这就是说策划、设计、生产操作、检查监督各由专人负责，从而产生了一支专职检查人员的队伍，构成了一个专职的检查部门。这样，质量检验部门就被独立出来了，形成专业的岗位和工种。起初人们非常强调工长在保证质量方面的作用，将质量管理的责任由操作者转移到工长，故被称为"工长的质量管理"。后来，这一职能又由工长转移到专职检验人员，由专职检验部门实施质量检验，称为"检验员的质量管理"。

质量检验是在产成品中挑出废品，以保证出厂产品的质量，但这种事后检验把关，无法在生产中起到预防和控制作用，废品已成事实，很难补救，且百分之百地检验会增加检验费用，甚至还会对产品质量造成影响。当生产规模进一步扩大时，在大批量生产的情况下，其弊端就突显出来。一些著名统计学家和质量管理专家就注意到质量检验的问题，尝试运用数理统计学的原理来解决，使质量检验既经济又准确。1924 年，美国贝尔电话研究所休哈特先生最早提出了控制和预防的概念，并成功地创造了控制图，把数理统计方法引入到质量管理中，把质量管理推进到新的阶段。

2.3.2 统计质量控制阶段（质量管理 2.0）

这一阶段的特征是数理统计方法与质量检验相结合。第二次世界大战初期，当时军需品生产面临严重的质量问题，由于无法事先控制不合格品而导致不能满足交货期的要求。由于军需品大多数属于破坏性检验，事后全检不可能也不许可，美国国防部为了解决这一难题，特邀请休哈特、道奇、罗米格以及美国材料与试验协会、美国标准协会、美国机械工程协会等的有关人员共同参与研究，并于 1941—1942 年先后制定和公布了《美国战时质量标准》，即 E1.1《质量管理指南》、E1.2《数据分析与控制图法》和 E1.3《生产质量 管理与控制图法》，强制要求生产军需品的各企业实行统计质量管理。由于统计质量管理采用了抽样检验的方法，因此风险较大。为了控制抽样检验的风险，各国都对生产过程进行了严格的控制，以确保加工品质量一致（保证结果）。统计质量管理手段现在还在应用。

第二次世界大战结束后，美国许多企业扩大了规模，除原先生产军火的企业继续推行质量管理的统计方法以外，许多民用工业也纷纷采用这一方法。美国以外的许多国家，如加拿大、法国、德国、意大利、墨西哥、日本等，陆续推行了统计质量管理并取得了成效。但是统计质量管理也存在缺陷，过分强调质量控制的统计方法，使人们误以为质量管理就是统计方法，"质量管理是统计专家的事"使多数人感到高不可攀、望而生畏。同时，它对质量的控制和管理只限于制造和检验部门，忽视了其他部门的工作对质量的影响，这样就不能充分发挥各部门和广大员工的积极性，制约了它的推广和应用。

2.3.3 全面质量管理阶段（质量管理 3.0）

20 世纪 50 年代，社会生产力的迅速发展，推动了资本主义管理理论和质量管理科学的大发展，美国的费根堡姆和朱兰正是在这种新环境下提出了"全面质量管理"这一概念。当时他们提出的全面质量管理主要包含几个方面的含义：一是要生产出满足用户要求的产品，单纯依靠数理统计方法控制生产是很不够的，还需要增加全面质量管理，"全面"是相对于质量统计而言的；二是产品质量有形成、发展的过程，其中包括市场调查、研制、设计、制订标准、制订生产计划、采购、配备设备与工装、加工制造、工序控制、检验、测试、销售、售后服务等，一环扣一环，相互制约、相互促进，从而形成一个螺旋上升的过程，质量的形成、发展和完善过程不断循环、周而复始，每经过一次循环产品质量就能提高一步，全面质量管理就是要组织管理所有这些环节的活动，而不是局限于加工制造活动；三是产品质量始终是同成本联系在一起的，离开成本去谈质量是没有什么意义的。

1961年美国正式出版了费根堡姆的专著《全面质量管理》。20世纪50年代日本在引进统计质量管理的基础上结合本国的文化进一步推广和发展了全面质量管理理论，就如何将顾客的声音转化为内部作业的项目而进行全员教育。全员参与的、人性化的全面质量管理创造了日本卓越的商品品质和高度发达的生产力，一改"日本制造"为劣质产品的代名词。此方法管理全面，缺点是未形成系统的书面标准，难以操作。

2.3.4 大数据质量管理阶段（质量管理4.0）

质量的概念经历了符合性质量、适用性质量、经济性质量和生态性质量，质量也从以"客体的一组固有特性满足规定要求的程度"逐渐转变为"顾客感知质量"。泽瑟摩尔（Zaithaml）在1988年首先从顾客角度提出了顾客感知价值理论：顾客所能感知到的利与其在获取产品或服务中所付出的成本进行权衡后对产品或服务效用的整体评价。泽瑟摩尔认为在企业为顾客设计、创造、提供价值时应该从顾客导向出发，把顾客对价值的感知作为决定因素，顾客价值是由顾客而不是由供应企业所决定的。所以，ISO 9001质量管理体系标准也从2000版本开始提出质量管理八项原则之"以客户为关注焦点"。

随着工业4.0的研究与实践，大量新的科学技术逐步进入到工业体系中，新的科学技术对传统的质量管理手段可能是一种替代，同时也是对质量管理方法的一种有益补充。比如人工智能（机器人、复杂决策、计算机视觉检测与处理、计算机音频判断与处理等）、数据科学（基于大数据的结构化与非结构化的分类，数据的透视、分析与预测）等，都在很多企业得以试点与推广应用。伴随着新技术在工业体系的不断深入，在进入质量管理4.0阶段后，传统的质量检验职能必将被弱化甚至替代消失，传统的保证产品质量职能也必将逐步回归到各个业务职能部门中，而基于经营管理视角的质量管理、战略质量管理必将成为现代质量管理的核心。

同时，进入质量管理4.0阶段，组织以"创新"作为战略质量管理过程的关键词。质量管理4.0中对创新的解释是："以提升战略质量绩效为目的，从模式、产品以及方法三个层次提升顾客感知价值的思维与实践。"这里的模式包括了商业模式、应用模式等，产品的内涵也延伸到产品与服务的集成，方法既有新技术的应用，也包容了新管理方法的实践等。这就意味着，质量管理不再拘泥于统计过程的"计算题"，而更加关注基于战略视角下的质量规划的"选择题"，这也就真正让质量管理从组织的职能角色走入了组织的核心职能中。

2.4 质量管理的代表人物及其核心思想

2.4.1 休哈特及其质量管理思想

休哈特（W. A. Shewhart, 1891—1967）是一位美国统计学家，被人们尊称为"现代质量控制之父"。20世纪初，休哈特在西方电器公司工作期间成功地将统计学、工程学和经济学结合起来，开创了统计质量控制这一新的领域。他关于抽样和控制图的著作吸引了质量问题领域工作人士的兴趣并对这些人产生影响。休哈特的计划—实施—检查—处理循环（PDCA 环）的观点被戴明和其他人广泛用于进行质量改进项目的管理。此循环包括计划想要做的事、实施计划、检查结果、进行纠正，然后再开始新的循环。

休哈特于 1931 年出版的《产品制造质量的经济控制》（*Economic Control of Quality of Manufactured Product*）一书全面阐述了质量控制的基本原理，为现代意义上的质量管理奠定了坚实的理论基础，对以后质量管理的研究和实践做出了重大贡献。

2.4.2 戴明及其质量管理思想

戴明（W. Edwards Deming，1900—1993）是 20 世纪管理领域中最具有影响的人物之一，他是一位全球公认的质量管理专家、统计学家。第二次世界大战结束后，戴明博士被日本科学技术联盟（JUSE）邀请去日本传授质量管理方法，帮助日本企业提升质量。戴明博士在日本虽然也教了大量统计方法，但他很快就发觉光教统计质量管理可能会犯了以前美国企业界所犯的错误，因此他修正计划而改向企业的经营者灌输质量经营的理念及重要性。日本早期的企业经营者们几乎都见过戴明博士且受教于他，他们切实实践戴明博士的质量经营理念，奠定了日本全面质量管理（Total Quality Control，TQC）或全公司质量管理（Company Wide Quality Control，CWQC）的基础。戴明博士早期辅导日本企业的质量管理时曾经预言，日本产品在五年内必将雄霸世界市场，其预言被证明正确且提早来到。日本企业界对戴明博士怀有最崇高的敬佩而称其为日本质量管理之父，于 1951 年将国家质量最高荣誉的称谓以一个美国人的名字命名，也就是当今世界最著名的三大质量奖中最早的"戴明质量奖"。

2.4.3 朱兰及其质量管理思想

约瑟夫·M. 朱兰（Joseph M. Juran，1904—2008）博士是举世公认的现代质量管理专家。他是朱兰学院和朱兰基金会的创建者，前者创办于 1979 年，是一家咨询机构，后者为明尼苏达大学卡尔森管理学院的朱兰质量领导中心的一部分。进入 20 世纪 90 年代后，朱兰仍然担任朱兰学院的名誉主席和董事会成员，以 90 多岁的高龄继续在世界各地从事讲演和咨询活动。

朱兰博士在质量管理领域声名赫赫。他协助创建了美国马尔科姆·鲍得里奇国家质量奖，是该奖项监督委员会的成员。同戴明博士一样，朱兰对日本经济复兴和质量革命的影响也获得了高度的评价，因此日本天皇授予他"勋二等瑞宝章"勋章。美国总统为表彰他在"为企业提供管理产品和过程质量的基本原理和方法从而提升其在全球市场上的竞争力"方面所做的毕生努力，授予其国家技术勋章。朱兰还被授予欧洲质量组织奖章以奖励他对欧洲质量做出的杰出贡献。

他对于实行组织内部质量策划的主要观点包括：识别客户和客户需求；制定最佳质量目标；建立质量衡量方式；设计策划在运作条件下满足质量目标的过程；持续增加市场份额；优化价格；降低工厂中的错误率。

他首创将人力与质量管理结合起来的观点，如今这一观点已包含于全面质量管理的概念之中。最高管理层的参与，质量知识的普及培训，质量实用性的定义，质量改进逐个项目的运作方法，"重要的少数"与"次要的多数"及"质量管理三部曲"之间的区别——朱兰就是以这些观点而闻名的。

朱兰认为：在质量管理活动中应用着三个管理过程，即质量策划、质量控制和质量改进。这三个过程被称为"质量管理三部曲"。质量策划是公司内部实现质量管理三部曲中的第一步。质量策划旨在明确组织的质量方针和质量目标，并对实现这些目标所必需的各种行动进行规划和部署。质量控制也就是实现质量目标、落实质量改进措施的过程。广泛应用统计方法来解决质量问题是质量控制的主要特征之一。质量改进作为一个持续发展的过程，这个过程包括建立形成质量改进循环的必要组织基础设施。

2.4.4 费根堡姆及其质量管理思想

费根堡姆曾在通用电气公司工作多年，担任全球生产运作和质量控制主管。20 世纪 60 年代，费根堡姆在其《全面质量管理》一书中最早提出了全面质量管理的概念，他提议对质量的责任应当依赖做这项工作的人。

在全面质量管理中，产品管理比生产速度重要得多，无论什么时候出现质量问题，都应当允许工人停止生产。他认为：质量并非意味着最佳，而是客户使用和售价的最佳。他提出了全面质量管理的四个基本原则：

1）竞争意味着不存在永久的质量水平。
2）良好的管理应通过努力调动组织的质量知识、技能，使每个人相信改进会使事情变得更好。
3）成功的创新要有高质量来支持，特别需要更快更好的新产品的支持。
4）成本和质量是相互补充的而不是相互矛盾的。

1998 年费根堡姆在第三届上海国际质量研讨会（SISQ-3）上发表了"未来属于全面质量领先者"的演讲。费根堡姆认为，质量是一种文化，像许多优秀的文化一样，没有交流就不会成为一种交流的文化。进入 21 世纪以后，质量文化会带动全球范围的交流，这种交流的基础是全面质量的发展。

2.4.5 克劳士比及其质量管理思想

菲利普·克劳士比（Philip Crosby, 1926—2001）对世人有卓越贡献和深远影响，被誉为当代"伟大的管理思想家""零缺陷之父""世界质量先生"。他终生致力于"质量管理"哲学的发展和应用，促使全球质量活动由生产制造业扩大到工商企业领域。1995 年世界最大的专业组织之一"美国竞争力协会"专门设立了"克劳士比奖章"，用于奖励全球在质量与竞争力方面具有杰出成就的企业和个人。IBM、GE、可口可乐、朗讯科技等都曾经因为其卓越的贡献而获得该奖章。

克劳士比认为绝对没有理由在任何产品和服务中存在错误和缺陷（即零缺陷），因而公司应该接受"质量"疫苗以预防不合格，这种疫苗的组成部分分别是决定、教育和实施。他的"零缺陷"理论经历了如图 2-3 所示的 4 个发展阶段。

他所著的《质量免费》《质量无泪》《完整性》《领导法则》《达成目标的艺术》等在质量管理领域有很大影响。

2.4.6 石川馨及其质量管理思想

石川馨（Kaoru Ishikawa, 1915—1989），品质改进圈（Quality Control Circles, QCC，也称为品管圈）提出者，日本质量管理的集大成者，也是 20 世纪 60 年代初期日本"质量圈"运动最著名的倡导者和因果图（也称为鱼骨图）的发明者，故因果图也称为石川图。石川馨出版的《质量控制指南》（*Guide to Quality Control*）广为人知。石川馨提出了 QCC 的概念并强调有效的数据收集和演示。他以促进质量工具（如排列图和因果图）用于优化质量控制而著称。

第 2 章 质量管理与供应商质量管理

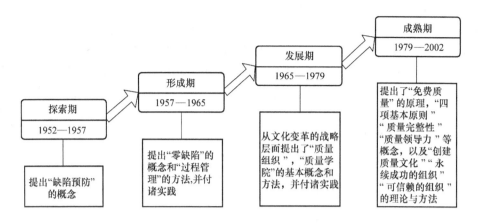

图 2-3 克劳士比质量理论的发展历程

石川馨的名字是与戴明和朱兰访日后于 1950—1960 年期间共同发起的"全面质量控制"运动相联系的。在此系统下,日本从高层管理人员到底层员工都形成了质量控制的观点。质量控制的概念和方法可用于解决生产过程中出现的问题,用于进料和新产品设计控制,用于分析、帮助高层管理人员制定和贯彻方针,用于解决销售、人事管理和行政部门的问题。此项活动还可包括内部和外部质量审核。

2.4.7 田口玄一及其质量管理思想

田口玄一(Taguchi Genichi,1924—2012),日本知名的质量工程管理专家,质量工程学的奠基者,提出了著名的田口方法(Taguchi Methods)。田口方法是一种低成本、高效益的质量工程方法,它强调产品质量的提高不是通过检验,而是通过设计。其基本思想是把产品的稳健性设计应用到产品和制造过程中,通过控制源头质量来抵御大量的下游生产或顾客使用中的噪声或不可控因素的干扰,这些因素包括环境湿度、材料老化、制造误差、零件间的波动等。田口方法不仅提倡充分利用廉价的元件来设计和制造出高品质的产品,而且使用先进的试验技术来降低设计试验费用,这也正是田口方法对传统思想的革命性改变,为企业增加效益指出了一个新方向。

2.5 供应商质量管理与 SQE

2.5.1 WT 公司供应商质量管理的现状

WT 公司的业务发展快速,前期对公司管理的投入已经不能完全满足目前公司的管理需求。目前 WT 公司的供应商质量管理仍属于初级阶段,即停留在事后控制的"救火"层面,对供应商的准入、物料的验证、样品的批准(PPAP)和量产过程的管控几乎没有。当供应商物料产生质量问题后,才要求供应商对不良品进行处理,并要求供应商分析原因进行改善,但是对于供应商的改善措施无有效审核和闭环管理,仅通过下批来料的检验以验证改善效果。也就是说,几乎没有对供应商质量的前端预防和预警管理,只能"被动"接受供应商的质量情况,在供应商质量表现不良时,才会反馈要求供应商解决质量问题。

另外,WT 公司目前对供应商生产控制的参与度和掌控度不足,无法监控供应商的生产过程,更无从提前知晓供应商的质量控制情况,无法进行相关的质量预防工作。目前,WT 公司对供应商的质量控制计划(CP)和控制要点、关键物料首件检查表、工艺控制参数、不合格品控制、质量原因分析及改进闭环、机器设备保养维护计划和记录等数据的动态监控严重不足,不能提前预警可能发生的质量风险。现在 WT 公司质量部的人员 70% 以上的精力都耗费在物料质量异常问题的协调处理及补货上,而对供应商前端的过程质量监控基本没有投入精力去管控,而且关键物料的二级供应商未列入相应的质量监控计划中。以上对供应商质量管理的缺失,使市场上因外购件质量原因导致的问题频发,占 2018 年度市场质量问题的比例高达 65%(见图 2-4)。

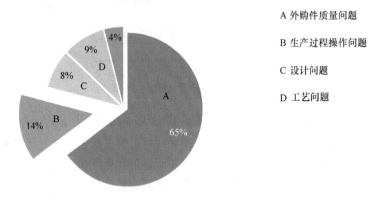

图 2-4　2018 年度 WT 公司市场问题分类图

WT 公司目前市场问题中超过 60% 是外购件质量问题,外购件质量问题中 70% 是外购件前期未能按照相关技术要求进行验证,导致后续市场退货比例直线攀升。经过排查,供应商前期准入审核时属于临时特批放行状态,未能进行有效的不合格项改进工作;前期审核不规范,未能建立规范彻底的供应商准入机制。

类似 WT 公司的供应商质量管理状况,作者见到和听到的案例还有许多,这也从某个层面说明供应商质量管理的问题具有一定的普遍性。也可以看出,在供应商质量管理上还有许多工作需要开展。

2.5.2　供应商质量管理的重要性

可以说当今时代任何一个产业链都离不开供应商的相互配合与支持。供应商是任何一个组织在有效提高产品与服务的过程中必不可少的重要组成部分,越来越多的组织意识到组织与供应商之间相互依存的重要性。企业串联起上游供应商和下游客户,实现供应链环节中的增值部分,但因产品质量的形成和实现过程分布在整个供应链范围内,企业需要全方位管理整个供应链范围内产品质量的形成过程,从而实现供应链产品的质量保证。因此,应构建科学的供应链质量管理体系,以确保核心企业的产品战略和公司战略得以实现。

供应商质量管理是供应链质量管理体系的重要组成部分。随着经济全球化和产业的分工,企业发展的重心已由传统的生产制造转移到技术创新、知识产权等核心业务上,非核心的业务则由合作伙伴完成。以汽车产业为例,其零部件外购比例从 20 世纪 50 年代的 25% 上升到今天的 90% 左右,基本剥离了非重要零部件业务。供应商零部件的质量在企业的日常生产活动中至关重要,不仅影响企业的生产活动,也在一定程度上直接影响客户对企业的满意度和忠诚度。

2.5.3 供应商质量管理概述

1. 供应商质量管理的产生

供应商处在整个供应链的前端,是产品生产或者服务发生的源头,如果源头出现问题,那么接下来的生产和服务过程就会受到严重影响甚至被迫中断。其中,供应商的质量保证分外重要。如何对供应商质量进行管理,保证核心企业源源不断获得有质量保证的产品和服务,是供应商质量管理研究的重要内容。

在20世纪60年代大规模生产时代,供应商质量管理被认为是保证供应商提供的零部件质量合格。这是符合生产优先和卖方市场特性的定义。

随着质量理论和管理方法的发展以及经济全球化的加剧,供应商能否持续不断地供应质量合格的零部件越来越困扰核心生产企业。人们开始思考供应商质量管理应该从产品零件层次上升到供应商质量管理体系的层次,即如何按照顾客的期望去提升供应商的质量管理水平,使得供应商具备在现阶段以及可预测的将来都能够持续供应符合质量要求的产品和服务的能力。特别是20世纪80年代,美国的学者史蒂文斯(Stevens)在定义供应链的时候,提到了供应商作为供应链的五大部分之一,供应商质量管理应该是能使企业满足内外部顾客需求的一系列活动。

结合国际标准化组织的定义,供应商质量管理是指配合企业的质量方针和质量目标,通过质量策划、质量控制和质量改进对供应商进行质量水平提升的一系列活动。这些活动一直贯穿供应商选择、供应商开发、供应商产品批准和最终交付的所有过程。供应商质量管理理论的发展历程和质量管理理论的发展历程是一脉相承的。质量管理的理论向上延伸,用来对供应商质量进行管理,就是供应商质量管理理论的雏形。

传统的供应商质量管理关注产品本身,只要采购的产品能够满足企业一时的生产要求,就不再做进一步的管理和改进。这个时期的供应商质量管理虽然也涉及零部件的进料检验以及终端用户的问题处理,但是都局限在零部件本身,对供应商生产制造过程的各个环节缺乏监督和控制。一旦处在源头的供应商的质量出现了问题,或者某几个供应商的质量出现了问题,将会对下游的产品和过程产生影响,并很可能导致终端的产品出现缺陷并波及最终用户。并且这种质量问题由于"反牛鞭效应"会使问题的处理和解决变得更加复杂和效率低下。

随着经济的全球化,企业的产品销往世界各地,物理距离的增加以及信息传递的延迟等方面的因素,使得产品质量问题处理的复杂程度大幅度上升。一旦产品出现质量问题,处理和解决问题的成本远远超出零部件采购的成本。供应商产品的质量直接影响到企业的产品和服务的最终质量和交付,并进而影响企业项目的周期、成本以及经济效益。供应商质量管理的重要性越来越受到关注。

随着全面质量管理思想的发展和供应链概念的提出,对供应商生产过程的全过程质量控制以及改进供应商质量保证体系的能力成为现代供应商质量管理的趋势。供应商与企业之间不再局限于单纯的商业买卖关系,而是转变成互惠互利、相互依存的合作伙伴。对供应商的质量管理也上升到企业管理的战略层面。

2. 供应商质量管理的主要内容

供应商质量管理的内容有鲜明的行业性,制造业、服务业所涉及的侧重点都不尽相同。同样作为制造业,例如汽车制造与电子产品制造的供应商其质量管理的内容差异也很大,企业需要结合自身企业性质来对供应商质量管理进行量身制作。

一般来说,供应商质量管理的内容主要由三部分组成,一是潜在供应商评审及定点,二是供应商的过程质量控制（IPQC），三是供应商的审核和绩效评估。

（1）潜在供应商评审及定点　对潜在供应商的评审与定点是一个非常关键的环节，是决定后续质量控制工作成功与否的关键，这部分要严格按照企业的流程操作。一般的原则是要全面兼顾与突出重点，还要可操作性强。

（2）供应商的过程质量控制　当企业团队成员确定好产品的供应商后，接下来就会启动供应商的质量管控工作。质量管控一般依照产品的开发流程进行，按照每个阶段所涉及的关注点进行有计划的管控，大多数情况下分为技术评审阶段、样件试制阶段、样件交样阶段、零件批量生产阶段等。

（3）供应商的定期审核和绩效评估　当供应商的零件批量供货后，企业就要对供应商的供货质量进行实时监控，这就要求企业建立一套完整的供应商评价体系，制订供应商定期审核计划。供应商的绩效评价指标分为四个维度：能否按时生产足够的零件，能否生产满足企业要求的零件，能否及时响应企业发生的零件质量问题，能否及时改进并举一反三等。

2.5.4　SQE 的职责、角色、能力要求与知识体系

1. SQE 的主要职责

在组织里，通常把负责供应商质量管理岗位的工程人员统称为供应商质量工程师（Supplier Quality Engineer，SQE）。可是在不同的行业、不同的企业，即使是同行业不同的企业间对 SQE 的职责分工也会有所不同。以下是编者根据众多 SQE 职位的招聘要求梳理出的较为通用的 SQE 岗位要求：①对供应商进行品质管理，保证来料质量；②制定供应商前期选择评估标准；③对潜在供应商进行考察与考核；④与供应商进行质量保证协议的谈判与签署；⑤与供应商进行质量标准的交流与培训；⑥对供应商合作项目的前期质量进行监控；⑦对供应商进行定期审核和评估；⑧对供应商量产产品质量进行监督；⑨对供应商质量异常情况进行处理与分析（8D 报告）；⑩与供应商开展持续改善项目（Continuous Improvement Project，CIP）；⑪处理供应商的不良品，进行质量索赔；⑫开展供应商绩效考核，推进供应商提升。

2. SQE 扮演的角色

SQE 是架起公司内部与供应商之间质量沟通桥梁的重要角色。所以，作为一名合格的 SQE，首先需要正确定位自己的角色并在工作中时刻清楚自己的角色定位，其次必须具备有效的沟通、协调与应急处理能力，再次才是专业技术能力。

SQE 的角色关系如图 2-5 所示。

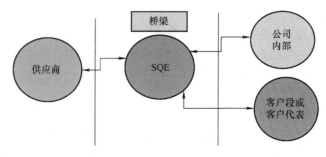

图 2-5　SQE 的角色关系

3. SQE 的素质与能力要求（见图 2-6）

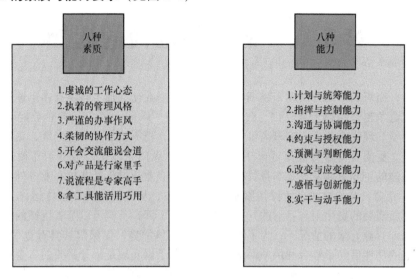

图 2-6　SQE 的素质与能力要求

4. SQE 的知识体系（见图 2-7）

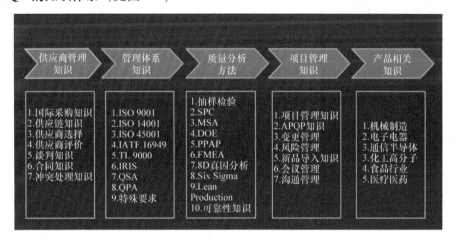

图 2-7　SQE 的知识体系

第 3 章　潜在供应商的选择

当今社会，组织的劳动分工越来越细、越来越趋于专业化，加上科学技术迅速进步，投资成本逐年攀升，竞争越来越趋于全球化、白热化，传统的"纵向一体化"的企业经营模式已经不能适应当前环境。现代企业更应追求高价值的生产模式，更需要加强反应速度，更加强调专业化的知识和革新，更需要资源的整合与互补。与传统的"纵向一体化"业务运作模式相比，实施非核心业务外包的企业更能发挥其本身具有的竞争力。企业通过将其非核心业务外包给世界范围内的"专业"企业，并与这些企业保持紧密合作的关系，从而使自身在整体运作方面提高到世界级水平，而所需要的费用则与目前的开支相等或有所下降，甚至可以节省巨额的投资。

在企业内部资源有限的情况下，为了取得更大的竞争优势，仅保留其具有竞争优势的职能，而把那些其他的功能借助于整合利用外部最优秀的资源予以实现是十分必要的。企业内部最具竞争力的资源和外部最优秀资源的结合，可产生巨大的协同效应，使企业最大程度地发挥自有资源的竞争力，获得竞争优势，提高对环境变化的适应能力。企业截取价值链中比较窄的部分并缩小其经营范围，重新配置各种资源，将资源集中于最能反映自身相对优势的领域，从而构筑自己的竞争优势，获取持续发展的能力。

3.1　外包的概念与外包模式的产生

3.1.1　外包的概念

外包（outsource），英文直译是"外部寻源"，指通过签订协议或合同等方式，由供应商实施企业的部分过程或职能的活动。企业整合利用其外部最优秀的专业化资源，从而实现降低成本、提高效率、充分发挥自身核心竞争力和增强企业对环境的迅速应变能力的一种管理模式。

外包也称为外协，是指采购方委托潜在供应商根据其提供的设计图样、工艺规格和质量要求，制造或加工产品。这种合作关系通常被称为外协合作，这样的潜在供应商通常被称为外协潜在供应商，由潜在供应商提供的产品叫外协件（外购件）。

3.1.2　外包模式的产生

业务外包模式是社会化分工与协作组织在当今知识经济条件下的必然趋势。早在 20 世纪 20 年代，美国福特汽车就开始在产品零部件标准化的基础上开展流水线生产作业，进行具有规模效益的 T 型轿车的生产组织实践并实现零部件供应的外部化。到了 20 世纪下半叶，标准化、全球化的组装生产模式已普及全球。从工业时代的全球化协作下的生产到知识经济时代的战略性业务外包是一个不断演进的、从量变到质变的连续性过程，这种变化有其产生的必要性和必然性。

3.2　外包的特征与选择外包的意义

3.2.1　外包的特征

外包已成为企业获得竞争优势的一种新途径，具有以下特征：

1) 外包的作业分布模式。由于企业把非特长的经营活动交给其他企业完成，这使得传统企业运作方式中时间和流程上处于先后关系的有关职能和环节得以改变。企业的各项活动在空间上是分布的，但是时间上却是并行的，比如企业在研发时，合作伙伴可能正积极地生产和销售该企业产品。这种并行的作业模式提高了企业的反应速度，有利于企业形成先动优势。

2) 在组织结构上，实行外包的企业由于业务的精简而具有更大的应变性。对实行外包的企业来讲，由于大量的非特长业务都由专业的合作伙伴来完成，企业可以精简部门而变得更加精干，中层经理传统的监督和协调功能将被计算机所取代，金字塔状的总公司、子公司的组织结构让位于更加灵活的对信息流有高度应变性的扁平式结构，这种组织结构将随着知识经济的发展越来越具有生命力。

3) 以信息技术为依托，实现与外部资源的整合。实行外包的企业以信息网络为依托选用不同公司的资源，与这些具有不同优势的企业组成靠电子信息手段联系的经营实体，企业成员之间的信息传递、业务往来和并行分布作业模式都可以由信息网络提供技术支持。

4) 外包可以专注核心竞争力的发展。外包的主要目的在于巩固和扩张自身的核心竞争力，建立自己的优势。外包明显区别于兼并收购，后者聚焦于市场的外部扩张行动，如通过兼并收购企业扩展市场规模，而外包有时甚至是规模缩减的过程。这种内部化过程不需要对核心竞争力要素进行长期积累，而是直接把原有的资源应用于巩固、发展核心竞争力上，从而迅速地建立核心竞争优势。所以，可以说外包是建立核心竞争力的最有效途径。

3.2.2 选择外包的意义

业务外包推崇的理念是如果在供应链上的某一个环节不是业界最好的，如果这又不是企业的核心竞争优势，如果分离这种活动不至于导致客户分开，那么可以把它外包给世界上最好的专业公司去做。也就是说，首先确定企业的核心竞争力，并把企业内部的资源集中在那些有竞争优势的活动上，然后将剩余的其他企业活动外包给最好的专业公司。供应链环境下的资源配置决策是一个增值过程，如果企业能以最低的成本获得比自制更高价值的资源，那么企业就可以选择业务外包。促进企业实施业务外包的原因，主要体现在以下几点：

(1) 分担风险　企业可以通过外向资源配置分散由政府、经济、市场、财务等因素产生的风险。企业本身的资源、能力是有限的，通过资源外向配置，与外部的合作伙伴分担风险，企业可以变得更加柔性化，更能适应变化的外部环境。

(2) 降低和控制成本　许多外部资源配置服务提供者都拥有比本企业更有效、更便宜的完成业务的技术和知识，因而他们可以实现规模效益，并且愿意通过这种方式获利。企业可以通过外向资源配置避免在设备、技术和研究开发上的大投入。

(3) 加速重构优势的形成　企业重构需要花费更多的时间，并且获得效益也要很长的时间，而业务外包是企业重构的重要策略，可以帮助企业很快解决业务方面的重构问题。

(4) 分离企业难以管理和失控的辅助业务职能　企业可以将在内部运行效率不高的业务职能外包，但是这种方法并不能彻底解决企业的问题，相反这些业务职能可能在外部变得更加难以控制。这个时候，企业必须花时间找出问题的症结所在。

(5) 使用企业不拥有的资源　如果企业没有有效完成业务所需要的资源（包括资金、技术、设备等）而且不能赢利时，企业也会将业务外包，这是企业临时外包的原因之一。企业必须同时进行成本与利润分析，确认在长期情况下这种外包是否有利，由此决定是否应该采取外包策略。

3.3 自制与外包的业务决策

3.3.1 自制与外包的业务决策考量因素

自制或业务外包决策是企业的重要决策之一，也是公司生产战略与公司核心业务发展的重要组成部分，它受公司的经营战略、产品技术水平、工艺水平、公司业务性质、质量水平、生产能力、开发与生产成本、潜在供应商相关能力以及与潜在供应商关系等诸多因素的影响。随着经济全球化的发展，业务外包相对于自制的比例呈现不断扩大的趋势，而且在国外市场或全球化市场中业务外包的机会和比例也越来越大。

(1) 与公司战略的关系　企业的业务外包决策必须与组织的总体战略相匹配，总体战略是企业制定业务外包的基础，而业务外包是在总体战略安排下的具体战略举措。企业的总体战略不仅决定了企业的自制与外包决策，而且还影响外包的对象、外包的模式以及潜在供应商的选择水平等。

哈佛商学院的迈克尔·波特教授认为，企业在市场竞争中有三种类型的战略可以采用，分别是成本领先（Overall cost leadership）、差异化（Differentiation）和集中战略（Focus）。追求成本领先战略的企业总是尽力使自己成为行业成本最低，为此需要通过规模经济以降低成本。差异化战略则是通过向用户提供独特产品和服务，以此获得溢价报酬。集中战略是指在更小的范围内实施低成本领先战略和差异化战略。

一般来说，业务外包时，成本领先厂商可能更注重潜在供应商的成本节约优势，而差异化战略厂商更看重潜在供应商的资源与企业资源的匹配程度和整合的难易。显而易见，企业的总体战略不同，外包策略也相应有所区别，而与企业总体战略不匹配的外包策略不仅会使外包收益大打折扣，相反可能会使企业陷入外包风险之中，从而损害其核心竞争力。

(2) 与企业业务性质的关系　企业要成功实施业务外包，必须选择正确的外包对象，即要确定哪些业务适合外包，哪些业务必须自制。由于不同的业务活动所需投入的资源不同，对企业的竞争优势的重要程度也不同，因此可以据此将企业从事的业务分为核心业务和非核心业务。核心业务（例如：软件企业的研发能力，制造企业的生产制造能力）是企业投入的资源最多的，对企业存亡具有关键性的作用的，往往也是企业最擅长的，能创造高收益、有发展潜力和市场前景的业务活动。而非核心业务通常围绕核心业务，对企业的战略重要性相对较低。例如制造企业的财务管理、人力资源管理以及后勤等业务就属于非核心业务。理论上，业务的性质越复杂，对企业的竞争战略越重要，出现信息不对等的可能性就越大。因此，企业倾向于将其内部化而不愿意外包。这一观念得到了实证研究的证明，例如在飞机制造行业，越复杂的零部件，其内部化生产的可能性越大。从核心竞争力的角度看，核心业务是企业核心能力的载体，必须保留在企业内部。不当的核心业务外包有可能导致企业核心能力丧失。而非核心业务对企业竞争优势的影响相对较弱，因此可以根据需要将这类业务外包，甚至通过市场直接采购，以降低风险，提高企业资源的利用效率。

(3) 与产品的开发能力　自制或外包决策在现有产品和工艺的能力水平方面主要考虑以下几点：

1）产品中通用件、标准件的比例。对于不影响产品核心性能的零部件应尽量采用通用件和标准件，以降低成本、提高专业化水平，相应的采购比例也会增加。

2）产品中零部件的技术性要求和安全性要求能否满足相关标准（如安规要求、UL认证、

FCC 认证等)。如果以本公司的设施和水平生产的某零部件无法满足产品销售区域或国家要求的相关技术与安全指标,则该零部件必须考虑选择符合要求的潜在供应商外包。

3) 本公司对产品中零件的生产技术和工艺知识掌握的程度与相应的工艺水平、设计水平、生产能力等。如果本公司不具备相关零部件的生产技术与工艺生产条件,自然应该考虑外购。

4) 如果外包业务中包含的技术流程比较成熟,执行相对容易,那么企业可能就有大量的潜在供应商可供选择,业务外包所必需的规范说明比较明确,外包过程相对简单。若技术流程操作难度大,而且拥有这种技术流程的潜在供应商数量有限,也就是说,技术流程相对不成熟,则对于不成熟的技术流程,企业就需要和潜在供应商签订更为完备的合同,同时在实施阶段严格控制并持续地改进潜在供应商的工作,促使潜在供应商不断和同行切磋以提高技术水平。

(4) 与外包潜在供应商选择的关系　业务外包中,厂商和外包潜在供应商间实际上形成了一种合作伙伴关系,外包潜在供应商的表现在很大程度上影响制造商对市场的服务水平。因此,外包潜在供应商的选择在制定业务外包策略中占有比较重要的位置,如何选择最为合适的外包潜在供应商是企业管理者必须认真考虑的问题。而外包潜在供应商的选择相当困难,一旦决策失误,企业就会面临更大的管理问题。

(5) 与外包过程管理的关系　由于业务外包是一种界于市场交易和"纵向一体化"的中间形式,厂商和外包潜在供应商之间实际上形成了一种委托代理关系,外包潜在供应商比厂商拥有更多关于产品和服务的质量、成本等信息,从而导致信息不对称。另外,合作双方理念和文化的差异、无效的沟通机制等因素都可能导致外包活动出现很多问题,因此强化对外包过程的管理非常有必要。可以通过建立相应的管理机制、构建通畅的沟通渠道,解决业务外包过程中的问题和矛盾,防止意外事件的发生。此外,还可以通过细化外包合同约定、建立质量保证体系等管理控制手段强化对外包过程的监督,减少外包过程中因信息不对称造成的风险。

(6) 与质量管理体系的关系　本公司的质量管理体系、质量管理水平、质量检测手段、过程质量管控水平、质量改进能力等能否满足产品自制的质量要求,也是自制或外包决策必须考虑的重要因素。其中,质量管理体系、质量管理水平、质量改进能力更大程度上反映了公司主导产品的质量管控水平,而相应的过程质量管控水平与质量检测手段则是考虑零部件生产可否自制的主要因素。

(7) 与产能的关系　产能是确定自制或外包的重要因素之一。当企业在接到客户订单后,因产能限制无法在规定的时间内交付时,一般也只能通过生产外包来解决。

(8) 与成本的关系　自制或外包决策最终的考虑因素很大程度上取决于成本问题。在综合考虑公司战略、技术水平、生产能力、质量和供应能力的同时,综合分析产品中零部件自制与外购的成本,计算比较自制与外购零件的价格、投资和综合效益等,这也是自制与外包决策中关键的一步。

(9) 批量大小因素　如果企业需要的仅是小批量的特殊零部件,比如新产品开发或新的原材料的试验阶段,企业通常不会自制而是尽可能选择从外部购买。潜在供应商同时为多个采购企业提供类似的产品,所以生产量大也比较经济,潜在供应商当然愿意生产需求量大、利润高的产品。如果采购企业要求的小规模部件比较特殊,价格对潜在供应商来说也没有吸引力,那么企业只能选择自制。随着零部件更趋于标准件,外购的倾向也会逐步增强。

(10) 平衡需求波动的因素　对于需求随着季节等因素波动比较大的企业,它们拥有的设备和劳动力资源可能都不足以应对高峰时期的需求量。当需求处于低谷时,企业只需内部生产而不外购,当需求比较旺盛时,企业内部生产设备满负荷运转的同时还需从外部购买部分的产品以弥补生产能力和需求之间的差距。这也可使企业避免频繁地裁员或招工。如果企业自制品的生产进度不能满足企业对该产品的需求,那么企业可能会和外部潜在供应商合作,以满足企业不连续的采购需求。

(11) 库存和存货的因素　如果企业采取自制的策略,那么供应部门就要购买相应的原材料、零部件和生产工具等以支持自制项目的运行。而如果企业直接采购该产品,那么供应部门接触的潜在供应商数量就会减少,相应的收货、检验、仓储管理等相关直接和间接部门的工作量就会减少,如果采用潜在供应商管理库存,企业的库存管理成本和存货投资都将大大降低。

(12) 促使内部提升的因素　有时候企业从外部采购的目的仅仅是提升管理,尤其是当潜在供应商的质量水平和成本管理都优于本企业时,它们将外部潜在供应商的质量和成本控制水平作为标杆,以鞭策内部相关职能单位或部门提高并激励企业内部进行持续的改进。

(13) 为保密而制　如果企业不能确保核心知识和技术等无形资产的安全,那么外包可能就是很危险的。一旦潜在供应商获得了相关的秘密,就可能绕过采购企业而直接侵蚀市场,实现向前整合,或者潜在供应商可能会把偷学来的知识、技术资料等用于支持竞争对手的采购活动,甚至直接将相关资料转让给采购企业的竞争对手。为了防止这类问题,有些企业也不得不选择自制。

3.3.2　自制或外包决策的盈亏平衡分析

在企业的自制或者外包决策中,成本因素受关注程度仅次于该业务对企业核心竞争力的影响。在实际的产品外包还是自制的决策中,成本的量化分析无疑是最重要的。盈亏平衡分析就是量化自制与外包决策中的成本项的一种方法。

盈亏平衡分析也叫保本分析,它是通过分析生产成本、销售利润和产品数量这三者的关系来掌握盈亏变化的规律,指导企业选择能够以最小的成本生产最多的产品并可使企业获得最大利润的经营方案。

如果企业自行生产某个产品,那么总生产成本 C 有两部分构成,一个是固定成本 F,一个是变动成本 VQ,C 是产量 Q 的函数。如果企业生产该产品时无须再购买相关设备仪器而只利用现有生产设备的剩余生产能力,那么关于该部分生产设备的固定成本就不该计入自制产品的固定成本中,因为无论其决定自制还是外购,该设备的相应成本都不会发生。其他固定成本的分析也是如此。如果企业制造该类产品的相应设备、人员都要重新配置,那么相应的费用就要计入该产品固定成本中。

总生产成本的函数就是线性函数 $C = F + VQ$,如图 3-1 所示。当产量 Q 为零时,企业也会发生固定成本 F,当产量逐渐增加,则每增加一个单位产量要增加一个单位变动成本 V,总变动成本为 VQ,总生产成本 = 固定成本 + 变动成本。

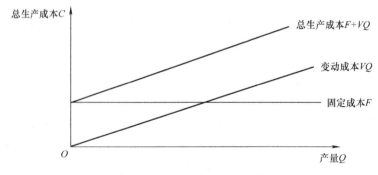

图 3-1　总生产成本的构成示意图

第3章 潜在供应商的选择

当企业外购该产品时,企业不会发生固定成本,只会发生采购数量、采购价格及与采购频率有关的成本。在买方市场下,企业采购该产品的成本 $C = PQ$,其中 P 是产品价格,Q 是企业的需求量。

比较自制与外购的成本是最简单的决策方法,如图3-2所示。当需求量小于 Q_0 时,外包无疑是比较经济的;当需求量大于 Q_0 时,自制又是比较有成本优势的。当需求量等于 Q_0 时,自制与外包的成本相等,此时需要结合其他因素综合考虑。当然,即使在自制或外包具有明显成本优势的范围内,仅仅依靠成本高低做出的决策也会被认为是草率的。成本分析是一项很重要的指标,但必须同时与其他的影响因素一起考虑才能达到良好的效果,进而做出较为明智的决策。

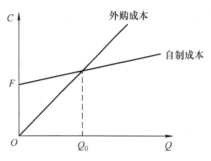

图3-2 自制或外购成本对比

3.4 潜在供应商开发的原则与主要途径

3.4.1 潜在供应商开发的原则

潜在供应商开发的原则:全面、具体、客观。

建立和使用一个全面的潜在供应商综合评价指标体系,对潜在供应商做出全面、具体、客观的评价。

1) 门当户对原则:潜在供应商的规模和层次与采购商相当。这是潜在供应商选择时一个基本的原则。
2) 系统全面性原则:系统全面评价体系的建立和使用。
3) 简明科学性原则:潜在供应商评价和选择步骤、选择过程的透明化、制度化、科学化。
4) 稳定可比性原则:评估体系应稳定运作、标准统一,减少主观因素。
5) 灵活可操作性原则:不同行业、不同企业、不同产品需求、不同环境下的潜在供应商评价应是不一样的,保持一定的操作灵活性。
6) 半数比例原则:购买数量不超过潜在供应商产能的50%,不应有全额供货的潜在供应商。
7) 供应源数量控制原则:同类零件的潜在供应商数量为2~3家,有主次潜在供应商之分。
8) 供应链战略原则:与重要潜在供应商发展供应链战略合作关系。
9) 学习更新原则:评估的指标、标杆对比的对象以及评估的工具与技术都需要不断更新。
10) 全面了解原则:对潜在供应商的生产状况、商业信誉、交货能力的了解程度,直接决定与潜在供应商合作的深度与广度。

3.4.2 潜在供应商开发的主要途径

根据对自制或外包业务的综合评估,组织决策层决定需要将哪些相关的产品外包,而现有的潜在供应商不能满足外包要求时,必须要开发新的潜在供应商。在潜在供应商的开发管理方面,需要获取大量潜在供应商的信息并进行识别,可以考虑分别从以下途径获取:①项目团队人员的经验与关系;②公司名录、产业名录与专业杂志;③政府机构、驻外商务机构搜集的资料;④国内外行业协会、企业协会会员名录、产业公布;⑤技术文献、贸易期刊;⑥产品展览会、产品发布会；⑦国内外新闻传播媒体（报纸、杂志、广播、电视）；⑧网络平台；⑨集团在线数据库；⑩过去潜在供应商记录；⑪供应商上门自荐；⑫其他各类途径。

3.5 潜在供应商的选择步骤与方法

3.5.1 潜在供应商的选择步骤

对潜在供应商进行合理的选择，是供应商管理的一个重要组成部分。企业在进行潜在供应商选择前，首先需要对零部件进行分类，其次还要在进行正式的评价之前进行可行性过滤，筛选出那些可供选择的优质潜在供应商，这是由零部件种类的多样性和潜在供应商数量多决定的。在做好前期工作的基础上，企业要根据合理的标准、模型、策略进行合理、规范的选择。

（1）制订零部件需求计划　企业产品所需的零部件可以大致分为两种，一种是自己加工，另一种是对外采购。涉及潜在供应商选择的就是需要对外采购的，这部分占所需零部件的大部分。对于外购的零部件，要从技术实现程度、到货周期、单价成本、质量要求、数量需求等方面综合考虑，从而形成采购需求计划。

（2）分析市场竞争环境　在采购需求计划明确之后，企业就需要搜集各种市场信息，弄清楚潜在供应商市场可以提供哪些产品、服务，以及不同类型的潜在供应商间的区别。只有对市场竞争环境进行分析、整理，才能为下一步进入潜在供应商评价选择程序奠定坚实的基础。

（3）建立潜在供应商选择的目标　在对市场竞争环境有了一定的了解后，企业首先要明确通过与潜在供应商开展合作能够得到什么，即选择的目的。这是潜在供应商选择活动的前提和动力。在具体操作中，企业要保证对象目标的有效性、合理性和可操作性，只有这样才能做到有据可依，在谈判招标过程中不至于没有明确的目标。

（4）建立潜在供应商选择的标准　选择科学合理的潜在供应商评价依据和标准，是选对潜在供应商的关键。对潜在供应商进行选择前，首先要做的就是要建立一套科学的指标体系，对潜在供应商可提供零件的成本、质量、技术、服务能力等进行综合方面的思考。

（5）成立潜在供应商评选小组　在进行零部件潜在供应商选择时，建立一支高效、专业、灵活且配合有序的评估小组非常重要。评估小组的成员设置要合理，既要选择采购管理部门、质量管理部门的人员，又要选择生产体系和销售部门的人员，必要时考虑技术开发、工程部门人员一并参与，只有这样才能够真正从全局出发进行有序科学的选择，不至于因部门信息不畅而造成技术评估不足、质量不能满足要求、供货不足或是库存过大等一系列后患。

（6）潜在供应商参与机制　从长远的角度来分析，企业需要同潜在供应商构建良好的合作关系，而不是无序的竞争关系。尤其对于战略型的零部件采购，评估小组在对潜在供应商筛选后，要选择那些能够长期合作的潜在供应商进行共同协商，让潜在供应商也参与到零部件的采购活动中，这样既能保持同潜在供应商的有序合作，又能够最大限度地消除因双方信息不畅带来的矛盾和摩擦，以及因此引起的不必要的间接成本。但在实行本项目合作前，需要和供应商签署保密协议以及进行其他必要工作。

（7）评价潜在供应商　接下来，就是最为关键的一步，即对潜在供应商的综合评价。在已建立的评价选择标准基础上，企业要综合运用定量和定性两种分析方法，并辅之以调查、征询意见等形式，来综合分析收集到的有关潜在供应商的数据和信息。必要的时候，可以利用模型工具来进行分析，比如模糊综合评价、层次分析法（Analytic Hierarchy Process，AHP）、网络分析法（Analytic Network Process，ANP）等。得到初步的分析结果后，企业要拟订评定方法，并且选出最适合的潜在供应商。需要强调的是，企业在具体操作中并不能单纯地依靠数据分析进行决策，还需要考虑到企业的长远发展以及短期的目标，只有这样才能够完成对潜在供应商的正确选择。

（8）与潜在供应商实施合作关系　在供应链环境下，对于那部分采购量大但标准化程度不高、技术含量高的零部件的潜在供应商，企业要着力于同潜在供应商建立起稳定的战略合作关系。只有这样，才能在实现科学采购的同时最大限度地分散市场风险，从而提高企业的核心竞争力。

3.5.2　潜在供应商的选择方法

1. 供应商选择方法概述

企业选择零部件供应商的方法较多，可以归为以下几类。

（1）定性选择的方法　从定性角度看，选择零部件供应商的方法主要有直观判断法、招标法、协商法等。其中，直观判断法是根据调查所得到的资料并结合个人分析及判断对合作伙伴进行分析、评价的方法；招标法是业界比较常用且操作性较强的一种方法，可以分为公开招标和邀请招标；协商法是由企业先选出供应条件比较有利的几个合作伙伴，同他们分别进行协商，再确定适当的合作伙伴，该方法主要适用于供货方较多且企业难以在这些供货方中进行选择的情况。

（2）定量选择的方法　从定量角度看，选择零部件供应商的方法主要有线性加权法、线性规划法、混合整数规划法、组合法、AHP、ANP、矩阵法、多目标规划法、数据包络分析（Data Envelopment Analysis，DEA）模型、博弈模型、统计/概率法等。其中，线性加权法是解决单一资源问题的一种广泛使用的方法，其基本原理是对各评价指标的权重赋值；数据包络分析是著名运筹学家查恩斯、库伯及罗兹等人在1978年提出的。

（3）数学类选择方法　数学类选择方法得以应用是定量分析法发展到一定阶段的必然产物，具体的数学类选择方法见表3-1。数学类选择方法对于分析更为复杂的数据和模型意义重大。

表3-1　供应商的数学类选择方法

类型	方法简介
运筹学类方法	线性规划、混合整数规划、数据包络分析等。运筹学方法主要解决在一系列静态约束条件的限定下如何最优地分配有限的资源的问题。实际是为交易行为的分析过程设定了固定结构，目标是令决策流程高效和标准化
模糊集方法	供应商绩效是从数量和质量上来评价供应商达到规定目标和具体目标的程度，数量上的评价是客观上可以评价的，而质量上的评价是主观和直觉估计的。能够处理多种模糊语义属性的模糊集方法，为同时处理数量和质量指标提供了有效的解决方案
专家系统与数据挖掘	供应商评价涉及的因素非常广泛，复杂性也非常高，因此需要集成的信息处理工具来处理评价过程，有文献提出通过构建原型专家系统和模糊专家系统综合来解决供应商评价问题

2. 典型的供应商选择方法

在供应链环境下，企业零部件供应商的选择是建立稳定高效供应链的一个极其重要的环节，是企业利润之源、质量之本和效率之始，越来越成为提升企业核心竞争力的关键性因素。作为保障企业生产正常进行的关键环节，制造企业与零部件供应企业之间战略合作伙伴的关系至关重要，而如何进行零部件供应商的选择，则成为企业决策的重点。以分类管理思想为基础，将所有权总成本（Total Cost of Ownership，TCO）、四象限和ANP理论引入到零部件供应商选择中来，建立起一套可靠且高效的零部件供应商选择策略，从而为企业对零部件供应商进行合理选择、有效监督、高效管理并可以持续改善优化提供依据。

（1）基于TCO的供应商选择策略　TCO简单来说就是生命周期总成本，既包括原材料或服务的净购买价格，又包括和购买相关的其他诸多作业成本。Robin Cooper 和 Robert S. Kaplan 于 1988 年提出了作业成本法，首次提出了 TCO 的概念，并用 TCO 来表示由供应商引起的总成本。从 TCO 的构成来看主要有两个要素，一个是购买材料所需要的净购买价格，另一个包括的内容非常多，包括材料的接收、运输、存放等的成本，产品的废弃、返工、生产延迟、设计等的成本，支付材料货款及与购买有关的作业成本。菲力普认为：供应商的所有缺陷引起的客户企业的额外总成本就是供应商的总成本。

1) TCO 在供应商选择中的重要性。一些企业在供应商选择时指标设置过于简单，存在过分重视采购成本而忽视其他因素的问题，特引进此策略。将 TCO 分析当成一项战略成本的分析技术，可在任何采购决策中发挥极大作用并实现成本的不断优化、改进。在这一背景下，通过 TCO 的引入和在零部件供应商选择中的运用，可确认应当纠正的无绩效领域来实现绩效的提高，而 TCO 数据又可以让企业更好地对供应商进行等级评定，从而有助于依据优质的绩效来选择合适的供应商。与此同时，TCO 要求企业了解哪些是受供应商控制并有可能对总成本产生影响的非价格因素，这有助于提高零部件供应商的责任能力和控制能力。可以说，TCO 不仅有助于企业选择合适的零部件供应商，还通过分析企业与供应商之间的相互关系，有助于建立企业和供应商的稳定高效合作关系。

2) 基于 TCO 的供应商选择。作为一种比较有效的战略成本分析技术，基于 TCO 的供应商选择策略改变了传统供应商管理中进行采购时只注重价格的缺陷，构建起了多元可延续的评判标准。基于 TCO，企业在进行零部件选择的过程中，尤其是采购那些对于产品极其重要的零部件时，需要考虑在购买之后其可能带来的服务成本、产品生命周期成本的情况。

在运用 TCO 策略选择供应商前，一些公司花费了大量的人力组建了以产品工程师、供应商质量改进工程师、财务会计和采购员为成员的开发小组，建立了一个适用于公司所采购的零件的 TCO 模型。将每个零部件的生命周期总成本分为四大部分：技术成本、供应商交付成本、厂内使用成本及售后质保成本。在利用 TCO 对供应商进行选择时，除了要收集供应商报价，还要和产品工程师、供应商质量改进工程师以及售后工程师做充分的沟通并拿到相应数据，才能完善某个供应商某个产品真实的 TCO。

① 技术成本。采购员需要了解产品的设计开发周期、设计验证周期等，这些信息可以通过人力成本及资源成本等折算分摊到每单位零件成本中。当然，只有供应商负责设计的零件的这部分成本才会因为供应商的不同而不同。

② 供应商交付成本。包含采购成本（Piece Price），根据零件难易程度及供应商能力识别出的生产件批准程序（PPAP）实施级别对应的成本，以及供应商要求的付款条款对资金流影响折算的成本。

③ 厂内使用成本。包括厂内物流成本、仓储成本、税率、拆包成本以及因为供应商交付不及时或交付质量较差折算出的成本，虽然只是个经验估算值，但是对规避风险是具有现实意义的。

④ 售后质保成本。这里的售后质保成本指的是在规定的保修期内出现失效件时，不转嫁到供应商处的成本。这个值是根据供应商索赔率及产品失效率换算出来的，也是个估算值。

将以上四个成本累加，即得到某个供应商某个零件的 TCO，经过比较选择最低者。

使用基于 TCO 的供应商选择策略面临的问题在于计算总成本的公式及基础数据难以收集，这是 TCO 模型研发小组经过长期研究大量数据并根据实际经验归纳出来的，在实际操作中，还需要阶段性进行回顾及更新。在 TCO 数据的统计中，有来自于净购买的成本信息，也有来自于供应链其他领域的成本信息，比如技术研发、售后保修、采购运输等方面的成本信息。不难看出，依托传统的成本核算方法没有关注指标的量化与在总成本活动系统相关的成本科目，因此也就很难对 TCO 进行统计和计算。

综上，基于 TCO 做供应商选择是一个非常贴合实际的策略，鉴于工作量非常大，适合用于技术要求较高且质量问题较多的零部件。如轨道交通行业，根据零部件的特点，底盘件和发动机件可以考虑使用此策略。

(2) 四象限零部件供应商选择策略　四象限法则最初用在对时间的管理上，引入供应商选择同样具有开拓性的意义。在此引进四象限零部件分类方法，针对不同象限零部件的特点，制定不同的供应商选择策略。

要使用四象限的分类方法，首先要考虑建立适合的判断零部件的两个维度。根据风险评估的标准，可以将这两个维度分别设为零部件重要程度和供应商获得难易度。其中，零部件重要程度需要考虑零部件价值、用户感知价值、先进技术影响、失效影响、零部件带来的差异化程度等因素；而供应商获得难易度需要考虑供应市场垄断程度、供应商 Q/S/C 风险、供应商替代壁垒、交付风险和降成本能力等因素。对以上因素赋予相应的权重，通过对所有零部件进行评估，将其分别归类于四象限中。纵轴代表供应商获得难易度，而横轴则代表零部件重要度。基于此，可以将零部件大致分为战略型零部件、瓶颈型零部件、常规型零部件和杠杆型零部件，如图 3-3 所示。以下对四象限分类方法的举例说明，以轨道交通行业为例。

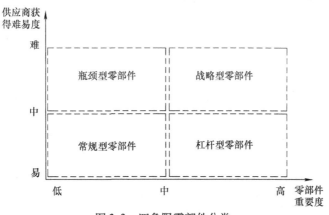

图 3-3　四象限零部件分类

1) 常规型零部件供应商的选择。常规型零部件主要是指那些风险相对较小、采购金额也相对较小的一类零部件。这些零部件在供应市场上供应商数量比较多，零件标准化程度也比较高，例如内饰中的紧固件、焊接支架、主横梁、机械加工件和五金件等。每年从常规型零部件供应商那里采购的零部件数量和金额较小，同时每个企业每年的购买额相对于供应商销售额而言仅占到很小的比例。

采购常规型零部件时，应尽量简化采购过程、减少供应商数量，尽可能单货源供货，并与供应商签订长期合同，增加对供应商的吸引力及议价能力；同时，也可以减少采购小组的工作量。由于企业的采购额度较低且所采购的商品对企业而言风险较小，所以企业没有必要花费太多的时间和资金来维持同供应商的关系。

2) 瓶颈型零部件供应商的选择。瓶颈型零部件主要是指那些风险相对较大且企业每年的采购金额也相对较大的一类零部件，例如牵引系统、制动系统、网络系统、空调系统等。对企业来说，瓶颈型零部件供应商一般较少，而且这一部分供应商提供的零部件大多是非标准化的，市场同类产品不多，所以采购风险高。企业每年从瓶颈型零部件供应商那里采购的零部件虽然较多，但每个企业每年的购买额相对于供应商销售额而言所占比例不大。

采购瓶颈型零部件时，应首先考虑如何降低采购风险，并选择双货源，在提升议价能力的同时也确保有后备供应商可供选择。企业应该重视此类供应商,保持与其长期友好的合作关系,签订长期合同。

3)战略型零部件供应商的选择。战略型零部件主要是指那些风险相对较大且企业每年的采购金额很大的一类零部件。对企业来说,战略型零部件供应商不好选择且数量较少,而且这一部分供应商提供的零部件大多非标准化且拥有自主知识产权,市场同类产品不多,所以采购风险很大。企业每年从战略型零部件供应商那里采购的零部件数量和金额都占到很大的比例,且很少有其他供应商可以提供同类的零部件,例如轴承、轮对、齿轮箱等。

采购战略型零部件时,由于采购额度很大且所采购的商品对企业而言风险较大,应考虑选择双货源或平行货源,并且非常有必要和战略型零件、部件的供应商达成合作协议,构建长期、稳定的关系。

4)杠杆型零部件供应商的选择。杠杆型零部件主要是指那些风险相对较小且企业每年的采购金额很大的一类零部件。对企业来说,合适的杠杆型零部件供应商所提供的零部件大都标准化且同类供应商较多,所以采购风险很低。企业每年从杠杆型零部件供应商那里采购的零部件数量和金额都占到很大的比例,同时风险又低,所以这种大额的采购增加了企业对供应商的吸引力。

采购杠杆型零部件时,由于采购额度很大且所采购的商品对企业而言风险较小,所以企业在选择此类零部件供应商时具有很大的议价能力,只需建立合理的评价体系选择最优的供应商,没有必要刻意去花费时间和资金寻找此类供应商。

(3)基于 ANP 的供应商选择策略 美国匹兹堡大学著名教授 Thomas L. Saaty 在 AHP 的基础上提出了 ANP 理论。ANP 将系统内各元素的关系用类似网络的结构来表示(见图3-4),一改以往的递阶层次结构,充分考虑了层次内部元素的依存和下层元素对上层元素的反馈影响。将 ANP 引进作为供应商选择策略,可以解决供应商选择指标过于简单、因为忽视各项指标间的关系而引起判断偏颇的问题。除了零部件的采购成本、质量表现会影响企业最终采购产品的成本、销量和竞争力外,供应商的开发周期、开发能力、精益生产程度、项目管理经验等都会直接影响到企业的项目开发、生产持续性与稳定性。特别是对于开发周期较长、重要度较高的零部件,如果在做供应商选择时没有充分考虑到这些因素及其制约关系,选定的供应商在开展设计相关工作过程中产生失效问题或者遇到壁垒无法攻克,就会直接影响到项目进展。

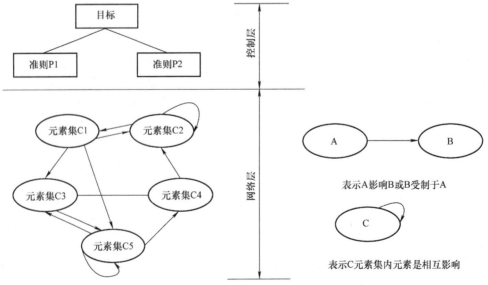

图 3-4 ANP 的典型结构示意图

第3章 潜在供应商的选择

在 ANP 建模过程中,首先是构造控制层次(Control Hierarchy)。先将评价目标界定,再将评价准则界定,这是问题的基本,控制层中每个准则的权重均可用传统 AHP 获得。再则是构造网络层次。要归类确定每一个元素集,分析其网络结构和相互影响关系。分析元素之间的关系可用多种方法进行:

1)一种是内部独立的递阶层次结构,即层次之间相对独立。
2)一种是内部独立、元素之间存在着循环的 ANP 网络层次结构。
3)另外一种是内部依存,即元素内部存在循环的 ANP 网络层次结构。

这几种情况都是 ANP 的特例情况。在实际评价问题中面临的基本都是元素集间既不存在内部独立又有内部依存甚至有循环的 ANP 网络层次结构。

针对确定目标和准则,一开始要对零部件供应商选择问题进行全面的解读,包括该选择的目标、准则和因素,同时还要给出该选择的后果,也就是可能给企业带来的影响。起初,ANP 依据的关键因素是时间(T)、质量(Q)、成本(C)和服务(S)等,而相对于企业而言,也要依据收益(B)、机会(O)、成本(C)和风险(R)4 个要素进行衡量。针对企业,可以设立以下供应商选择指标体系(见表 3-2)。

表 3-2 供应商选择指标体系

序号	选择指标	相关因素
1	企业能力	(1)财务能力,(2)业务多元化,(3)信誉,(4)行业服务时间,(5)发展前景
2	成本水平	(6)年度降成本表现,(7)降成本流程及具体的应用,(8)对 TCO 模型的理解
3	技术实力	(9)技术人员的能力,(10)相似产品的配套经验,(11)工程开发工具及实验能力,(12)人员是否足够,(13)专利及科技成果
4	生产能力	(14)产能富裕程度,(15)生产器具水平,(16)精益生产程度
5	质量水平	(17)顾客抱怨(PCR),(18)质量体系认证,(19)一次下线合格率,(20)废品率
6	服务能力	(21)服务水平,(22)交货的准确性,(23)订单的处理时间,(24)缺货频率,(25)准时送货率
7	企业环境	(26)政治法律环境,(27)员工素质,(28)地理位置,(29)所处位置的产业集中度

其次,构建供应商网络。通常而言,ANP 网络需要两个部分,一个是控制层,另一个是网络层。在构建过程中,网络层需要依据控制层的目标和准则来建立,并且要把握网络内每个元素之间相互影响的原则。与此同时,依据 ANP 还可以构建大网络下的子网络,子网间和子网元素之间同样需要遵循相互影响的原则。

假设企业准备为新项目的变速箱进行招标,可供选择的供应商有 B1、B2、B3,采购管理部门决定从以上三个供应商中选择一家,故需要依据上文提出的评价潜在供应商的指标。ANP 网络确定各指标的权重,利用德尔菲法、专家评价得到各指标的权重。为了使评价结果更加准确、合理,可以采用多专家参与决策的方法,其 ANP 建模如图 3-5 所示。

最后构建矩阵。依据已经设立的准则和目标,首先构建无权重超矩阵,也就是通常所用的两两比较法,从而确定每个元素之间的作用关系;其次构建权重超矩阵,对元素组进行成对比较,由此可以获得反映元素组间关系的权重矩阵;最后构建加权超矩阵并计算极限超矩阵,对每一控制准则的极限向量按照各准则权重进行加总,并依据各可选方案的权重值排序,从而得出最佳选择方案。

近年来,随着云计算、互联网、物联网等技术的高速发展,带动了很多传统行业的转型。云制造平台为全球范围内的供应商服务,云制造平台有服务发布、服务匹配、企业信用评估、企业协同制造和交易结算等重要的功能,全面提高制造企业在整个价值链的效益,减少时间成本,是解决传统供应商选择问题的趋势。在整个制造任务执行过程中,云制造平台接收需求方提出的供应商需求,然后通过服务匹配从大量已注册的供应商服务资源库中挑选适合的供应商推荐给需求

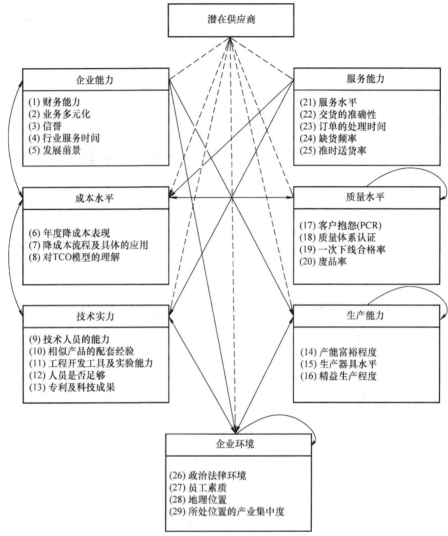

图 3-5 供应商选择 ANP 建模

方。匹配结果的正确与否直接影响后续的协同制造过程和整个制造任务的效率。因此,云制造平台环境下供应商的匹配方法是未来亟待解决和优化的重要问题和研究的热点。

3.6 潜在供应商选择的八大关注点

3.6.1 供应商所在区域

地理位置也是考核供应商内部竞争力的一个方面。采购商通常偏好选择距离自己较近的供应商,一方面方便管理供应商,另一方面地理位置的趋近也是及时到货和优化库存管理的重要因素。这是汽车行业在潜在供应商选择时需要考虑的重要因素之一,也是整车厂要求一级供应商围绕其周边建立配套加工工厂的原因。

3.6.2 供应商自身规模

企业需要确定供应商是否具备相当的生产规模与发展潜力,这意味着供应商的制造设备必须能够在数量上达到一定的规模，能够保证供应所需数量的产品。供应商的生产规模制约着企业对供应商的认知程度。在对潜在供应商选择时企业还需要考虑供应商扩充产能的能力与目前产能的饱和度等因素。

3.6.3 供货产品质量

质量是衡量供应商产品最基础的指标，特别是对于一些危险品行业、特种行业等，对质量指标的关注度会更高。一般产品的免检率、来料合格率、抽检不合格率、批次通过率、验收合格率、返销退货率等都是评价供应商的质量指标。当然，采购方也会注意到供应商是否建立相匹配的质量管理体系，比如常规要求的三标体系（ISO 9001/ISO 14001/ISO 45001）、汽车行业基本入门门槛的 IATF 16949 等。当然，如果要对供应商产品质量进行检验，不仅要看原材料的质量，还要到生产线去考察，了解各种工艺管控、生产制度是否合规等。

供应商的产品必须能够持续稳定地达到产品说明书的要求，供应商必须有一个良好的质量控制体系。原材料的质量合乎企业的要求是企业生产经营活动正常进行的必要条件。质量差且价格偏低的商品，虽然采购成本低，但实际上导致了企业总成本的骤然增加。因为不合格的原材料投入使用的过程中，往往会影响生产的连续性和成品的质量，这些最终都将会反映到企业总成本中去。另一方面，质量过高并不意味着采购物品适合企业生产所用，如果质量过高，远远超过了生产要求的质量，对于企业而言也是一种浪费，因此对于采购中质量的要求是符合企业生产所需。评价供应商产品的质量，不仅要从原材料检验入手，而且要从供应商企业内部去考察。因此，产品质量是评价一个潜在供应商的重要因素之一。

3.6.4 供货产品成本

价格指标一般也是在考核供应商时最直接、最根本的指标之一。较低的价格有利于降低企业采购成本，提高企业产品市场竞争力。考量价格时，不光看供应商产品本身价格，同时也要将其他采购费用等纳入进行综合考虑，例如采购人员差旅费、加班费、运输费、保险费、采购过程中的额外损耗、包装费和税费等开支。另外，还需要查看报价是否明确、准确、合理、规范、详细和及时等。供应商降低价格的态度和意愿一般也会影响到采购商的决定，例如供应商能够给予更多的商业折扣等。

对供应商的报价单进行成本分析，是有效甄选供应商的方式之一。不过成本不仅仅包括采购价格，还包括原料生命周期结束后所发生的一切支出。采购价格低对降低企业生产经营成本、提高竞争力和增加利润有着明显的作用，因而它是选择供应商的一个重要条件。

产品都是有成本的，而如何降低供货产品成本则是每个企业需要着重考虑的头等大事。凡是将采购成本控制得很好的企业，都有一个非常完善的价格信息体系。

1. 建立价格信息体系的好处

有了完善的价格信息体系，既能确保降低成本的效果，又能提高降低成本的效率。具体来讲有三大好处：

（1）有助于找准降低采购成本的项目　有了价格信息体系，才能找准方向并用对力，在采购成本控制上做到事半功倍。

（2）有助于在价格谈判中争取主动　谈判双方谁掌握的价格信息更完整、更充分，谁就能掌握主动，谈判的力量就会变得强大。

（3）有助于追求最低的采购总成本　企业不仅要关注采购价格，更要关注采购总成本，并且以总成本最低为导向来指导采购。

2. 建立价格信息体系的三种方式

1）建立价格网络收集系统。
2）建立价格咨询系统。
3）建立价格资料查询系统。

前两种方式各有优劣，可以互为补充，而最后一种方式则是在此基础上企业最终依靠自身的力量建立起适应企业需求的一个基础平台，是任何一个优秀企业必须具有的一个部分。

3. 掌握成本分析的三个步骤

采购是一项专门技术，其中最核心的技术就是成本分析，它对降低供货产品成本的至关重要。成本分析通常需要遵循三个步骤：①分析本公司产品的成本结构；②制定本公司的分解报价表；③重点关注总成本分析。

（1）分析本公司产品的成本结构　每家公司生产的产品种类很多，很难全面分析，一般只对主销产品的成本结构进行分析，以便找准降低成本的方向。主销产品是指占总销量80%的那些产品，通常又称为A类产品。简而言之，越是好卖的产品，就越要降低它的成本。比如，雅芳公司在中国市场有几百个品种，每周、每月都会制作销量排行榜，连续3个月都居销量排行榜上前10名的产品，就成为接下来成本降低的重点。

分析主销产品的成本结构，就是确定材料成本、直接人工成本以及制造费用各自所占的比例，将占比最大的部分作为降低成本的优选对象。

（2）制定本公司的分解报价表　要降低单价，就要"货比三家"，甚至"货比多家"，做好价格的咨询、比、议、定。通过多个货源的询价，反复比价，从而找到突破口，充分议价，最后才可能降低单价。其中比价是核心，但关键是采用分解报价表。

现在我们要求供应商报价，很少仅仅要求对方报一个价格，往往还要求对方对价格进行分解，提供分解报价。但是如果任由供应商按照各自的方式去分解，里面的项目不同或者项目的内涵不一致，则不同的报价没有可比性，更何况还有很多供应商并不愿意配合。因此要尽可能制定专门的分解报价表提供给不同的供应商，让他们按照统一的格式进行报价；或者，对供应商进行专门的深度调查与访问，并对供应市场进行横向对比，通过企业自身的努力获得最接近真实的分解报价，这样的报价才具有可比性。之后对三方或者多方报价进行差异性分析，就可以从中找准谈判的着力点。

（3）重点关注总成本分析　在采购时不仅要关注单价成本，更要关注总成本是否最优，并以总成本最低为追求的目标。总成本的本质是生命周期成本。

对一般的生产性材料而言，总成本一共包括6个部分：购买成本、运输成本、检验成本、仓储成本、品质成本与交易成本。而对于固定资产类的设备或生产线而言，总成本还包括运行成本、维护成本、售后服务成本以及处置成本。现在越来越多的采购商对总成本的关注度越来越明确，这是一个好的现象。

3.6.5 供应商的库存政策

对企业来说，市场是外在系统，它的变化或波动都会引起企业的变化或波动，市场的不稳定性会导致企业库存的波动。由于交货提前期的存在，必然造成库存变化的滞后性和库存的逐级放大，交货提前期越小，库存量的波动越小，企业对市场的反应速度越快，对市场反应的灵敏度越高。由此可见，由于涉及交货提前期，供应商的库存政策也是选择供应商时要考虑的因素之一。

1. 库存的来源

每一家企业都会收集来自客户的需求信息，客户的需求只有两种：确定的或不确定的。确定的需求叫作订单,不确定的需求叫作预测。

订单直接从客户传递过来,虽然也会发生变更或者取消,但总体来讲基于订单去组织生产比较容易,这时候的库存控制也比较简单;当需求不确定时,就需要从销售渠道上去获取信息,并由此提出对需求的预测。准确的需求预测,有利于库存控制。

有了确定的订单或需求预测,就可以提供库存计划去满足需求。根据需求与库存计划,制订出生产计划,再结合初始材料清单(BOM),就可以提出物料需求计划,进而制订采购计划并向供应商下达采购订单。

由此可见,企业运作的流程就是库存转换的过程,在运作的各个环节都存在着库存,可以说库存无处不在。

2. 如何降低原材料库存

在实际工作中,降低原材料库存需要从如下三个方面努力:①加强供应商库存管理;②重视供应商的关系发展;③建立共享的信息平台。其中,核心是供应商库存管理。

(1) 加强供应商库存管理　为减轻本公司的负担,对供应商采取的库存政策是让供应商多保存一些库存,而这就需要加强与供应商的合作,共同决定减少库存成本的最佳方法,并为每个特定的供应商量身定制最灵活的行动方案。

供应商库存管理有六种方式,下面介绍这六种方式的要点与要求:

1) 库存全部放在本公司,完全由本公司承担(MTS-1)。原因是相关产品很紧缺或者价格上涨太快。

2) 供应商开始承担部分库存(MTS-2)。供应商承担"小头",本公司承担"大头"。

3) 供应商承担相对更多的库存(Call-Off)。与MTS-2相反,供应商承担"大头",本公司承担"小头"。

4) 寄售(Consignment)。寄售与前面三种方式有本质的不同。第一,付款方式不同。假如付款周期是30天,传统的计时起点是以收货作为基准,收货之后30天即付款,这时候可能库存还没有消化完。而寄售是以使用为基准,即使用之后30天才付款,也就是"先使用再付款"。第二,存放距离更近。库存放在离公司很近的第三方物流仓库,便于"以时间抢空间"进一步降低库存。

5) 供应商管理库存(Vendor Managed Inventory, VMI 或 Supplier Managed Inventory, SMI)。VMI是指由供应商来为客户管理库存,为客户定制库存策略和补货计划,根据客户的销售信息和库存水平为客户进行补货的一种库存管理模式(并且配送上线,主要是通过第三方物流公司来实现,第三方物流公司的管理费甚至仓库的租金等也要由各供应商分摊)。

6) 准时化(JIT)。JIT是最有效的方式,也叫零库存模式,特征是供应商的工厂也在公司附近,供应商与公司同步生产,真正做到用信息代替库存,双方的库存都能降到最低。JIT有三个必备条件:第一,供应商的配合度;第二,社会物流资源是否丰富;第三,共享的信息平台。

(2) 重视供应商的关系发展　供应商关系策略重中之重是执行"八字方针",即"分类、减少、开发、扶持"。供应商管理发展到今天,经典的供应商分类法是四分法,根据采购金额与供应风险将供应商分为四类:一般型、杠杆型、战略型与瓶颈型。

要加强供应商库存管理,应争取供应商的配合:

首先是战略型供应商。战略供应商愿意牺牲短期利益以获得与公司的长期共赢,因此是供应商库存管理的首选对象。

其次是杠杆型供应商,尤其是集中度很高的那些杠杆型供应商。集中采购带来的规模效应对供应商充满了吸引力,让他们在库存管理上进行配合不是一件难事。

瓶颈型供应商处于垄断地位，能够保障供货已经不错了，公司很难要求他们承担库存。

一般型供货商提供的产品库存金额往往很低，不需要特别考虑供应商库存管理。但从精益管理的角度，在管理好战略型与杠杆型供应商库存以后，也可以延伸到一般型供应商，而其配合度通常也比较高。

（3）建立共享的信息平台　在加强供应商库存管理时还必须建立共享的信息平台，供应商库存管理的六种方式中，寄售、VMI与JIT都需要信息平台的支持。与供应商共同合作建立无边界的信息流，将供应链中的需求信息与供应商充分分享，信息共享越充分，双方的库存水平就越低，最终可实现真正意义上的"用信息代替库存"。

3.6.6　供应商的柔性

供应商在供应链中承担着从原材料采购、加工成品和半成品甚至产成品配送等一些繁重的任务，它在生产方面的能力在很大程度上影响着供应链的整体绩效。供应商的制造柔性从根本上决定着其交货柔性（生产提前期）和数量柔性（需求变化的适应能力），即处理特殊情况的柔性度，包括交货延时、突发事件等。

1. 供应链管理中的柔性问题

管理界对柔性的研究已有多年历史，柔性研究的领域也在不断扩展，随着供应链理念在我国的逐步推广及深化，供应链管理中的柔性问题已成为诸多学者及实践家所关注的热点。

由于外部环境的随机特点，要求供应链能随时调整其现状，进而适应顾客需求，以减少或消除供应链上的不确定性，达到提高供应链效率、增强反应能力、降低成本、减少浪费的目的。因此，供应链柔性可定义为以客户为中心的多个供应链企业在共同分享知识、资源的同时，能对变化的内外市场情况做出快速调整，主要表现在如下几个方面：对市场的敏感性；计划的弹性；快速的反应性；快速的感应性；可操作性。

2. 供应链柔性效果模型

对顾客而言，他们唯一关心的是供应链能否在正确的时间把正确的产品（或者服务）以正确的数量送到他们手中。若将整个供应链"封装"起来，不考虑其内部情况（视为最佳状态），供应链即作为一个整体共同面对顾客，则供应链和顾客组成了一个简化的系统模型。

3. 一种全新的库存管理策略——VMI

VMI是一种以用户和供应商双方都获得最低成本为目的，在一个共同的协议下由供应商管理库存，并不断监督协议执行情况和修正协议内容，使库存管理得到持续改进的合作性策略。VMI是由宝洁（P&G）和沃尔玛（Wal Mart）在20世纪80年代发起并采用的一种全新的库存策略，使得二者在各自的领域取得竞争优势并迅速发展壮大起来。在其后的快速响应（Quick Response，QR）与有效客户反应（Efficient Customer Response，ECR）的实践中，VMI进一步得到充实，发展成为一种主流的供应链库存管理战略。QR与ECR虽然进行了信息的共享，在一定程度上重组了供应链流程，供应链成员间的库存决策在一定程度上相互协调，但这种决策仍然是供应链成员间各自独立做出的。成员间各自的最优，并不代表供应链的最优。VMI从根本上克服了这一缺陷，它通过让供应商从分销商手中接管其库存决策权，从而将供应链的库存决策权集于一身，站在全局的高度去优化整个供应链的库存决策。

VMI是一种在用户和供应商之间的合作性策略，以对双方来说都是最低的成本优化产品的可获得性，在一个相互同意的目标框架下由供应商管理库存，这样的目标框架被经常性监督和修正，以产生一种连续改进的环境。在VMI策略下，各节点企业共同帮助供应商制定库存计划，要求供应商来参与管理客户的库存，供应商拥有和管理库存控制权，本质上是将多级供应链问题变为单级库存管理问题。该策略理论上追求双赢，上游供应商管理库存更有经验更专业，下游企业不仅能大幅度减少库存，而且还能提高服务质量。

显然，VMI是一种新的有代表性的库存管理策略。因此，有些学者认为VMI是未来供应链管理的趋势，也是对分销渠道的一场革命。

4. VMI策略对供应链柔性的影响

应从供应链成本、系统提前期、供应链整体服务水平、信息共享量这四个方面探究VMI策略对供应链柔性的影响。

(1) VMI降低供应链成本分析　在供应链上游实施VMI后，各供应商对自己的产品从生产到终端库房实行统一管理，因此可推动制造商零部件库存单位成本的降低；供应商对制造商进行主动配送，减少了传统库存模式下发生的协调成本，故供应商的配送成本小于传统模式下制造商的订货成本；其他成本基本保持不变。可见，VMI可有效降低供应链整体成本。

(2) VMI缩短系统提前期分析　系统提前期包括订货提前期和信息提前期。实施VMI后，零部件供应商直接根据制造商的销售数据进行需求预测，自行安排生产和配送计划，减少了零部件供应商为应对计划变化而消耗的准备、生产和发货时间，缩短了订货提前期。VMI通过将供需双方的信息及职能活动集成，使得企业间的交流更加友好，业务活动同步运作，相应的信息提前期得到压缩，最终使整个系统的提前期得到缩短。

(3) VMI提高顾客服务水平分析　实施VMI后，零部件供应商共享了制造商的需求信息，即直接面向顾客进行生产，这样就可以全面了解市场信息，确切掌握市场动态，对各项生产及采购工作做到有的放矢，更好地为顾客服务，提高顾客服务水平。

(4) VMI扩大信息共享量分析　在传统库存管理模式下，供应链各节点企业各自为政，致使信息不能在各企业间顺畅流通，有些企业为保全自身利益甚至隐瞒信息，企业间的合作水平低，信息供应量极其有限。实施VMI后，制造商所持有的零部件库存由供应商管理，为了更好地接近市场、准确地进行生产预测，制造商将各种必要信息与供应商共享，这无形之中就提高了供应链的信息共享量。

从以上分析可以看出，VMI策略可有效降低供应链成本、缩短系统提前期、提高顾客服务水平、扩大信息共享量，进而提高供应链整体的柔性。

3.6.7　供应商的交货时间

供应商能否按约定的交货期限和交货条件组织供货，直接影响企业生产和供应活动的连续性，因此交货时间也是选择供应商时所要考虑的因素之一。企业在确定交货时间时，一方面要降低原料的库存数量，另一方面又要降低断料停工的风险，因此要审慎考虑供应商的交货时间，以决定其是否能成为企业往来的对象。影响供应商交货时间的因素主要有：①供应商从取得原材料、加工到包装所需的生产周期；②供应商生产计划的规划与弹性；③供应商的库存准备；④所采购原材料在生产过程中所需要的供应商数目；⑤运输条件及能力。

拥有准时准量交货的供应商，一方面可以保证企业正常生产经营以及不出现缺货断货，另一方面也降低了企业自身仓储方面的成本。

3.6.8　供应商的服务

服务指标主要评价供应商在服务和合作上的表现。一个企业的服务水平，包括售前、售中和售后服务，任何一个过程服务没做好都会影响到该企业的品牌影响力和口碑。企业服务能力主要表现在对顾客需求和问题能否及时反应，对问题的处理情况是否按时完成的能力。企业服务水平的高低是评价其综合素质的重要指标。不论是哪种类型的企业，从某种意义上讲都是在提供服务，让服务创造价值，让客户体验到高质量的服务，应是企业追求的目标。

第4章　潜在供应商质量保证能力评价

根据对自制或外包业务决策评估的结论，结合潜在供应商选择的范围及需要外包的业务定位，通常由采购部门或者设计开发部门与潜在供应商相关部门人员开始接触，获取潜在供应商的相关信息，并将潜在供应商质量基本情况调查表给到潜在供应商处。潜在供应商按照双方约定的时间完成填写并提交潜在供应商质量基本情况调查表。由采购部门或者设计开发部门组织公司内相关职能部门对其资料进行初步评价，基于评估的结论决定是否需要开展下一步的现场审核等后续工作。通过基本情况调查或（和）实际现场审核，可以较为全面地了解掌握潜在供应商的资质与能力，为进一步确定潜在供应商的商务合作、提高科学决策提供依据，也让双方合作更加可靠、更加有保证。

4.1　潜在供应商的初期管理

4.1.1　潜在供应商的基本情况调查

采购部门、设计部门与工艺部门等相关部门成功引进或推荐潜在供应商后，需初步评估所推荐潜在供应商的基本情况和综合能力。推荐单位在推荐潜在供应商时，应选择技术成熟、质量稳定、具备批量供货能力、有业内供货业绩和有一定质量信誉保证的潜在供应商，并对其基本情况进行信息调查与收集，填入潜在供应商质量基本情况调查表。

潜在供应商须根据实际情况进行潜在供应商质量基本情况调查表的填写。潜在供应商填写的内容必须真实，若弄虚作假、缺乏诚信，将被纳入供应商黑名单。潜在供应商质量基本情况调查表的内容主要包含公司的地址、企业规模、核心人员的构成、主要产品、技术来源、产品认证情况、质保能力、资质及证明文件、设备清单和营业执照等相关基本信息，见表4-1。

表4-1　潜在供应商质量基本情况调查表

	公司名称			邮编及地址	
潜在供应商基本信息	网址/邮箱			开户行及账号	
	联系电话		传真	总经理	
	主要联系人	姓名	部门及职务	联系方式	电子邮箱
	总经理				
	质量负责人				
	技术负责人				
	与公司接口人				
	公司的分支机构或生产基地				
	期望承接的产品或业务				
	质量管理体系认证情况				
	产品生产资质				
	职工总人数		质量人员数	质量工程师人数	

第4章 潜在供应商质量保证能力评价

（续）

	为公司提供产品的名称	规格型号	技术来源（自主研发或技术转让）
产品情况			

产品情况

执行的主标准：□国际标准　□国家标准　□行业或地方标准　□企业标准

产品主标准代码及名称：

产品认证情况：（□是□否属于强制执行有关质量或安全认证行业）
通过的安全或质量认证：
认证名称　　　　　证书编号　　　　　认证时间

质保能力（代理商可不填）

A. 产品检验机构名称_____ 人数_____
B. 出厂检验负责人_____ 职务_____ 职称_____
C. 检验范围　1. 入厂检验　□有□无　2. 生产过程检验　□有□无
　　　　　　　3. 成品检验　□有□无　4. 出厂检验　□有□无
D. 重要工序和特殊工序：1._____ 2._____ 3._____
　　　　　　　　　　　　4._____ 5._____ 6._____
E. 重要工序和特殊工序现场是否有标志和控制设施：　□有　　□无
F. 本企业于__年__月首次通过质量体系认证；　认证机构：_____
　　是否保持：□是　　□否
G. 是否具备售后服务保障能力，设立售后服务部门，建立售后服务质量问题处置机制：
　　□是　　□否

附件

1. 企业营业执照复印件
2. 质量管理体系和产品认证证书复印件
3. 政府授予的或特殊行业有关资质证明复印件
4. 与代理企业签订的质量协议或质量承诺复印件
5. 企业主要生产、检测和计量设备清单
注：提供的复印件须注明与原件一致并加盖企业印章

诚信承诺

我方保证所有提供的资料真实有效。

法定代表人签字：　　　　　　　　　　　　　　　日期：　　年　　月　　日

公司意见

　

日期：　　年　　月　　日

45

4.1.2 潜在供应商调查表的回收与复核

由采购部门、设计部门或工艺部门（一般企业都是采购部门）及时与已收到潜在供应商质量基本情况调查表的供应商进行沟通，要求在约定的时间内完成调查表的填写并附上相关佐证材料后返回。采购部门将收集回来的潜在供应商质量基本情况调查表发给质量部门、设计部门、工艺部门等相关部门进行潜在供应商信息的文件复核，各部门可通过多种方式验证潜在供应商所提供信息的符合性，包括但不限于：①社会提供的征信系统；②行业信息；③经审计的财务报告；④发证机关查询；⑤网络信息。

将信息复核的结果反馈给采购部门，由采购部门汇总各部门的文件评审意见，并对各潜在供应商信息进行比对、分析，初步拟定可以进行下阶段工作的预选供应商。

必要时采购部门组织召开会议进行评审。对于一年内已填写过潜在供应商质量基本情况调查表的潜在供应商，采购部门应征询潜在供应商的意见，确定是否有需要更新的内容。若已超过一年，则采购部门必须要求潜在供应商重新填写。

4.1.3 潜在供应商初步拜访

针对核心的零部件潜在供应商，为了体现出对彼此合作的重视，有必要且在方便的情况下于正式审核前开展一次快速拜访。可以由公司的高级采购专家团成员先前去拜访，实地了解潜在供应商的情况（真实性、合作意愿、技术与管理能力等）。因为在正式审核时一般都是通过供应商审核组的形式开展的，供应商审核组成员通常由设计部门、工艺部门、质量部门等相关跨职能部门成员组成。万一潜在供应商的实际现场很糟糕，采购人员毫无疑问会遭到审核组人员的抱怨甚至责怪；同时也可避免公司审核组宝贵资源的浪费。通过初步拜访可以实地看到潜在供应商的总体情况，也为决定是否有必要进行下一步相关工作打好基础。

当然，有些潜在供应商属于行业的寡头或独家供货的供应商，可能不接受提前的现场审核，这时采购方可以根据自身的规模、与对方的对等关系等多个因素综合考量。

4.1.4 潜在供应商初步报价

为何要选择潜在供应商，其中一个主要的原因就是为了降低采购成本。所以在潜在供应商选择之初，在掌握潜在供应商基本情况后，可要求潜在供应商根据相关实物或技术资料给出初步的产品基本报价。在潜在供应商报价前，组织应该发一份询价单给潜在供应商，询价单可包括物料名称、材料材质、最少交货量、交货方式、交货地、生产周期、币种及付款方式等信息，以便让潜在供应商根据自身的经验进一步掌握此零部件的基本情况，这样可让潜在供应商更加有目标、更加准确地报价，同时也为采购人员后续开展比价工作创造有利条件。

4.2 潜在供应商的现场审核流程

对于企业资质、零部件价格范围、技术能力和质量保证体系等条件都符合的潜在供应商，采购方会和潜在供应商的相关业务对接部门沟通，安排进行正式的现场审核计划。采购方会组织研发部门、工艺部门、质量部门及采购部门等内部拥有资质和能力的人员前往潜在供应商处进行现场审核，具体现场审核流程如图4-1所示。

4.2.1 现场审核的启动

1. 与潜在供应商沟通

组织应与潜在供应商进行沟通，双方达到以下目标：

1）建立沟通的渠道。
2）确认现场审核过程中的权限。
3）确定现场审核的目标、范围、方法。
4）确认现场审核实施中的相关文件和记录。
5）签订保密协议。
6）确定现场审核时间、地点、人员的安排。
7）确认现场审核的后勤保障等其他注意事项。

2. 现场审核可行性确认

确认现场审核的可行性，为实现审核目标，应考虑下列因素：

1）潜在供应商与组织充分合作。
2）组织实施现场审核，潜在供应商提供足够的时间和资源。
3）潜在供应商向组织提供所需的信息。

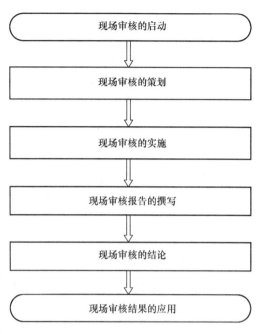

图 4-1 潜在供应商现场审核流程

4.2.2 现场审核的策划

1. 现场审核的目标、范围、方式和准则

现场审核的目标、范围、方式和准则是现场审核的依据。

1）根据组织对潜在供应商开发的需求确定现场审核的目标和范围。
2）现场审核的方式包括体系审核、过程质量审核以及产品质量审核。
3）现场审核的准则作为评选潜在供应商的依据，包括但不限于国家法律法规、标准、规范、合同、产品以及组织提出的特定要求。

2. 组建审核团队

对潜在供应商进行现场审核前应建立审核团队或供应商审核委员会，指定审核团队的成员，包括审核组长和技术专家。应根据现场审核的目标、范围、方式和准则确定审核团队人员的数量、职责、分工和任务。潜在供应商审核组成员的组成与分工见表4-2。

表 4-2 潜在供应商审核组成员的组成与分工

管理小组	分工		
资源开发部	寻找新资源 潜在供应商信息调查	潜在供应商选择策略 组织潜在供应商现场审核	建立潜在供应商档案 开展优胜劣汰
采购部	采购政策制定 采购视角评估	采购订单执行 采购进度跟催	采购数量与质量确认 采购货款结算
工程技术部	技术评估制度建设 技术视角评估	技术方案评估 产品技术论证	产品认可 产品异常分析

（续）

管理小组	分工		
质量管理部	质量评估制度建设 质量视角评估	产品质量论证 质量数据收集	产品异常分析 推进改善项目
生产计划部	生产计划制度建设 生产计划视角评估	生产工艺审核 产能与计划确定	协助异常分析
供应商管理委员会	采购市场分析 采购制度与框架建设	成本收益分析 合同法律管理	采购关系管理 战略合作伙伴建设

3. 编制审核计划

审核计划应反映现场审核的范围、目标、风险管理，审核计划包括但不限于下列内容：
1）现场审核的目标、范围、方式和准则。
2）现场审核的时间、地点、人员、文件以及会议的安排。
3）现场审核的方法。
4）潜在供应商陪审人员信息。
5）现场审核的检查表。
6）现场审核过程的沟通、保密和信息安全。

潜在供应商审核计划表见表4-3。

表4-3 潜在供应商审核计划表

现场审核的目标			
现场审核的范围			
现场审核的依据	1. GB/T 19001—2016（ISO 9001：2015，IDT） 2. 公司质量手册、规范制度等文件化的信息 3. 公司适用的国家相关法律、法规、标准及其他文件 4. 顾客、供方等相关方的要求		
实施项目及要点	时间	负责人	协助人
1. 成立审核组			
2. 文件评审			
3. 现场审核准备			
4. 首次会议			
5. 审核组会议			
6. 末次会议			
7. 现场审核报告及分发			
备注			
编制人		批准人	批准日期

4. 准备现场审核的工作文件

审核团队根据供应商现场审核的目标、范围、方式和准则，应准备必要的文件，用于现场审核过程中记录现场审核的证据，工作文件包括但不限于：

1)检查表。

2)现场审核记录,内容包括但不限于:风险记录;检验、测量记录;观察记录;生产记录;会议记录;演练演习记录、预案记录。

3)报告,内容包括但不限于:不符合项报告;现场审核报告和结论;纠正措施和预防措施报告。

涉及潜在供应商保密或者知识产权信息的工作文件和记录,审核组应妥善保管。

5. 现场审核任务的分配

审核组长依据现场审核的目标、范围、方式和准则,将现场审核的具体任务分配到审核员,审核员按照现场审核的计划、方法和程序执行。

6. 审核员的要求

审核员应具备以下方面的知识和技能:

1)具备相关专业知识的要求。
2)熟知现场审核的职责。
3)具备现场审核过程的控制能力。
4)组织、协调和互助。
5)沟通、逻辑分析及表达能力。
6)审核组长发挥现场审核的核心作用。

审核员应参加适当的专业学习,不断提升审核员的知识和技能。

4.2.3 现场审核的实施

现场审核应包括下列内容:

1)首次会议,确认潜在供应商现场审核的目标、范围、准则、内容、参与人员、时间、会议签到、会议记录。
2)按照现场审核检查表的内容进行审核。
3)现场审核的方式为面谈、观察和文件评审。
4)收集相关信息和证据。
5)审核组内的定期会议。
6)确认不符合项和存在的风险。
7)不能够解决分歧的审核发现、现场审核的结论应予以记录。
8)末次会议,确认参与人员、记录和审核发现。
9)审核组向潜在供应商提出优势、改进机会和现场审核的结论。

4.2.4 现场审核报告的撰写

应提供完整、准确的现场审核报告,根据潜在供应商在现场审核中的实际表现,确定潜在供应商的能力。潜在供应商现场审核报告的内容包括但不限于:

1)现场审核状况的描述。
2)现场审核过程中的优势和改进机会。
3)描述满足潜在供应商开发需求的程度。
4)编写推荐选择潜在供应商的建议。
5)描述潜在供应商存在的重大风险。

潜在供应商现场审核报告见表4-4。

表 4-4 潜在供应商现场审核报告

审核部门：		审核原因：□新供方导入 □年度审核	
供应商名称		评审得分	
拟制人		日期	
审核人		日期	

评审中发现的问题点：

综合评价：

4.2.5 现场审核的结论

潜在供应商现场审核的各项能力评价的结论为：
1）完全符合供应商开发需求，代表通过。
2）完全不符合供应商开发需求，代表不通过。
3）整改后符合供应商开发需求，限期整改、再次审核。

当潜在供应商的商务能力、技术能力和质量能力评审都通过时，最终评审结论才能是通过。采购方根据零部件重要性等级确定对潜在供应商各项能力的要求。重要性等级分为四类：

① 安全类，简称为 S 类，是指对采购方最终产品的安全功能有影响的零部件。

② 关键类，简称为 A 类，是指对采购方最终产品的关键功能具有重要影响的零部件。对于汽车动力总成产品来说，是指对整车的行驶功能、动力总成的性能和使用寿命有重要影响的零部件，这些零部件一旦发生失效将引起动力总成整机索赔。

③ 重要类，简称为 B 类，是指对采购方最终产品的重要功能具有影响的零部件。对于汽车动力总成产品来说，是指那些一旦发生失效，将引起大多数最终顾客强烈抱怨，但不会发生安全和关键功能丧失的风险，在故障维修时不需要拆机维修，仅需要单件更换的零部件。

④ 一般类，简称为 C 类，是指不会对上述功能产生影响的零部件。对于汽车动力总成产品来说，是指外围辅助件、装饰件，多数是本身结构形式比较简单、精度要求不高、过程简单且失效发生概率很小的零部件。

采购方对潜在供应商质量能力评价等级划分为五档，分别为 A 级、B 级、C 级、D 级、E 级。对于不同重要性等级的零部件，潜在供应商能否通过质量能力的评审，其对应关系见表 4-5。其中，当 A 类件质量能力评价等级为 B 时原则上不通过，在缺少潜在供应商资源的情况下，对几家潜在供应商进行评估比较，选择最优的潜在供应商。

第4章 潜在供应商质量保证能力评价

表4-5 潜在供应商质量能力评价等级与结论对应表

潜在供应商质量能力评价等级	零部件重要性等级			
	安全件（S）	关键件（A）	重要件（B）	一般件（C）
A	通过	通过	通过	通过
B	不通过	评估比较	通过	通过
C	不通过	不通过	整改通过	通过
D	不通过	不通过	不通过	整改通过
E	不通过	不通过	不通过	不通过

4.2.6 现场审核结果的应用

结合潜在供应商开发的需求，对符合要求的潜在供应商进行进一步的商务交流，选出符合组织需求的潜在供应商。

需要整改的潜在供应商须按期提交整改计划和采取的改进措施。组织验证潜在供应商改进措施的有效性，必要时进行二次审核（现场审核或文件审核）。

对于不符合要求的潜在供应商，可以提供整改的建议，待其整改后择期再考虑。

4.3 潜在供应商的质量体系审核与过程质量审核

对潜在供应商的现场审核通常主要从两个方面进行，一方面是从潜在供应商的质量保证体系审核维度进行审核，通常称为质量体系审核（Quality System Audit，QSA），以检验该潜在供应商在质量保证体系方面是否具备能持续提供交付产品的系统保证能力；另外一个方面是对潜在供应商的产品实现全过程进行审核，也称为过程质量审核（Quality Process Audit，QPA）以检验该潜在供应商在产品实现的所有过程上是否具有满足交付产品的过程能力。两种审核方式有效结合可以较为全面地审查潜在供应商系统的质量保证综合能力。这两种审核方式相互关联，但又存在着不同之处，现把相互不同之处概述于表4-6中。

表4-6 过程质量审核与质量体系审核对照表

项目	过程质量审核	质量体系审核
审核对象	产品诞生过程（产品设计开发过程） 批量生产过程（产品投入产出过程）	质量管理体系
审核目标	对产品/产品组及其过程的质量能力进行评定，使过程达到有能力和受控，能在各种干扰因素的影响下仍然稳定受控	对ISO 9001：2015标准的符合性及其有效性进行评定。作为一种重要的管理手段和自我改进机制，及时发现问题并采取纠正、预防措施，使体系不断完善、不断改进
审核范围	要求：与审核所依据的规范有关 场所：接受审核的所在部门 活动：与过程有关的活动 可以在质量控制环节的下列部门运用过程审核方法：商务、开发、采购、物控、品管、生产制造、仓储等部门	要求：与审核所依据的ISO 9001：2015标准有关 场所：体系内的所有部门 活动：与产品质量有关的活动 质量管理体系覆盖的所有部门和产品范围

（续）

项目	过程质量审核	质量体系审核
审核依据	合同要求、技术质量文件、操作规范、检验规范、法律法规	合同要求、质量文件、ISO 9001 标准、法律法规
审核时机	1. 计划内的过程审核 针对体系的审核：对供方供货范围直接有关的过程进行审核 针对项目的审核：对项目开发和策划分阶段进行过程审核，以发现缺陷并采取适当措施 2. 计划外的过程审核 针对事件/问题的审核：对有问题的过程进行审核，为了消除出现的缺陷，或为审查是否对关键的过程特性进行了足够的考虑 计划外审核的起因可能是：产品质量下降、顾客索赔及抱怨、生产流程更改、过程不稳定、强制降低成本、内部部门的愿望等	1. 常规审核 按预先编制好的年度审核计划执行 往往开始于质量体系建立并运行一段时间之后 2. 特殊情况下追加的审核 发生了严重的质量问题或客户有重大投诉 组织的领导层、组织机构、产品、质量方针和目标等有重大变化 即将进行的第二方、第三方审核
审核文件资料的准备	审核前文件资料的准备： 经批准的审核计划、ISO 9000 标准、质量手册、程序文件、作业指导书、检验指导书、法律法规要求、顾客要求、重要的产品特性、重要的过程参数、质量历史、审核提问表等	审核前文件资料的准备 经批准的年度审核计划和审核实施计划、质量手册、质量方针与目标、程序文件、作业指导书、检验指导书、与审核相关的文件、法律法规要求、顾客要求、检查表等
审核人员	审核组的确定： 标准未明确由谁任命审核组长和审核员，一般应由审批审核计划的领导任命 审核组长的选定未做要求，但规定二人小组中必须有一人担任组长	审核组及审核员的确定： 由管理者代表任命审核组长和审核员 审核组长的选定要求：经过内审员培训并取得资格证书、业务范围、工作经验、组织能力
审核人员资历	根据职业经验（专业知识）和素质（过程知识）选择合格的审核员；至少有两年过程管理经验是审核员需要具备的重要前提条件 审核员必须至少（有时是在过程专家如过程技术人员、工艺专家的支持下）进行过三次典型过程的过程审核 熟悉最新标准和文献	审核员的选定要求： 经过内审员培训并取得资格证书 业务范围、专业知识 工作中的协调能力 为受审部门所接受
审核检查表	过程审核提问表 1. 提问表的作用 提问表是针对具体过程审核的提问，是审核员进行审核的依据。在进行具体审核时审核员可以完全采用，也可从中选择一部分或增加一些提问，但必须保持所要求的结构 2. 提问表编制的准备 确定要审核过程的范围：必须确定审核的过程，同时确定其向外的接口。审核员有权确定要审核过程的范围，但应与有关的部门及过程负责人沟通，必要时对过程进行预审 确定影响过程的各种参数：利用与过程相关的文	体系审核检查表 1. 检查表的作用 检查表是指导整个审核过程的路线图；明确审核要点和方法；确保审核的覆盖面；保持审核的方向和节奏；体现审核的正规化和专业性；作为审核的记录档案保存 2. 检查表编制的准备 了解审核的范围：审核涉及的活动和区域包括组织机构、管理/运作和质量体系的程序、人员/设备和物资资源、工作区域和过程、正在生产的产品、文件/报告和记录的保管 确定审核的重点：公司的管理重点、已出现的质量问题、合同的特别要求、标准要求的重点、上次审核的信息、产品/服务的重要性

第4章 潜在供应商质量保证能力评价

(续)

项目	过程质量审核	质量体系审核
审核检查表	件资料，有效地把过程划分为工序（将所确定范围内的过程分为单个过程段），并考虑接口问题。在此基础上对过程进行足够的描述，并确定影响过程的各种参数 影响过程的参数首先是从"6M"（人、机器、原材料、方法、环境和管事）以及所定的过程范围得来的 可以利用各种系统性的、方法性的程序（如因果图），尽可能对主要影响因素进行合理的细化。审核员在现场审核时，可以用审核提问表有目的地进行提问 3. 提问表的要求 在过程审核时应优先从产品的角度来观察所审核的过程，因为过程对产品的影响特别重要 4. 提问表的内容 提问表分两个主过程部分，各部分包括若干要素，每个要素又包括若干提问： A 部分为产品诞生过程，包括的要素为产品开发的策划、产品开发的落实、过程开发的策划、过程开发的落实 B 部分为批量生产，包括的要素为供方/原材料、生产（人员/素质、生产设备/工装、运输/搬运/储存/包装、缺陷分析/纠正措施/持续改进）、服务/顾客满意程度 5. 提问表的结构 对主过程和要素过程进行综述，通过综述简要列出过程的节点，指导过程的审核 对要素中的每个提问要列出说明和需考虑要点。"说明"是给出提问必须做到的要求；"需考虑要点"用来提示对产品/过程有重要意义的方面，审核时各相关点须加以评价，对"批量生产"过程的各道工序进行评定时必须列出每一道工序 6. 审核前的沟通 审核组在制订详细的审核计划时，首先通过协商确定参加审核的人员（审核员和受审核人员），需要时可邀请专家参加 审核前必须把"提问表"传达给受审核方，需要时进行解释	确定审核的策略：按部门要考虑涉及的主要活动及涉及的相关要求；按要求要考虑涉及的部门及审核的路线（自上而下、自下而上、随机） 文件的收集与审查：与审核范围相关的文件；审核要点中涉及的记录和文件 3. 检查表的要求 明确部门与要求的关系、依据标准和质量文件的要求、选择主要的工作内容、考虑薄弱环节和部门接口、抽样具有代表性、注意可操作性 4. 检查表的基本内容 依据的标准及章节、依据的质量体系文件、审核区域/部门、检查要点、验证方法、抽样数、验证结果（记录） 5. 检查表的四要素 去哪里——地点 找谁——受审核人 查什么——检查要点 如何检查——验证方法 6. 审核前的沟通 将包含审核目标、范围、依据、时间、审核员、审核项目等内容的实施审核的计划表提前发送给受审核部门 检查表不需与受审核部门沟通

(续)

项目	过程质量审核	质量体系审核

实施审核	1. 首次会议
	  介绍审核组成员，再次介绍审核的目标和原因，确认审核程序（确定过程范围、审核提问表、评分定级方法等）和框架条件（责任分工、现场的设施、在接受提问时需脱岗的人员等）
	2. 审核过程
	  按事先制定好的提问表进行审核，可以按顺序，也可以随机。在审核期间，可以提出新的提问增加到提问表中
	  多次用"为什么……"提问有利于对过程工艺进行深入的分析
	  通过提问把现场的人员也纳入审核过程中，记录发现的优点和不足之处
	  必须在现场澄清不明之处并达成一致意见
	  在审核时若发现严重缺陷，必须与过程负责人共同制定并采取紧急措施
		1. 首次会议
		  审核签到、介绍审核组成员、介绍审核的目标和范围、审核计划的确认、问题的澄清等
		2. 审核过程
		  依据检查表进行现场审核。现场审核方式可为：面谈、提问、观察、抽样、验证；听取回答、核对事实与记录；做出合格/不合格的结论
		  审核路线的展开：部门职责—相关活动—相关文件—实施—记录
		  审核笔记：记录审核不合格的证据，主要有文件名称/编号/版次、产品名称/标识/区域/工位、设备名称/所在警戒、记录名称/标识/时间、不合格事实
		  不确定问题的处理有以下三种方式：立即跟踪、记下来，稍后跟踪、忽略，不考虑
		  不合格的处理：记录不合格事实，注意相关事项，同受审核方责任人确认

审核结论	审核结论方式为评分定级，采用评分定级表（审核报告）以定量评定方法使审核结果和审核报告具有可比性，可以看出与以往审核的差异
	1. 对提问和过程要素的单项评分
	  根据提问要求以及产品诞生过程和批量生产这两个主过程对要求的满足情况对提问进行评定。满足要求程度打分分值为 0 分、4 分、6 分、8 分、10 分，评定不满 10 分的必须制定改进措施并确定落实期限。具体标准：
	  10 分　完全符合
	  8 分　绝大部分符合（3/4 以上），只有微小的偏差
	  6 分　部分符合，有较大的偏差
	  4 分　小部分符合，有严重的偏差
	  0 分　完全不符合
	  过程要素的符合率 = 各相关问题实际得分的总和/各相关问题满分的总和 ×100%
	2. 审核结果的综合评分
	  对下列要素分别进行评定：产品开发（EDE）、过程开发（EPE）、原材料/外购件（EZ）、各道工序的平均值（EPC）、服务/顾客满意程度（EK）
	  整个过程的总符合率（EP）计算如下：
	  EP = (EDE + EPE + EZ + EPC + EK)/被评定过程要素的数量 ×100%
	  作为对整个过程评定的补充，也可另外对"生产"要素中各要素进行评定，来反映质量体系的情况，各要素为：人员/素质、生产设备/工装、运输/
		审核结论方式为出具不合格报告，反映体系运行中出现的不符合项目
		1. 不合格的定义
		  没有满足某个规定的要求为不合格，如合同要求、ISO 9000 相关标准、公司质量文件、法律法规要求
		2. 不合格的确定
		  根据不合格的性质，可分为严重不合格和一般不合格
		  严重不合格为：
		  质量体系与约定的质量体系标准或指定的要求不符
		  造成系统性或地区性严重失效的不合格（可能由多个一般不合格构成）
		  可造成严重后果的不合格
		  一般不合格为：
		  孤立的人为错误
		  文件偶尔未被遵守，造成的后果不严重
		  对系统不会产生重要影响
		3. 不合格的判定依据
		  不合格的判定依据为依据客观证据、确定不符合标准的条款、确定不符合相关的文件要求
		4. 不合格的描述和注意事项
		  描述：事实的准确观察（判断）、在哪里发现（地点）、发现了什么（事实）、为什么不合格（原因）、谁在场（职位）、采用专业术语（正规）、要便于查找（追溯）

第4章 潜在供应商质量保证能力评价

（续）

项目	过程质量审核	质量体系审核
审核结论	搬运/储存/包装、缺陷分析/纠正措施/持续改进 3. 对评审结论定级 在综合评分后，为本次过程审核定级： | 总符合率	对过程的评定	级别名称 | |---|---|---| | 90%~100% | 符合 | A | | 80%~90%（不包含90%）| 绝大部分符合 | AB | | 60%~80%（不包含80%）| 有条件符合 | B | | <60% | 不符合 | C | 受审核部门总符合率在90%以上，但其有一个要素符合率在75%以下，必须从A级降到AB级 受审核部门总符合率在80%以上，但其有一个要素符合率在75%以下，必须从AB级降到B级 有的提问得分为0，而不符合要求可能给产品质量或过程质量造成严重影响，可从A级降到AB级或从AB级降到B级，在特别情况下也可降到C级 必须在说明页中说明降级原因	注意事项： 描述文件的标识/名称 描述记录的标识/名称 描述相关的职位/工位 描述设备的编号/名称 描述相关的区域 描述不符合的原因 描述不符合的标准条款和文件 5. 不合格报告的内容 审核员应编写的内容：受审核部门、审核员、不合格报告的编号、审核日期、准确清晰地描述不合格事实、不合格类型、判定违反的标准条款、纠正措施完成情况的验证结果 责任部门应填写的内容：对不合格事实的确认、不合格项的原因分析、计划已采取的纠正措施
末次会议	总结审核期间发现的所有情况（好的方面及不足之处） 审核员对审核结果进行解释，并说明什么地方有缺陷并有改进的潜力。必要时书面确定紧急措施 受审核方将审核员提出的所有缺陷都记录在措施表里，并填写相应的纠正措施。必须确定纠正措施完成期限，审核员可以给予帮助 审核员可以确定复审的要求和日期，并写在总结报告里 受审核方签字确认审核报告的结果，受审核方也可说明自己的观点	末次会议之前，召开审核组会议。审核组成员讨论核结果、沟通审核信息/线索、协调审核方向 审核组长对审核的观察结果做一次汇总分析，从发现的不合格项分析，从发展的趋势分析，从体系运行状况对产品质量影响的分析，做好审核总结准备 末次会议的程序：签到、致谢、重申审核的目标和范围、确认审核计划的实施情况、正式提出不合格项、澄清、宣布审核结论、提出纠正措施及要求、结束
总结报告	审核报告的内容： 过程负责人/参加审核人员 过程描述（范围），如设备、工艺、产品 降级标准并说明理由 措施表完成期限 评定标准表（评分及定级） 不能评定的审核提问或增加的审核提问项目	审核报告内容：审核的目标和范围、审核依据文件、审核组成员、审核时间、审核不合格项分布情况、审核综述（包括对质量体系运行有效性的结论性意见）、审核报告的分发范围

(续)

项目	过程质量审核	质量体系审核
纠正措施	纠正措施的目的：修正存在的缺陷，稳定并提高过程质量能力，保证产品质量的符合性 纠正措施的制定： 原则上由受审核方负责制定措施表，包括相邻部门所要采取的措施 可以与审核员商定由他们以适当的方式提供帮助，但这种帮助不允许导致审核员在复查时失去应有的独立性 1) 针对审核中发现的缺陷，要在商定的时间内在措施表中制订纠正措施实施计划 纠正措施基本可以分为：技术上/组织上的措施（如设计更改、生产流程的更改、物流流程的更改等） 管理上的措施（如员工培训、对文件资料的修订等） 2) 为使过程有能力和受控，要优先采取技术上/组织上的措施 在大多数情况下先落实管理上的措施，因为管理措施一般可以比较快地落实 3) 措施表包含各种适用于排除过程缺陷的活动，应注明负责人和完成期限 措施表可能包含为验证措施有效性进行的复审	纠正措施的目的：查出原因，采取纠正措施加以消除，以避免不合格的再次发生，从而使质量体系不断得到改进，保证质量体系持续高效运行 纠正措施的制定：由不合格项目的部门负责在收到不合格报告后制定纠正措施 纠正措施的具体要求： 对问题发生的原因进行分析 依据不合格发生的原因制订纠正措施计划 纠正措施的描述要具体 采取必要的补救措施 审核员可协助受审核部门分析不合格原因，并提出纠正措施建议 纠正措施应规定完成期限 纠正措施应经过受审核方负责人认可

4.3.1 潜在供应商的质量体系审核

对于潜在供应商的质量管理体系审核，一般采购方都会在 ISO 9001 质量管理体系标准的基础上，结合组织产品和服务的特点编制出符合自身需要的一套潜在供应商审核评价制度。当然，很多采购方会基于 ISO 9001 质量管理体系标准的要求再增加 ISO 14001 环境管理体系、ISO 45001 职业健康安全管理体系的要求，形成三标管理体系（质量、环境、职业健康安全）的综合管理制度，这样就使公司从狭义的产品质量管理迈向更加广义的质量管理。

除此之外，很多采购方会基于产品和服务隶属的行业及可能面对的潜在客户群体不同，还要增加其他国际上通行的管理体系标准，例如汽车行业的 IATF 16949 质量管理体系标准、轨道交通的 ISO/TS 22163 国际质量体系标准、通信行业的 TL 9000 质量管理体系标准及 ISO 13485 医疗器械质量管理体系标准等。随着国际标准化组织（ISO）对标准的不断优化，目前越来越多的国际标准的整体框架结构都以 ISO 9001 质量管理体系的标准作为基础，在此基础上增加各自所属的特殊要求。所以，采购方可以在此基础上梳理出属于组织的潜在供应商质量管理体系审核标准。

潜在供应商审核组成员可以按照潜在供应商质量体系审核检查表上的内容对潜在供应商开展系统的质量体系审核，以获取相关内容的审核结论，给出专业化的评价得分。潜在供应商质量体

第4章 潜在供应商质量保证能力评价

系审核检查表没有统一的要求,采购方可根据自己的规定来设计并定期做优化更新,表4-7可做参考。

表4-7 潜在供应商质量体系审核检查表

序号	问题	检查记录	得分
一、质量管理机构及其职责			
1.1	是否明确公司的质量管理机构及其职责 A. 组织机构明确,部门的职能得到有效履行 B. 有专职质量管理部门及质量检验人员 C. 质量管理负责人等职责分工明确		
1.2	是否建立了质量分析会制度 A. 定期召开公司内的质量会议,确认质量目标值的达成情况 B. 领导把握质量状况,提出改善指示 C. 保存质量会议记录,确定需改进项目,且改进进度情况得到控制 D. 改进效果得到验证,有充分的反馈,其结果令人满意		
二、质量管理体系建设			
2.1	是否按计划进行有效的管理评审和内部审核 A. 应有完整的管理评审输入资料,支持状态评审 B. 管理评审的输出应关注涉公司或体系的重大改进,并有计划和措施支持 C. 内部审核覆盖所有部门和车间,并按重要性安排,内外部审核发现的问题应采取措施并跟踪验证		
2.2	是否有质量方针 A. 有明确的方针且这些方针得到了积极的实施 B. 主要的措施根据这些方针得以实施 C. 活动结果的进度情况根据这些方针得到了控制		
2.3	是否制定了质量目标,是否分解到各单位及岗位 有明确的目标,并且将目标按照管理层级进行了分解		
2.4	目标是否得到有效监控 A. 应对目标完成情况进行统计并分析 B. 应定期召开绩效评审会,应对适宜的绩效指标所实施的持续改进活动计划进行评审		
三、文件和资料控制			
3.1	是否有文件化的控制体系 A. 有文件及各项必要的管理规定 B. 起草、审核、批准部门明确 C. 文件描述完备 D. 制定了员工培训文件的内容		

(续)

序号	问题	检查记录	得分
3.2	文件现场的使用状态 A. 根据需要，及时更新现场版本 B. 文件内容及时传达给操作者的方法 C. 各部门都熟悉文件管理的方法		
3.3	是否实施文件的发放管理（公司内外） A. 有明确的部门管理文件的分发记录 B. 制定了旧版文件的处理办法 C. 每个部门对接收的文件都有文件清单		
3.4	是否实施客户提供的图样/文件的管理 A. 由管理部门设置文件清单进行管理 B. 记录收到文件的日期、版本、份数 C. 依据客户的指示，识别旧版 D. 文件在未经允许的情况下未被复制		
四、设计控制			
4.1	设计人员的数量及能力是否满足要求 A. 是否有产品设计人员 B. 数量能否满足开发要求 C. 能否自行开发产品 D. 年开发产品数量在10个以上		
4.2	是否进行设计开发管理 A. 涉及产品开发、产品更改项目的应制订质量控制计划，设计的开发进度应满足公司的要求 B. 设计输入应包括产品的功能性能要求、法律法规要求、内外部相关信息（包括市场质量反馈）、寿命/可靠性/质量/成本等目标的要求 C. 必要时应具有公司批准/确认的证据		
4.3	设计输入/输出是否符合规范要求 A. 应制订样件控制计划 B. 设计更改应评审，并在生产实施前经公司的书面批准或声明放弃批准 C. 应制定产品的关键重要特性清单并进行动态管理 D. 如果涉及，输入/输出需包括国家相关法律法规（如质量、食品安全、环境、职业健康安全等法规）的具体落实内容		
4.4	设计验证和确认是否按规定进行 A. 产品开发的各重要节点应进行相应的评审、验证或确认，并保存相应的记录 B. 应有进行相应试验的分析报告 C. 应组织进行新产品确认，提供确认报告，包括公司的相关确认记录		

第4章 潜在供应商质量保证能力评价

（续）

序号	问题	检查记录	得分
五、人力资源管理			
5.1	员工是否具备其岗位工作的资格和能力 A. 应明确岗位能力要求 B. 对员工进行岗位能力分析 C. 建立应对意外缺勤的过程，特别是对于重要的制造过程（根据严重度和频度） D. 作业人员应理解本工序相关的特性及失效的风险和影响		
5.2	是否按培训计划对员工进行培训，并对培训效果进行评价 A. 应制订并实施员工培训计划，确保各岗位员工满足岗位要求 B. 应对培训的效果进行评价，包括重要岗位员工的能力评价及员工的反馈 C. 应建立员工培训档案，以支持中长期人力资源开发		
5.3	特殊岗位及关键岗位人员是否持证上岗 A. 特殊及关键岗位人员都应持证上岗 B. 应建立特殊及关键岗位资质证书档案 C. 资格证书应在有效期内		
六、设施设备管理			
6.1 生产设备管理			
6.1.1	是否提供适当的生产设备 A. 所提供的生产设备应能满足工艺控制要求 B. 应定期对设备的总效率、关键设备的能力进行分析，并据此制订和实施设备的更新改造计划 C. 应制订和实施设备的保养计划		
6.1.2	是否对生产设备进行适当的确认 A. 生产设备投入使用时，应进行检查和验收 B. 进行影响精度的维护作业后，应对设备的精度进行检测		
6.1.3	是否按要求对生产设备进行维护保养，以保持过程能力 A. 应根据设备的使用状况，制定并实施定期的维护保养制度 B. 应定期审核（至少1次/季）维护保养工作按计划完成的情况，并评估机器/过程的非计划停止时间是否减少 C. 应建立关键零配件和工具的清单，确保能及时提供 D. 应建立和实施关键零配件和工具的发放制度		
6.2 测量设备管理			
6.2.1	是否提供适当的检验、试验设备 A. 应为所有的检验试验项目提供相匹配的检验试验设备（包括专用检具、样件等） B. 当检验试验委外时，应提供国家或顾客认可的实验室证明		

供应商质量管理

(续)

序号	问题	检查记录	得分
6.2.2	是否按规定确保检验、试验设备的有效性 A. 应按规定的周期和标准对检验试验设备进行检定或校准,并进行标识 B. 当监视与测量装置偏差时,应对以往测量结果进行追溯		
6.2.3	测量设备校准方式是否明确,内容是否合适 A. 仪表校准管理的责任部门(公司内外)明确 B. 有管理校准及试验装置的标准,设备附带的计量仪器也纳入管理 C. 校准标识明确,现场显示无遗漏 D. 管理校准室的环境,使用公认的标准仪器		
6.2.4	测量设备管理状况 A. 彻底的整理整顿 B. 以适当的周期清点库存 C. 对测量设备都进行了标识		
6.2.5	是否进行设备日常检修及定期检修 A. 有设备的检修标准,并且是合适的 B. 有检修记录且有设备使用人员对检修结果的确认 C. 是否按照周期进行仪器检定 D. 包括强检设备,是否100%进行检定		
6.3 基础设施及工作环境			
6.3.1	是否提供适当的基础设施与工作环境 A. 应提供并维护确保产品质量的基础设施 B. 应识别和保持满足产品要求所需的作业环境		
七、产品的监视与测量			
7.1	检验项目/抽样标准是否明确 A. 有工序内检查、出厂检查的标准,项目、内容、判定、抽取数量等明确 B. 工序内检查出的不合格品立刻分析,并且反馈到前工序 C. 检查标准是否考虑了最终客户的使用环境		
7.2	检验状态的标识是否明确 A. 是否明确地标识了不合格品的储存地 B. 是否彻底识别了产品的检查和测试状态(无不合格品、未完成的产品与合格产品混放) C. 不合格品是否有一个检验单或标签以标明有缺陷处		
7.3	是否按规定实施检验试验 A. 所有检验、测量和试验应按控制计划、指导书或程序规定进行 B. 检验记录应能为产品符合要求提供证据,必要时应有详细数据 C. 如果检验或试验不合格,应按照适当的反应计划采取措施,必要时应停止发运或召回,适用时应通知公司		

第4章 潜在供应商质量保证能力评价

(续)

序号	问题	检查记录	得分
7.4	是否确保投入使用和交付的产品的符合性 A. 确保包括检验、测量和试验等规定的所有活动已圆满完成且有关数据和文件齐备并得到认可后,才能将产品发出 B. 对例外放行,应有可靠的追回程序和系统		
7.5	对实验室是否实施有效的过程控制 A. 应明确实验室的实验范围,制定实验操作规程 B. 实验人员应具备相应的资格 C. 应对实验设备和实验条件实施控制 D. 应确保检验、测量和实验采用的规范是国家最新版本		
八、过程管理			
8.1 采购管理			
8.1.1	是否实施进货检验 A. 依据标准实施 B. 对每一个供方的不合格情况都实施管控		
8.1.2	是否按规定选择、评价供方 A. 应识别所有供方,包括外包过程的供方 B. 评价内容须包括供方的过程能力和按期保质、保量交付的能力 C. 应制定供方选择评价依据,明确控制方法 D. 客户有要求时,应向公司指定的供方采购 E. 当公司要求时,应定期向公司反馈关键/重要/指定供方的质量绩效状态		
8.1.3	采购信息是否明确,是否采取措施确保采购件质量符合要求 A. 应在采购合同或质量、技术协议中明确采购产品的要求,包括产品规范、接收准则等 B. 应要求供方提供采购产品合格的证明 C. 对采购产品应按接收准则接收 D. 对关键件的重要生产过程应按预定的频次访问承包方并进行现场评估		
8.1.4	是否对供方供货质量业绩进行了评价 A. 对供方的供货质量业绩应定期进行评价,这种评价应作为供方的选择依据 B. 当供货质量出现与要求有偏差时,应及时通知供方采取措施		
8.1.5	对供方的产品可追溯性要求是否明确 A. 对涉及满足安全、法规的产品或公司指定的须追溯产品,应要求供方建立有效的可追溯系统 B. 对供方须建立的产品可追溯系统应进行适当的评价		
8.2 计划、物流和交付管理			
8.2.1	生产计划是否满足顾客订单要求 A. 应具备按顾客要求接受订单的能力 B. 生产计划及其更改应根据顾客订单进行并评审 C. 所有零件的生产进度应达到规定要求,应对瓶颈工序采取措施		

(续)

序号	问题	检查记录	得分
8.2.2	是否制订了适宜的应急计划以防范故障、劳力不足、供应短缺等风险 应急计划应具有可操作性，如针对设备故障的紧急抢修、针对劳动力不足的多岗位培训等		
8.2.3	是否按公司要求包装产品 A. 按照公司规定的包装要求包装产品，包括周转箱、加固标识等 B. 应制定包装规范并对包装进行评价 C. 发货/转间时每批产品都应有标识，以实现发货后的可追溯性 D. 当环境、消防、安全、交通等法规对产品的包装（箱）有标识要求时，包装（箱）须严格按相关要求进行标识 E. 对返回的包装等应进行适当的维护和清洁，对于损坏或磨损的包装应采取措施进行修理或更换 F. 应对废弃物按法规和公司要求进行管理		
8.2.4	是否采取措施对产品的搬运、储存进行控制 A. 应对产品的搬运、储存环节进行分析，并制定防止产品损坏、变质及保证产品质量的搬运控制要求，且组织有效实施 B. 生产过程中的所有阶段、试验、实验和存储区等，应按规定标识产品 C. 应建立产品可追溯系统（如对产品进行批次管理），确保产品的可追溯性 D. 应制定产品的储存规范，如堆放方法、高度、环境条件等，应定期审核库存管理 E. 应制定产品的进出库管理制度并执行（包括先进先出、有序和清洁、防损防污防锈、标识、防止混放和混用等）		
8.2.5	是否对产品交付过程进行控制 A. 应标识产品交付过程中的可能失效并明确控制措施（包括产品的运输条件及控制） B. 应对交付的能力进行评价并采取措施提高交付绩效 C. 交付过程外包时，应对其按供方的要求实施控制		

8.3 过程监控

序号	问题	检查记录	得分
8.3.1	是否为作业人员提供适当的作业指导书 A. 作业指导书（如作业卡、操作规程、检查表、工艺卡等）应和控制计划一致 B. 作业指导书包括所有必需的细节，包括质量接收准则、过程和产品控制参数、所需的特殊量具和工具、过程和产品不符合时的反应计划、安全操作要求等 C. 作业指导书应清楚、详细且受控，应放在操作现场，以便操作人员按规定操作		

第4章 潜在供应商质量保证能力评价

（续）

序号	问题	检查记录	得分
8.3.2	是否按控制计划/作业指导书的要求进行操作 A. 作业人员应能够解释他们的工作，理解书面的指导 B. 生产过程文件中规定的各个事项应得到遵守（按规定进行作业和检查）		
8.3.3	是否按要求对适宜的过程参数和产品特性进行监视和控制 应按控制计划要求对过程参数和产品特性进行监视		
8.3.4	是否对关键重要物性的过程能力进行评价 A. 应确定和实施适当的统计技术，以对过程变差进行监控，实现缺陷预防 B. 应对关键重要特性的过程能力进行定期分析（至少每半年一次） C. 应对过程能力不足的特性制订和实施适宜的反应计划		
8.3.5	是否对特殊过程进行了识别并实施控制 A. 应规定特殊过程的控制要求 B. 应对特殊过程进行确认，包括作业人员的资格鉴定、设备的认可等 C. 对特殊过程的过程参数进行连续监视和控制		
8.3.6	是否对作业现场进行有效管理 A. 应运用6S（整理、整顿、清扫、清洁、素养、安全）对现场进行管理 B. 应采取措施减少外来物料、碎片、残渣、污物、油污等可能影响产品质量的环境因素		
8.3.7	是否按规定进行作业准备验证 A. 应规定作业准备的验证方法 B. 作业的开始、材料更改、作业更改、两次作业间隔很长时间等都应进行作业准备验证		

8.4 不合格品控制

序号	问题	检查记录	得分
8.4.1	是否采取措施有效处置不合格品 A. 应按规定对不合格品进行标识、记录、评价、隔离和处置 B. 应明确对不合格品的评价和处置控制 C. 涉及公司利益的不合格品的处置应得到公司认可		
8.4.2	是否按要求对返工产品进行控制 A. 应为返工作业人员提供作业指导书 B. 返工后的产品应按检验规程重新检验		
8.4.3	在特殊条件下接受不合格品的制度 A. 就特殊情况下对不合格品的让步放行有明确的程序，在运送不合格品时，接收的客户是否容许了这种不合格 B. 有明确的评估内容来对特殊情况的让步放行进行评估 C. 是否有太多的让步放行 D. 让步放行的产品是否有准确的记录保存		

(续)

序号	问题	检查记录	得分
8.4.4	是否对不合格品进行统计分析 A. 应对不合格品进行量化统计分析 B. 制订减少或杜绝不合格品的相应计划（如优先减少不合格品计划） C. 落实跟踪		
8.5 纠正和预防措施			
8.5.1	是否对不合格品产生的根本原因进行了分析 A. 应对公司抱怨的质量问题或拒收退回的产品进行分析并提交分析报告 B. 应组织针对过程中不合格原因的分析		
8.5.2	是否制定并落实纠正和预防措施 A. 对内外部不合格，应制定并落实纠正和预防措施 B. 应明确记录措施实施的具体时间，对措施实施前后的产品应进行标识 C. 对纠正和预防措施的落实情况进行跟踪验证，验证应包括措施的落实和有效性		
8.5.3	是否采取措施确保纠正和预防措施的有效性 A. 应运用适当的技术工具进行原因分析，确保根本原因分析的有效性 B. 应记录和实施由纠正和预防措施所引起的任何更改		
8.6 顾客满意			
8.6.1	是否及时主动收集顾客的信息 A. 应主动收集、分析和处理顾客的信息和抱怨，并进行趋势分析 B. 对顾客的信息收集应包括质量、服务、售后反馈处理、交付、价格、环境和安全等方面		
8.6.2	是否及时处理顾客的质量问题 A. 应建立快速反应机制，及时处理顾客的质量问题 B. 应明确实施快速反应的责任人、程序		
8.6.3	是否积极落实公司提出的质量整改要求 A. 对公司提出的质量整改要求，应制定整改措施书面提交给公司，并积极按进度落实整改 B. 对公司提出的要求整改或改进的质量问题（项目）应采用适当方法		
九、社会责任			
9.1	是否通过 ISO 45001 职业健康安全管理体系认证 A. 通过了 ISO 45001 职业健康安全管理体系认证 B. 未通过 ISO 45001 职业健康安全管理体系认证，但已建立安全管理的体系 C. 已建立安全管理的体系，但未按文件实施 D. 年度内是否发生安全事故		

(续)

序号	问题	检查记录	得分
9.2	是否通过 ISO 14001 环境管理体系认证 A. 通过了 ISO 14001 环境管理体系认证 B. 未通过 ISO 14001 环境管理体系认证，但已建立环保管理的体系 C. 是否有超标排放的记录 D. 是否有年度第三方的环境监测报告		
9.3	是否通过食品安全管理体系认证或者 QS 认证 A. 通过食品安全管理体系认证或者 QS 认证 B. 未通过食品安全管理体系认证或者 QS 认证 C. 已建立食品安全防护措施 D. 是否按期对员工进行体检 E. 员工是否已配备安全防护措施		
十、合作意愿			
10.1	是否有与客户建立长期合作的意愿 A. 是否具有发展长期限合作关系的意愿和保证 B. 是否保证资源投入不向别的方向发展 C. 当出现问题时，是否愿意坐下来谈判 D. 是否愿意并早期参加产品设计 E. 是否愿意与需方自由公开地交换信息 F. 是否愿意共享成本资料 G. 是否愿意保证买方需求的独家能力 H. 是否在需求扩大时相应扩大生产能力		

4.3.2 潜在供应商的过程质量审核

1. 过程质量审核的目的与意义

ISO 9001：2000 版本发布提出了质量管理八大原则之一的过程方法（Process Approach），即强调过程管理的重要性。因为只有清晰、可控的过程管理才有信心获得预期的目标。

过程质量审核是通过对产品在实现的过程中进行检查，以评价过程控制的有效性。过程质量审核及时发现问题并及时进行改进。其目的是验证影响生产过程的因素及其控制方法是否满足过程控制和工序能力的要求，及时发现存在的问题，并采取有效的纠正或预防措施进行改进和提高，确保过程质量处于稳定受控状态。

2. 过程质量审核员的能力要求

对供应商的过程质量审核是分析评价潜在供应商在生产过程中质量控制是否正确、是否能有效实现符合采购产品质量要求而进行的一种活动。通过过程的有效管控来实现产品质量的有效保证。在开展过程质量审核时，采购方需要派有经验的审核员到潜在供应商处进行现场审核。在过程质量审核时，审核员对过程认识与理解的程度直接决定过程质量审核的质量。在德国汽车工业联合会（VDA）标准的 VDA 6.3 过程质量审核标准中，特别对合格的第二方审核员分别从专业知识、专业培训证据及专业经验三个方面提出了明确要求（见图 4-2），再次证明审核员的能力对审核质量的影响程度。

专业知识：
√ 杰出质量工具和方法方面的知识（如审核过程、FMEA、8D方法、SPC、FTA等）。
√ 审核员资格（谈判、冲突管理、审核程序）、顾客特殊要求相关的知识。
√ 管理体系要求相关的知识（如 IATF 16949、DIN EN ISO 9001、VDA 6.1）。
√ 产品和过程的专业培训。
专业培训的证据：
审核员资格满足 EN ISO 19011（例如 VDA 6.3 基本合格，第一/二方审核员的 DIN EN ISO 9001、IATF 16949 或 VDA 6.1）。
专业经验：
√ 至少5年的工作经验（3年专业经验），在制造企业最好在汽车行业至少一年的质量管理经验。
√ 成功参与知识测试并及格，在 VDA 6.3 培训通过 VDA QMC。

图 4-2　审核人员的能力要求

3. 过程质量审核检查表的编制

对潜在供应商进行过程质量审核，一般依据产品实现过程或潜在供应商过程的实际情况结合产品需求而综合指定。采购方可以根据产品实现的过程（例如按照产品的制造工序）进行过程质量审核检查表的编制，也可以参照 VDA 6.3 过程质量审核检查表（见表4-8）开展过程质量审核。

表4-8　VDA 6.3 过程质量审核检查表

标准条款	主 要 内 容	检查方法	检查记录	评分
一、过程开发的策划				
1.1	是否具有对产品的要求			
1.2	是否已具有过程开发计划，是否遵守目标值			
1.3	是否已策划了落实批量生产的资源			
1.4	是否了解并考虑到了对生产过程的要求			
1.5	是否已计划/已具备项目开展所需的人员与技术的必要条件			
1.6	是否已做了过程 PFMEA，并确定了改进措施			
二、过程开发的执行				
2.1	过程 PFMEA 是否在项目过程中补充更新，已确定的措施是否已落实			
2.2	是否制订了质量计划			
2.3	是否已具备各阶段所要求的认可/合格证明			
2.4	是否为了进行批量生产认可而进行在批量生产条件下的试生产			
2.5	生产文件和检验文件是否具备且齐全			
2.6	是否已具备所要求的批量生产能力			
三、供方/原材料				
3.1	是否仅允许已认可的且有能力的供方供货			
3.2	是否确保供方所供产品的质量达到供货协议要求			
3.3	是否评价供货实物质量，与要求有偏差时是否采取措施			
3.4	是否与供方就产品与过程的持续改进商定质量目标并付诸落实			

第4章 潜在供应商质量保证能力评价

（续）

标准条款	主 要 内 容	检查方法	检查记录	评分
3.5	对已批量供货的产品是否具有所要求的批量生产认可，并落实了所要求的改进措施			
3.6	是否对顾客提供的产品执行了与顾客商定的方法			
3.7	原材料库存（量）状况是否适合生产要求			
3.8	原材料/内部剩余材料是否有合适的进料和储存方法			
3.9	员工是否具有相应的岗位培训			
四、制造过程				
4.1	人员/素质			
4.1.1	是否对员工委以监控产品质量/过程质量的职责和权限			
4.1.2	是否对员工委以负责生产设备/生产环境的职责和权限			
4.1.3	员工是否适合完成所交付的任务并保持其素质			
4.1.4	是否有包括顶岗规定的人员配置计划			
4.1.5	是否有效地使用了提高员工工作积极性的方法			
4.2	生产设备/工装			
4.2.1	生产设备/工装模具是否能满足产品特定的质量要求			
4.2.2	在批量生产中使用的检测、实验设备是否能有效地监控质量要求			
4.2.3	生产工位、检验工位是否符合要求			
4.2.4	生产文件和检验文件中是否标出所有的重要技术要求并坚持执行			
4.2.5	对产品调整/更换是否有必备的辅助器具			
4.2.6	是否进行批量生产起始认可，并记录调整参数及偏差情况			
4.2.7	要求的纠正措施是否按时落实并检查其有效性			
4.3	运输/搬运/储存/包装			
4.3.1	产品数量/生产批次的大小是否按需求而定，是否有目的地运往下道工序			
4.3.2	产品/零件是否按要求储存，运输器具/包装方法是否按产品/零件的特性而定			
4.3.3	废品、返修件和调整件以及车间内的剩余料是否坚持分别储存并标识			
4.3.4	整个物流是否能确保不混批、不混料并保证可追溯性			
4.3.5	模具/工具，工装，检验、测量和实验设备是否按要求存放			
4.4	缺陷分析/纠正措施/持续改进			
4.4.1	是否完整地记录质量数据/过程数据，并具有可评定性			
4.4.2	是否用统计技术分析质量数据/过程数据，并由此制定改进措施			
4.4.3	在与产品要求/过程要求有偏差时，是否分析原因并检查纠正措施的有效性			
4.4.4	对过程和产品是否定期进行审核			

(续)

标准条款	主 要 内 容	检查方法	检查记录	评分
4.4.5	对产品和过程是否定期进行持续改进			
4.4.6	产品和过程是否有确定的目标值,并监控是否达到目标			
五、服务				
5.1	发货时产品是否满足了顾客的要求			
5.2	是否保证了对顾客的服务			
5.3	对顾客抱怨是否能快速反应并确保产品供应			
5.4	与质量要求有偏差时是否进行缺陷分析并实施改进措施			
5.5	执行各种任务的员工是否具备所需的素质			

4.3.3 潜在供应商审核的策略

一般情况下,可以对潜在供应商开展前期的基本情况调查、初步的拜访及开展系统的质量体系审核和过程质量审核工作。可是,在实际供应商管理中会遇到供应商在产品功能中的重要性不同、供应商产品在产业领域的数量和门槛不同等相关因素,所以在开展潜在供应商审核工作时不能采用一刀切的政策,可以参考采购与供应商管理领域较为成熟的卡拉杰克矩阵(Kraljic Matrix)模型来分类对供应商开展管理工作。

卡拉杰克矩阵模型最早出现于彼得·卡拉杰克(Peter Kraljic)的《采购必须纳入供应管理》(*Purchasing must become Supply Management*)一文,这篇文章发表在1983年9~10月号的《哈佛商业评论》上。虽然距创建时间已经过了30多年,但它目前在全球范围内都还是一种行之有效的供应商分析矩阵模型。卡拉杰克矩阵模型如图4-3所示。

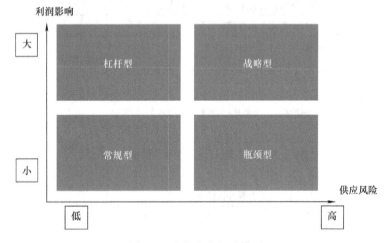

图4-3 卡拉杰克矩阵模型

该供应商关系分析矩阵模型的目的是通过帮助采购专业人员最大化安全供应和降低采购成本,从而扩大采购谈判力度;通过策略化调整,帮助企业完成事务性采购到战略采购的转型。

以采购物资分类为分析基础,卡拉杰克用利润影响和供应风险为两个维度(准则),建立了采购品类与供应关系的矩阵模型。

供应风险因素反映了采购物品获得的难易程度,或采购的物品因供应问题对企业造成的损失程度，主要衡量指标包括供应市场的竞争格局、技术创新及原材料更替的步伐、市场进入的门槛、物流成本及复杂性、潜在供应商的数量、自制或外购的机会、替代的可能性等。

当采购项的原材料十分稀缺时，易受政策或自然灾害的影响，或者物流难度大、易损坏，又或者当潜在供应商数量少的时候，采购风险是很高的。

利润影响因素：用来表示该采购物料对产成品利润的影响，主要衡量指标包括该采购品类的采购数量、采购金额占总产品成本金额的比例、该物品对产品质量的影响程度、该原材料对产成品质量的影响程度、增值百分比等。

当该采购项目占企业产成品的成本比例很高时，则对产成品利润率的影响是巨大的。这是因为采购的物料不仅是该产成品成本的重要组成部分，而且其还是产成品质量的关键影响因素。例如，果汁生产商对生鲜水果的采购以及高档服装制造商对布料的采购。

根据卡拉杰克矩阵模型，对处于不同象限的潜在供应商的审核及管理都要区分对待。

1. 战略型供应商（高利润，高供应风险）

战略型采购项目一般为从单一供应商处购买该产品（物料），对于这样的采购项目需要在采购方和供应商之间建立一种平衡的合作关系，当供应商停止供货时，采购方的生产行为也将停滞。一般情况下，原材料采购属于该采购类别，且原材料在产成品成本中占较大比例。

彼此在买卖双方地位上力量均衡，甚至采购方的实力还不及供应商，彼此之间需要较高程度的相互依赖。在采购战略上常常采用战略联盟，紧密联系并充分考虑垂直整合，关注长期价值。在潜在供应商审核上，无论是质量体系审核或过程质量审核可能都无法进行。

2. 杠杆型供应商（高利润，低供应风险）

杠杆型采购项目的产品可以按标准的质量等级从不同的供应商那里购得，并且在很大程度上决定了成品的成本价，价格的微小变化或质量的改变将强烈影响成本价格。采购方有选择潜在供应商的自由，潜在供应商数量众多，而且转换成本较低，如散装化学品、钢、铝、包装物、钢板、原材料和标准半成品等。彼此双方买卖地位是买方主动，相互依赖性一般。采购战略是推荐双方达成良好的框架协议并制定有针对性的价格，保持和谐的发展供应关系。在潜在供应商审核过程中可以比较顺利地开展，作为供应商质量管理的团队同时需要配合公司开展降本管理。

3. 瓶颈型供应商（低利润，高供给风险）

瓶颈型采购项目是供应链最薄弱的环节，它并不意味着高支出的采购，这样的采购物料一般是生产过程中的必备物资，但是它们的供货渠道相对单一。通常是供应商在谈判中占主导地位。买卖双方地位是卖方主动，相互依赖性一般。

采购战略是推荐注重使用标准化产品、随时监测订单以及优化提高库存水平，尽量寻找替代品和潜在供应商。在潜在供应商审核时需要多关注风险识别管理工作，尽一切可能降低产品的质量风险管理。

4. 常规型供应商（低利润，低供给风险）

常规型采购项目是指供给丰富、采购容易、财务影响较低的采购项目。通过增加产品标准化，可以节省很多时间和金钱。从采购的观点看，这些项目的价值通常较低，并存在大量可供选择的潜在供应商，很少造成技术或商业问题，例如清洁材料、办公用品、维护用品和紧固件等。买卖双方地位力量均衡或供应商规模、实力都偏低，相互依赖性较低。采购战略是推荐集中采购与定点购买，遇到问题可以随时调整。在潜在供应商审核时应多关注关键点的控制，不要过多关注体系流程的系统性问题。

4.4 询价材料的内容与评审

4.4.1 询价材料的内容

在采购方针对潜在供应商资质进行复核后，在潜在供应商评价进行的同时，询价资料发放、技术和商务交流、供应商方案设计、采购方案评审等工作可以平行开展。

在潜在供应商通过复核后，由顾客采购部门统一与潜在供应商签订保密协议，并发放询价材料。询价材料包含产品技术要求、开发进度要求、质量要求及商务要求四个方面的信息。

产品技术要求因供应商是否具有产品设计责任而不同。对于有产品设计责任的供应商，由采购方产品设计工程师编制产品设计任务书。产品设计任务书应包含所要开发零部件的配套范围、装配条件、边界条件、零部件功能和性能要求、技术标准要求、法律法规要求、可靠性和耐久性要求、推荐或指定的技术方案要求、关键零部件材料和主要技术参数要求、图样和数模的提交规范性要求、关键零部件的指定分供方要求、设计开发模拟和试验验证的要求、追溯性要求等。对于无产品设计责任的供应商，由采购方产品设计工程师编制零部件的技术资料。技术资料应包含但不限于产品数模、图样、零部件清单、材料规范、可靠性要求、所需遵守或参照的相关标准等。相关标准可能包含国际、国家、行业、企业标准和法律法规要求等。

开发进度要求由采购方产品设计工程师根据客户产品开发的项目进度编制。开发进度要求应包括但不限于供应商方案提交和评审时间、供应商各阶段产品设计记录提交时间、供应商各阶段样件提交时间、采购方各阶段产品设计确认时间、采购方产品设计验证确认和认可时间等。

质量要求由采购方 SQE 编制，应包含但不限于项目阶段的质量目标要求、量产阶段的质量目标要求、质量管理体系和质量管理能力要求、前期开发阶段和量产阶段的质量管理要求、质量责任及质量索赔要求等。

商务要求由采购部门负责编制，包含但不限于年度产量规划、报价单等信息。

4.4.2 询价材料的评审

收到采购方的询价材料后，潜在供应商须将询价材料传递到内部各相关部门，并组织进行评审。检查询价材料内所有要求的完整性、前后一致性、可行性，针对询价材料中所可能出现的信息不完整、不清晰的地方，有不同意见或潜在供应商难以实施的地方，应主动与采购方交流。

采购方的采购部门应组织潜在供应商与采购方相关部门进行技术交流，技术交流的方式可以是多种形式的，但应首选面对面的技术交流会形式。针对潜在供应商有产品设计责任的安全、关键、重要零部件，必须召开技术交流会。双方应对产品技术要求的理解达成共识。潜在供应商的产品设计人员、工艺设计人员和质量人员都应参加技术交流会，以便正确理解客户的相关要求。

潜在供应商在充分理解采购方的各项询价材料要求并与采购方意见达成一致后，即开始制定各项技术方案及其他报价材料。

4.5 技术质量方案的交底与评审

4.5.1 技术质量方案的交底

潜在供应商应形成完整的技术质量方案并提交给采购方评估。技术质量方案须包含技术能力和可行性分析、产品方案、过程方案、质量目标和质量保证方案四个模块的内容，具体如下：

1）技术能力和可行性分析：

① 产品开发能力、经验、团队和人员技能。

② 过程开发能力、经验、团队和人员技能。

③ 产品开发外委合作方的能力和经验评估。

④ 核心零部件开发合作方的能力和经验评估。

⑤ 产品和过程开发的经验和教训。

⑥ 试验验证的能力和设施配置。

⑦ 试验验证设备的添置计划（如需要）。

⑧ 生产资源可行性分析和投资规划。

2）产品方案：

① 概念设计阶段的3D数模。

② 装配图或爆炸图。

③ 初始设计方案。

④ 概念设计阶段的产品QFD（质量功能展开）、DFMEA（设计失效模式与影响分析）。

⑤ 初始产品特殊特性清单。

⑥ BOM。

⑦ 零部件可靠性目标。

3）过程方案：

① 自制外委方案及方案论证。

② 初始过程流程图（Process Flowchart）。

③ 初始平面布置图。

④ 过程概念设计阶段的QFD和PFMEA（过程失效模式与影响分析）。

⑤ 初始工艺性分析：产品的可加工制造性、可装配性、可维修性。

⑥ 初始可追溯性系统方案。

⑦ 关键工序的技术方案和设备、模具、工装方案的选择。

⑧ 关键产品特性的量检具技术方案的选择。

⑨ 关键过程参数的管控方案。

⑩ 关键生产设备、模具、检测试验设备的供应商选择及其能力。

4）质量目标和质量保证方案：

① 样件的质量目标。

② 项目节点的质量门目标。

③ 试生产阶段的过程审核（Process Audit）和产品审核（Product Audit）的质量目标。

④ 批量生产阶段的采购方生产过程和售后市场的质量目标。

⑤ 项目开发阶段的项目进度计划和质量保证方案。

⑥ 质量管理体系、过程质量控制方法的现状、要点及其改进提升方案。

⑦ 追溯系统方案：产品追溯性标识方案、须记录存档的关键特性选择及其记录和存档方案。

⑧ 防错技术的应用。

⑨ 安全、关键、重要零部件分供方的选择及管理方案。

4.5.2　技术质量方案的评审

潜在供应商向顾客采购部门提交技术质量方案，顾客采购部门通过办公系统流程提请相关部门进行文审。顾客的 SQE、产品设计工程师在文审时，根据需要可以提请采购工程师发起技术质量方案评审会议。安全件、关键件、具有产品设计责任的零部件必须召开技术方案评审会。技术方案评审会应由顾客的采购工程师召集顾客的产品设计工程师、SQE 和潜在供应商的产品设计部门、工艺设计部门、质量部门相关人员参加。顾客的新项目质量工程师有责任确定是否邀请专家委员会参加技术质量方案评审会。

技术能力和可行性分析、产品方案由顾客产品设计工程师主审，顾客的采购工程师、SQE 会审；过程方案、质量目标和质量保证方案由顾客的 SQE 主审，产品设计工程师会审。技术方案评定的结论为通过、需要改进和不通过。所有的模块评价结论都为通过时最终的结论才为通过，其中有任何一项结论为不通过则最终结论为不通过。

当结论为需要改进时，顾客的采购工程师应通知潜在供应商与相关部门做进一步的交流，潜在供应商根据问题提出各部门的改进意见后重新提交技术质量方案。

4.6　质量保证协议的管理

基于对潜在供应商资质准入的审核、质量体系审核及过程质量审核后，可以说对潜在供应商的生产能力、技术能力、质量保证能力等方面有了较为系统的了解。如果潜在供应商满足采购部件的需求，则需要和潜在供应商开展合同谈判、技术交底及质量协议的沟通。在项目开始之前需要把以上事项全部澄清，以保证双方对技术的理解、项目精度的理解及质量标准的理解清晰、统一。只有这样才能让后续合作更加顺畅，也同时增进彼此合作的互利共赢、利益最大化。

4.6.1　合同管理概述

1. 合同的定义

合同又称为契约，有广义与狭义之分。广义的合同是指两个以上的当事人之间变动民事权利义务的双方民事法律行为。《中华人民共和国合同法》（以下简称《合同法》）第二条规定："本法所称合同是平等主体的自然人、法人、其他组织之间设立、变更、终止民事权利义务关系的协议。"

2. 合同的要素

由于合同的种类繁多，作用也不尽相同，所以内容差异很大，但基本的要素有以下几点：

(1) 当事人信息　主要包括名称（姓名）、住所、联系方式等。

(2) 标的　即合同的主体内容。合同为何而立，标的是关键。

(3) 价款　为实现标的交易需要支付的价款，包括付款方式、付款条件等。

(4) 履行因素　主要包括期限、地点、方式等。

(5) 违约责任　违约金、定金、赔偿金、免责等内容都包括在此。

(6) 解决争议的方式　明确是仲裁还是诉讼。如果选择仲裁，则条款应符合《中华人民共和国仲裁法》的规定。

(7) 合同生效条款　包括生效或者失效的条件以及无效的免责等。

(8) 其他　由附件记载本合同的种类、数量、效力、质量保证、索赔、包装等。

3. 合同的准备

与供应商签订的供应合同通常是由甲方准备的。为规范管理，甲方一般都有自己的标准合同文本。标准合同文本的准备首先可由专人收集之前的合同，参考同行业或其他合同范本，结合自己企业的特殊性，收集公司内部相关部门的意见后，形成初稿。供应合同涉及广泛，所涉及的部门包括：

（1）采购部门　商务条款（价格、价格变动）。

（2）质量部　供应商开发过程管理及质量体系和保证，检验及验收，以及质量索赔。

（3）物流部门　包装及物流，以及订单的发布及交付管理。

（4）售后部门　售后所需供货及市场索赔。

（5）财务部门　支付条款。

（6）技术部门　相关的知识产权以及设计变更的管理。

（7）生产制造部门及人事部门　索赔相关工时及供货更换流程。

（8）法务部门　其他法律法规条款。

因此，通常初稿出来以后，会在公司范围内进行意见征集，收集以上相关部门的意见，最后还需要通过多轮讨论和修改，才整理成为本公司的标准合同文本。

4. 合同谈判及修订

合同谈判其实由两部分组成：对内征得内部意见一致；对外说服供应商。最后合同双方达成统一意见形成最终合同文本。

1）供应商收到甲方发出的供应合同标准模板后，同样也需要在公司内各相关部门进行确认和讨论。

2）如果供应商对合同条款存在异议，则合同承办人员将同供应商进行洽谈。

3）合同承办人员在合同洽谈过程中需要协助的，可请相关部门（如法务部门、财务部门等）予以协助。

4）如果供应商对标准合同条款有异议，而且经过公司相关部门的洽谈以后还是无法说服供应商时，合同承办人会收集异议，并组织公司内部会议一起讨论对策，同时也要求供应商回去讨论对策，然后再次进行谈判。

5）对于需要进行合同修改或需要增加补充协议的内容，必须是本企业所有相关部门认可和接受的。如果相关部门也无法确定，则必须按企业的审核制度规定上报审核，获得最高管理层的批准以后方可进行修改或增加补充协议。

6）合同内容在合同双方达成一致后，形成最终的合同文本。

5. 合同签订

合同文本确定完毕，应按规定的流程经各业务部门、法务部门、财务部门等职能部门负责人和公司负责人审核通过后签名，加盖公章或合同专用章方能生效。

1）办理签字盖章的合同应是经各相关部门最终审核确认的版本。

2）合同应由法定代表人或总经理和执行副总经理或其授权代表签字，授权代表签署合同的范围、权限按照相关授权文件执行。未经有授权代表签字的合同，不予盖章签发。

3）合同对方为非法定代表人签署的，须提供合法的委托授权文件。

4）在合同上加盖的印章应为公司公章或合同专用章，不得使用财务专用章或部门业务章等其他印章。合同文本每份页数在两页及两页以上的，须加盖骑缝章。

5）严禁在空白文本上盖章，并且原则上要先由对方签字盖章。

6）合同文本原件原则上要两份以上，合同双方至少各执一份；按照经验，企业应至少要两份以上的合同原件,以便相关部门分存、归档管理。

6. 供应合同的变更和解除

1)供应合同生效后,除非行使合法的权利,任何一方当事人不得单方面变更或者解除合同。

2)供应合同的变更或解除必须依照合同的订立流程经相关职能部门审批和公司领导批准后方可实施。

3)经双方当事人协商一致依法变更或解除合同的,应签署书面协议。当事人协商一致变更或者解除合同的协议,视为新合同。

4)供应合同变更或解除的通知和回复应符合合同中规定的信息通告要求,如传真接收、快递寄发或由对方签收、签收凭证等,以保证变更或解除的处理在合理的期限内。

5)合同承办部门认为需要向人民法院或者仲裁机构请求变更或者撤销合同的,应在法律规定的期限内提出。

6)变更或者解除合同的文本作为原合同的组成部分或更新部分与原合同有同样的法律效力,应该做好相应的管理工作。

7. 供应合同的档案管理

企业的经济往来主要是通过合同形式进行的。一个企业的经营成败和合同及合同管理有着密不可分的联系。合同管理是指企业以自身为合同当事人依法进行合同的订立、履行、变更、解除、终止等一系列行为的总称。合同管理必须是全过程的、系统性及动态性的。为了便于对供应合同的执行情况进行跟踪,必须做好对供应合同的信息及档案管理。

1)为了方便查询及管理,应该对合同实行编号管理。公司签订的合同采用统一编号原则。

2)公司应建立档案管理制度。以公司名义对外签订的全部合同,在签署完毕后,合同承办人员应及时将合同正文和附件提交给档案管理部门。

3)归档资料应该是齐全完整的。除了合同正文和附件外,可能还有一些资料、文件,如零件/价格清单、评价表、图样技术要求、规格书、询价/招标文件、评价资料、供应商推荐表、会谈记录等其他文件。

4)应该设定合同的保管期限,如合同有效期满后10年。此期限应该符合法律法规、企业规定的档案文件管理的期限要求。

因供应合同的有效期是可以顺延的,所以只要公司存续,合同就必须有效、妥善地保管。

4.6.2 质量保证协议的基本要求

根据制订的供应商关系战略计划和质量认证的结果,公司要与供应商进行商务谈判,签订采购合同框架协议,其中的内容包括价格、订单、交货、检验、技术、付款、品质、保密等商业交往中应该注意的各个方面,以此作为后续合作的基础。通常,对于小批量产品,其谈判的核心是交货期;对于大批量生产(流水线、连续生产)的产品,其谈判的核心是价格,但一定要保证供应商有合理的利润空间。

质量部管理职责:①负责编制供应商质量保证框架协议;②负责针对质量保证协议与供应商进行交流、谈判;③负责对供应商质量保证协议中的具体内容进行商讨;④负责对偏离项进行确认和交流;⑤采购管理部门负责将供应商质量保证协议纳入采购合同。

4.6.3 质量保证协议的评审组织

质量保证协议的评审通常由质量部归口管理。质量部应组织编制质量保证协议,明确供需双方的质量管控职责、权限、要求和工作内容,组织与供应商交流、澄清协议内容,并按照约定的节点开展采购产品质量管控工作。

4.6.4 质量保证协议的评审内容与要求

质量部负责编制采购产品质量保证协议,传递公司的质量管控内容和要求。

质量保证协议的内容包括但不限于:
1)认证与资质要求,如质量管理体系、特殊过程质量控制体系、生产资质、产品认证等。
2)质量策划要求,如质量计划、接口管理、检验文件编制等。
3)产品设计控制要求。
4)采购质量控制要求,包含外包管理、二级供应商管理要求等。
5)生产过程控制要求。
6)产品检验、试验与不合格品管理要求。
7)产品交付要求。
8)成文信息的标识与可追溯性要求。
9)现场监造、放行检验与过程审核约定。
10)违约责任考核约定等。

4.6.5 质量保证协议的交流

质量部应就质量保证协议内容与供应商进行充分交流与沟通,尤其涉及产品质量验收标准、产品抽样标准、质量目标的设定、异常问题处理的窗口、样件的管理、质量索赔等关键事项时。针对供应商提出的困难项、偏离项进行澄清、协调,必要时进行调整,以确保质量保证协议是基于供需双方"互利共赢"的原则而设计的。

4.6.6 质量保证协议节点的确认

质量部应与供应商就质量保证协议内容达成一致,并确认具体工作节点,包括但不限于:研发制造过程控制节点、首件检验、放行检验、入厂检验、现场监造、过程审核等。采购管理部门负责将经确认后的质量保证协议纳入采购合同。供需双方应严格依照质量保证协议有关内容开展采购产品质量管控工作,确保产品质量满足规定的要求。

4.6.7 质量保证协议中的主要质量指标

质量指标是质量保证协议中非常核心的内容之一。通常质量指标包含对供应商所提供零件的过程能力和零件质量稳定性的综合要求,质量指标的内容可参考以下指标目录:
1)产品开发阶段问题关闭比率(Issue Closed Rate)。
2)工装样件合格率(LAR)。
3)上线合格率(Yield)。
4)设备能力指数(OEE)。
5)过程能力/绩效指数(Cp&Cpk/Pp&Ppk)。
6)开箱不良率(DOA)。
7)市场年度返修率(FFR)值。
8)市场索赔金额。
9)顾客生产过程料废率(IQC Yield)。

10）零公里 PPM 目标值。
11）抛锚故障次数。
12）过程质量审核和质量体系审核的质量能力等级。
13）产品可靠性指标（MTBF/MTTF）。

第5章 供应商先期产品质量管理

经过第3、4章对潜在供应商的选择与质量保证能力评价，选出符合采购方需要的合格供应商，将此供应商纳入合格供应商库（AVL）。采购方的供应商开发团队相关职能部门分别与供应商对应职能部门开展诸如技术、质量、采购与项目的对接工作，双方成立跨公司的联合项目小组（CFT）开展项目具体工作的推进与管理。

在整个跨公司级的联合项目小组成立之初就需要建立较为详细的工作机制，以保证项目能按时按质完成项目目标。所以，作为采购方更应建立一套系统的对采购产品的先期质量管理的流程与控制标准。在汽车产业链中，整车厂对下游的供应商有较为成熟的一套管理机制，通常称为先期产品质量策划（Advanced Product Quality Planning，APQP）。该手册把产品开发过程分成五个阶段，采用过程管理（IPO）的方法清晰地梳理出每个阶段的输入、输出的要求，以规范彼此双方阶段性的工作目标与交付成果。同时，以PPAP作为对先期开发过程成果的一种正式批准。本章遵循先期产品质量策划（APQP）和生产件批准程序（PPAP）的思路，结合作者的经验，梳理出一套实用的供应商先期质量管理的要点，以确保供应商先期过程能得到有效的管理，从而保证交付的周期、交付的成本及交付产品质量。

5.1 初识先期产品质量策划

先期产品质量策划是一种结构化的方法，用来确定和制定确保某产品使顾客满意所需的步骤。先期产品质量策划的目标是促进与所涉及的每一个人的联系，以确保所要求的步骤按时完成。

5.1.1 先期产品质量策划的目标

1）制订产品质量计划来开发产品，满足顾客要求，使顾客满意。
2）及时完成关键任务。
3）按时通过生产件批准。
4）持续地满足顾客的要求。
5）持续优化、持续改进。

5.1.2 先期产品质量策划的价值

1）引导资源，使顾客满意。
2）促进对所有更改的早期识别。
3）避免晚期更改。
4）以最低的成本及时提供优质产品。

5.1.3 先期产品质量策划的典型过程

先期产品质量策划进度图如图5-1所示。

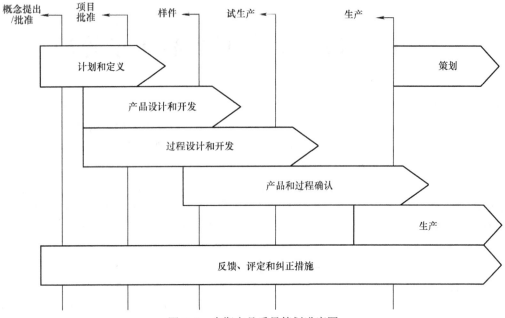

图 5-1　先期产品质量策划进度图

1．计划和定义的主要任务

1）确定顾客的需要和期望，以计划和定义质量目标。

2）做一切工作必须把顾客牢记心上，体现以顾客为导向。

3）确认顾客的需要和期望被清楚识别、有效转化。

2. 产品设计和开发的主要任务

1）将设计特征发展到最终形式的质量策划过程中的诸要素。

2）小组应考虑所有的设计要素，即使设计是顾客所有或双方共有。

3）步骤中包括样件制造，以验证产品或服务满足"服务的呼声"的任务。

4）一个可行的设计应能满足生产量和工期要求，也要考虑质量、可靠性、投资成本、重量、单件成本和时间目标。

5）尽管可行性研究和控制计划主要基于工程图样和规范要求，但是本章所述的分析工具（如 FMEA、MSA 等）也能猎取有价值的信息以进一步确定和优先考虑可能需要特殊的产品和过程控制的特性。

6）保证对技术要求和有关技术资料进行全面、严格的评审。

7）进行初始可行性分析，以评审制造过程中可能发生的潜在问题。

3. 过程设计和开发的主要任务

1）保证开发一个有效的制造系统，满足顾客的需要、要求和期望。

2）讨论为获得优质产品而建立的制造系统的主要特点及与其有关的控制计划。

4. 产品和过程确认的主要任务

1）讨论通过试生产运行评价对制造过程进行验证的主要要点。

2）应验证是否遵循控制计划和过程流程图，产品是否满足顾客的要求。

3）应注意正式生产前有关问题的研究和解决。

5. 反馈、评定和纠正措施的主要任务

1）质量策划不因产品和过程确认就绪而停止。在制造阶段，所有变差的特殊原因和普通原因都会表现出来，对输出进行评价，也是对质量策划工作有效性进行评价。

2）生产控制计划是用来评价产品和服务的基础。

3）应对计量型和计数型数据进行评估。可参考统计过程控制（SPC）手册中的要求。

5.1.4 先期产品质量策划过程的输入输出

先期产品质量策划过程的输入输出见表5-1。

表5-1 先期产品质量策划过程的输入输出

阶段	输入	输出
第一阶段：计划与定义	1）顾客的呼声 2）市场研究 3）保修记录和质量信息 4）小组经验 5）业务计划/营销战略 6）产品/过程基准数据 7）产品/过程设想 8）产品可靠性研究 9）顾客输入	1）设计目标 2）可靠性和质量目标 3）初始材料清单 4）初始过程流程图 5）产品和过程特殊性的初始清单 6）产品保证计划 7）管理者支持
第二阶段：产品设计和开发	1）设计目标 2）可靠性和质量目标 3）初始材料清单 4）初始过程流程图 5）产品和过程特殊特性的初始清单 6）产品保证计划 7）管理者支持	设计部的输出： 1）DFMEA 2）可制造性和装配设计 3）设计验证 4）设计评审 5）样件制造控制计划 6）工程图样（包括数学数据） 7）工程规范 8）材料规范 9）图样和规范更改 APQP小组的输出： 1）新设备、工装和设施要求 2）产品和过程特殊特性 3）量具/试验设备要求 4）小组可行性承诺和管理者支持
第三阶段：过程设计和开发	1）DFMEA 2）可制造性和装配设计 3）设计验证 4）设计评审 5）样件制造控制计划 6）工程图样（包括数学数据） 7）工程规范 8）材料规范 9）图样和规范更改 10）新设备、工装和设施要求 11）产品和过程特殊特性 12）量具/试验设备要求 13）小组可行性承诺和管理者支持	1）包装标准 2）产品/过程质量体系评审 3）过程流程图 4）车间平面布置图 5）特性矩阵图 6）PFMEA 7）试生产控制计划 8）过程指导书 9）测量系统分析计划 10）初始过程能力研究计划 11）包装规范 12）管理者支持

(续)

阶段	输入	输出
第四阶段：产品和过程确认	1）包装标准 2）产品/过程质量体系评审 3）过程流程图 4）车间平面布置图 5）特性矩阵图 6）PFMEA 7）试生产控制计划 8）过程指导书 9）测量系统分析计划 10）初始过程能力研究计划 11）包装规范 12）管理者支持	1）试生产 2）测量系统评价 3）初始过程能力研究 4）生产件批准 5）生产确认试验 6）包装评价 7）生产控制计划 8）质量策划认定和管理者支持
第五阶段：反馈、评定和纠正措施	1）试生产 2）测量系统评价 3）初始过程能力研究 4）生产件批准 5）生产确认试验 6）包装评价 7）生产控制计划 8）质量策划认定和管理者支持	1）减少变异 2）客户满意 3）交付及服务

5.2 供应商先期开发过程的基础工作

5.2.1 项目管理

项目管理是项目的管理者在有限的资源约束下，组织运用系统的观点、方法和理论，对项目涉及的全部工作进行有效的管理，即对从项目的投资决策开始到项目结束的全过程进行计划、组织、协调、指挥、控制和评价，以实现项目目标。

项目管理工作的开展应至少包含以下几方面：

1）成立跨部门甚至跨企业的项目小组。项目小组成员由各部门具备相应能力和资质的人员组成，需明确各成员的职责及工作标准。小组的组织机构应该得到最高领导者的批准，包括但不限于产品设计、工艺设计、采购、生产、设备、质量、销售等部门。

2）指定项目经理。项目经理应独立于产品设计、工艺设计、生产、采购、质量等部门外。

3）按顾客要求策划并制订项目进度计划，识别各节点的工作任务，明确责任人，确定开展时间及交付物。

4）确立项目开发目标，制定目标保证措施。

5）项目经理按计划对项目范围、时间节点、费用、质量、人力资源、风险、内外部沟通、采购与合同等方面进行综合管理，应对项目的进展情况进行实时跟踪，并定期向高层领导汇报项目进展情况，及时通报出现的各种风险，并得到高层领导的支持。

6）若来自顾客的项目节点进度及其他要求发生变更，应及时组织内部评审，修订项目计划或与顾客进行协商以取得一致；内部节点等的变更要及时通知顾客并得到认可。

7）按计划节点组织对项目完成情况及质量进行评审，对于没有按项目计划完成的项目内容，应及时形成完整的问题清单及解决方案，并监督实施保证项目顺利完成。

8）项目管理者应该对项目实施过程中出现的各种技术、质量、成本、进度等风险进行实时监控、识别并预警通报给项目组成员及上层领导，责成相关部门及时采取相应措施进行规避；若存在影响到顾客整个项目进程的事项，供应商应立即通报顾客，共同协商寻求采取相应措施、方案以解决或最大限度降低风险。

9）供应商高层应经常关注项目进展情况，从各方面给予项目小组足够的支持并提供相应的资源，必要时进行协调，确保项目质量、成本和进度满足顾客要求。

其中，项目经理的独立性非常重要。一些组织会习惯于将项目经理设在研发部门，这样会影响项目管理对横向部门的管控能力。例如在项目计划中，往往研发部门所要开展的工作计划较细，而其他部门所要开展的工作计划不完整，这样对项目的整体管控就不是站在全公司的角度。此外，因项目经理缺乏独立性，对其所在部门工作的开展约束力不足，对其他部门的指挥、调动、考核失去公信力。因而强烈推荐供应商在组织架构的策划上保证项目管理部门的独立性。对于规模确实较小的供应商，项目管理经理可以设在研发部门，但需要供应商的领导层兼职项目负责人，以保证项目管理的全局性及跨部门协调管理的能力。

5.2.2 同步工程

同步工程是现代产品开发管理中极力推荐的一种管理方法。同步工程用于产品开发过程中时，将产品设计、零部件设计、工艺过程设计、产品工艺性分析和可维修性分析同步开展平行进行，使跨企业、跨部门工作尽可能同步作业，可以节约项目开发的总体时间，减少后续产品变更，降低成本。

同步工程的目的主要有两个。第一个目的是在产品设计的早期就开始进行产品及其零部件的可制造性、可装配性、可维修性的分析和验证。这就要求在产品设计过程中有工艺人员、维修服务人员的参与，形成跨部门甚至跨企业的项目小组来共同开展开发工作。另一个目的是节约项目开发的总体时间，通过系统开发、子系统开发、零部件开发、装配过程开发、零部件生产过程开发等的同步进行来实现。产品开发和过程开发均按照概念设计、详细设计、设计验证的几个大的阶段交替同步进行，各项开发相互兼顾、相互支持。这要求项目的各个专业领域之间及时沟通交流、信息共享，包括与顾客及外部相关方在项目进展中的协调一致、信息共享。

供应商须在项目策划初期进行同步工程计划和策划，在项目进行中应进行同步工程的管理。通过构建跨部门甚至跨组织的同步工程小组、进行有效的沟通与推进，让项目开发的时间、成本及质量更有价值，减少不必要的后续变更与成本上升、周期延迟。

5.2.3 项目质量管理

供应商应明确质量部门在内部代表顾客对项目质量实施有效的管理。项目质量管理应至少包含以下四方面的工作内容：

1. 质量目标和质量保证策划

在项目启动阶段，供应商必须根据顾客的要求明确项目的质量目标。质量目标包括新产品开发阶段的质量目标（样件质量目标、过程质量目标和阶段输出物及工作质量目标）和批量生产阶段的内外部质量目标。质量目标应在内部分解到各责任部门。

供应商须根据质量目标要求策划产品质量保证计划。在产品设计和验证、过程设计和验证、分供方开发和生产件批准、生产设施准备和验收、批量成熟度准备和批量生产认可、批量生产初期等过程中策划质量管控方案，以确保质量目标的实现。

2. 质量门管理

在开发过程中的关键或特定节点设置质量门（也称为质量阀），对阶段工作完成情况及质量要求的符合性进行阶段评审管理。

因新产品开发项目周期较长，需策划一定量的里程碑节点，把项目进度划分成多个阶段。所谓里程碑是指标志着项目具有阶段性进展的标志性交付物。按阶段进行审核、确认、总结，一方面可以及时给项目小组成员以成就感和及时的鼓励；另一方面可以及时了解项目实施的进度、质量、成本的风险，及时采取措施以降低和消除风险。

"门"作为一个关卡，是在每个阶段结束的时间点由主控部门组织对各项工作及其交付物进行审核、评价和总结。质量门管理由质量部门组织，并对影响产品质量的各项工作进行审核、评价、总结，对所发现的问题进行风险评估，监督风险控制措施的执行和实施。

供应商应制定质量门管理机制。供应商质量部门应明确在哪些节点进行质量门管理，各节点应检查评审的内容及评价的标准。在项目各节点，供应商应组织具有相关经验和能力的人员进行质量门评审。重大关键节点必须有相应的企业内部专家参与评审，以确保项目质量。供应商所设立的质量门审核节点和审核内容，应包含但不限于顾客所要求的内容。在汽车行业主要体现在后期给顾客提交的 PPAP 报告中。

对于顾客有要求参与的节点评审，供应商必须提前通知顾客。在质量门审核中，针对质量门审核的各项内容的评价有三种结论：

1）通过，工作及输出物满足标准及预期要求，无质量风险。

2）风险通过，工作及输出物不满足要求，有一般质量风险。但应同时满足：风险原因已经明确，并制定了相应措施；经过评估能在顾客所要求的期限内改进完成，不影响整个项目进度；改进措施经审核组评估是预期有效的。

3）不通过，工作或实物不满足要求，存在较大质量风险，或风险原因不明确，或尚未明确相应改进措施，不能满足顾客的要求。

对质量门审核的结论，只有当所有交付物的评审结论为通过时，质量门的审核结论才为通过。当所有交付物的审核结论中存在风险通过项时，质量门的总体审核结论为风险通过。当各项交付物的审核结论存在不通过时，质量门总体审核结论为不通过。

当质量门审核为风险通过或不通过时，如存在影响顾客的项目总体进展或存在影响顾客产品质量的风险时，须及时通知顾客，以共同努力减低或消除相应风险。

3. 质量部门参与项目开发过程中的全过程质量管理

供应商的质量部门应对项目过程中影响质量的各项工作进行全程参与或主动控制，为整个项目的顺利进行提供质量保证。

1）质量部门必须参与的工作有：产品 QFD、DFMEA、DVP（设计验证计划）编制，过程 QFD、PFMEA、控制计划编制，设备验收，验证试验和试生产过程各质量问题的分析和整改措施的制定。

2）质量部门需要主导的工作有：试生产过程的过程审核和产品审核，设备能力研究，测量系统分析（MSA），样件的检测以及材料和性能试验。

3）推荐质量部门应参与的工作：产品设计评审（Design Review）、过程设计评审、设备采购技术协议评审、零部件开发设计任务书评审、供应商产品设计评审、设备供应商的设备/工装/模具的设计评审等。

4. 质量绩效管理

质量部门根据项目质量目标和项目阶段的各项工作的质量实效,对各责任部门进行绩效评价,提请供应商的高层领导对各部门进行奖惩管理,以推进项目更顺利进行。

5.3 项目策划与概念设计过程

5.3.1 项目策划与概念设计过程流程图

项目策划与概念设计过程流程图如图5-2所示。

供应商在收到顾客的项目输入后,应在内部传递到各相关部门,并召开内部评审。经与顾客交流就项目输入达成一致后,即开始项目策划和概念设计。

5.3.2 项目可行性分析与研究

供应商的新产品开发项目应建立在严谨的可行性分析基础上。在实现双赢的基础上,对产品合理报价,确定项目立项。既要保证产品价格在行业的竞争性,也要满足供应商的可持续发展要求。

供应商在进行商务报价前,应充分了解顾客要求,对产品实现的可行性进行全面评估。产品概念设计前应进行技术可行性分析,产品概念设计后应进行资源可行性分析、经济可行性分析。

技术可行性分析包括产品设计可行性分析、工艺设计可行性分析、专利风险分析三个方面。

产品设计可行性分析包括:供应商的产品设计能力在行业内的领先程度,如技术是否有创新、是否前沿、是否成熟等;对产品技术的掌握程度,如团队是否具有开发同类产品经验团队骨干成员是否具有开发同类或类似产品经验,是否有外部支持资源等。如果借助外部设计资源,包括独立的设计咨询公司和分供方产品设计,则需要分析合作设计方的经验与能力、供应商如何管控外部设计的质量、是否存在合作风险等。

工艺设计可行性分析包括:供应商工艺设计能力在行业内的领先程度,如技术是否有创新、是否前沿、是否成熟等;对工艺技术的掌握程度,如团队是否具有开发同类或类似工艺的经验,团队的骨干成员是否有开发同类或类似工艺过程的经验,是否有外部支持资源等。如果借助外部资源,包括独立的咨询设计公司或有设计责任的工装、模具供应商,则需要分析合作方的经验与能力、供应商如何管控外部设计的质量、是否存在合作与配合的风险等。

专利风险分析是指在对同类产品设计专利系统性排查的基础上,分析是否存在侵犯专利风险。如果存在专利风险,应采取专利规避措施。

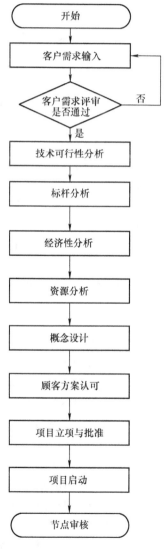

图5-2 项目策划与概念设计过程流程图

资源可行性分析包括开发资源、生产资源、质量检测和试验资源分析。开发资源包括设计计算及模拟验证计算平台、数模及绘图平台、样件加工制造设施、验证试验台架资源、相关工程技术团队的人力资源等。生产资源包括生产设备、工装夹具、模具治具、物流设施及场地等硬件资源，以及熟练的操作人员和设施维护维修人员等人力资源。质量检测和试验资源是指生产时用于质量控制的检测设施和试验设施。

资源可行性分析是分析现有资源是否能够满足新项目的要求，一般需要明确现有资源的数量和状态、现有开发项目和在生产项目对资源的占用情况、剩余的资源可否满足新项目的要求，如需添置资源则需要分析硬件资源的添置成本、周期以及人力资源的招聘、培训等相关进度是否能满足新项目需求。

经济可行性分析应从一次性投资费用和单件产品的成本收益分析两个角度对项目的经济性进行评价。

5.3.3 产品的标杆分析

产品的标杆分析（Benchmarking）是指为了提升产品设计的工作效率而借鉴其他企业的设计经验，对标杆产品所进行的测试和分析工作。在标杆分析时，不应以借鉴标杆产品的设计结果为目标，更应借鉴标杆产品的技术方案选择的原理、产品特性选择的设计思路。因而在标杆分析中，应注意：

1）应利用功能树分析（FTA）和产品QFD分析标杆产品的工作原理，识别顾客要求的功能和性能以及影响功能和性能的下级系统的产品特性，以便有目的地选择所需试验和检测的项目，并参考对标杆产品上下级产品特性在量值上的函数影响关系。

2）应尽可能选择同级别多家企业的标杆产品同时进行对标分析，以便能够横向对比。比较分析各标杆产品在功能实现的技术方案选择、产品失效可能性、工艺性、材料和加工成本等方面各自的优缺点，以便产品设计人员在产品设计时针对各项功能的实现、产品设计方案的选择更加灵活。

3）应采取跨部门项目小组的形式来开展标杆分析工作，小组成员应至少包括产品设计、工艺设计、质量、采购、生产、售后服务等部门的专业技术人员。

5.3.4 概念设计

概念设计包括产品概念设计、过程概念设计、质量目标和质量保证方案策划。

产品概念设计即项目开展初期的产品方案设计，应明确产品的技术方案选择、产品主体结构、主要功能性能指标、下级系统或零部件的主要指标、关键零部件的材料选择等。在产品概念设计的同时即应开展概念设计阶段的产品 QFD 和 DFMEA。

过程概念设计即项目开展初期的过程方案设计，应明确自制外购方案、生产工序步骤及加工内容、关键工位的技术方案选择、关键过程特性的控制方案等。在过程概念设计阶段即应开展概念设计阶段的过程 QFD 及 PFMEA。

供应商所策划的质量目标应符合顾客的要求，并应在内部分解到责任部门。

质量保证方案应具备系统性，并针对目前质量管理体系现状的薄弱点的改进做重点描述。

在概念设计阶段，工艺性分析和产品概念设计应同步进行。对于无产品设计职责的供应商，也应有过程概念设计、质量目标和质量保证方案策划的职责。

5.4 产品设计与验证

5.4.1 产品设计与验证过程流程图

产品设计与验证过程流程图如图 5-3 所示。

在产品设计的同时,产品设计部门应组织跨部门的项目小组,开展产品 QFD、DFMEA 工作。

通过 DFMEA 来策划产品 DVP。产品设计验证主要包括三个阶段的验证:模拟计算产品设计验证、手工样件产品设计验证、工装样件产品设计验证。每经过一个阶段的设计验证,都需优化产品设计,都标志着产品设计的成熟度具有实质性的进展。同时,手工样件加工、装配过程,也可以验证产品的可加工性、可制造性、可装配性。

产品设计冻结在产品设计和验证工作中是非常重要的概念,但很多企业往往对此重视不够。产品设计冻结是指产品设计通过了两个阶段的产品设计验证(即模拟计算产品设计验证及手工样件产品设计验证),标志着产品设计已经成熟,颠覆性产品设计更改的风险已经排除。产品设计冻结后,工艺过程设计将相应冻结,与产品设计直接相关的设备、工装、模具可以开始制造加工。如产品设计冻结后再发生产品设计更改,将可能带来设备、工装、模具的更改或报废,增加项目成本,延长项目周期。

因此,顾客要求有产品设计责任的供应商在产品技术方案选择和产品设计计算中必须严谨,应组建项目小组平行开展产品功能树分析及产品设计的 QFD,保证一次性产品设计的准确性;并应基于产品 QFD 编制 DFMEA 和 DVP,以提高产品设计验证策划的系统性和全面性。供应商须建立模拟计算产品设计验证的平台,并应持续提升模拟计算产品设计验证能力,结合模拟计算产品设计验证和手工样件产品设计验证提高对产品设计风险的发现能力,保证产品设计冻结时的产品设计成熟度。

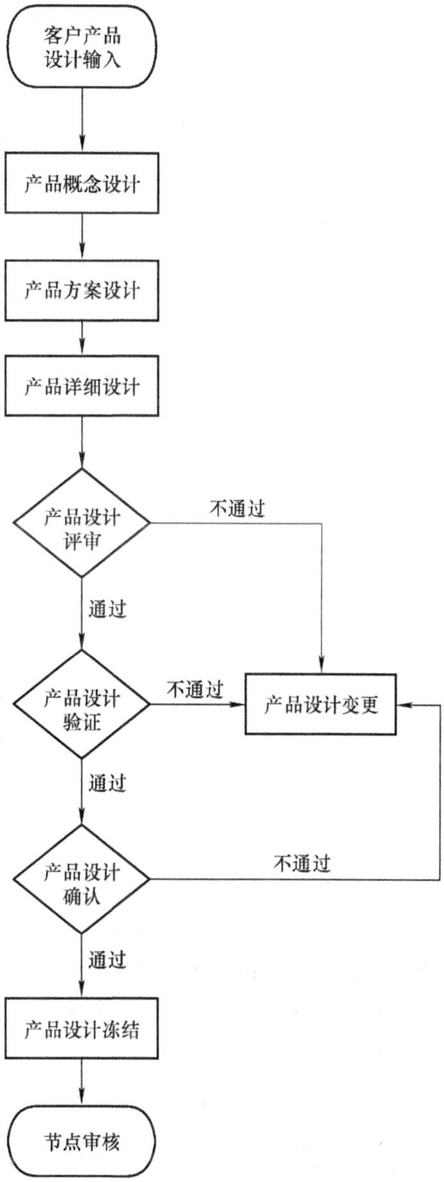

图 5-3 产品设计与验证过程流程图

5.4.2 产品质量功能展开

产品 QFD 是产品设计阶段将顾客对产品功能性能的要求及法律法规、行业标准等方面的要求转化为产品特性要求的一种质量工具。复杂结构产品应按结构层级逐层进行产品 QFD,将上级系统功能要求分解到下层子系统的功能要求,直至分解到单个零部件的性能、尺寸、几何公差、材料理化性能等要求。

简化的产品 QFD 表格形式如图 5-4 所示，表格主体结构分为五个部分：

（1）产品的功能性能要求（目的要求） 是指所分析的产品对象在系统级的总体功能性能要求，是产品设计所要实现的目的。

（2）功能性能的重要性系数 一般用 1、3、5、7、9 来评价功能性能的重要性等级，9 代表安全功能，7 代表关键功能，5 代表重要功能，3 代表一般功能，1 代表几乎无功能影响的功能。

（3）下级系统的功能性能或零部件的产品特性（技术手段） 是实现总成产品功能性能的技术手段。

（4）相关性矩阵 是技术手段和目的要求之间影响关系的定量化评价，9 代表强相关，3 代表中等相关，1 代表弱相关，不相关则不填写。

（5）质量影响系数 代表作为技术手段的子系统或零部件的产品对产品质量的综合性影响程度，是利用功能的重要性系数与相关性矩阵的矩阵相乘所得的结果。质量影响系数越高，代表该项产品特性越重要。

	重要性系数	子系统产品特性 a	子系统产品特性 b	子系统产品特性 c	子系统产品特性 d	子系统产品特性 e	子系统产品特性 f	子系统产品特性 g
系统功能1		9	1		9	1	3	9
系统功能2		3	9	3		3	9	1
⋮								
质量影响系数		36	9	81	18	27	118	3

图 5-4 产品 QFD 示意图

产品 QFD 的重要作用至少有四个方面：①在选择产品特性具体的公差值时，可以同时兼顾其所影响的各项功能；②用于识别产品特殊特性；③用于帮助在 DFMEA 中识别所有的预期功能及影响各预期功能的所有产品特性，以便 DFMEA 尽可能不漏项；④在产品设计变更时，当针对某项功能的改进而优化某产品特性指标时，容易识别发生更改的产品特性所影响的其他功能，从而更方便识别设计更改所带来的风险。

产品 QFD 可以利用产品的结构树分析和功能树分析来完成。

5.4.3 产品特殊特性的识别与管理

产品特性是指描述产品技术和质量要求的、在产品上可以测量和检验的关键技术指标及质量状态。

根据产品特性的重要性程度，应对产品特性划分重要性等级，识别产品特殊特性，以便在后续产品设计、过程控制中针对不同重要性等级的产品特性策划不同的设计手段及试验验证和控制检测方法。

产品特性的重要性等级划分依据：①其所影响的功能的重要性等级；②其对功能的影响

程度。

产品的功能是从最终顾客和直接顾客所要求、所需要、所感知的功能和性能来分级的,产品的功能包括:

1) 安全功能:对终端使用者和顾客生产操作人员的人身安全有直接或间接影响的功能;法律、法规所要求的功能。

2) 关键功能:对产品的驱动、行驶、操控、财产安全有影响的功能;绝大多数顾客所普遍认为不可缺少的功能。

3) 重要功能:一般顾客都比较在乎的功能,包括舒适性要求的功能,如座椅、音响、空调、寿命影响等。

4) 一般功能:是对上述功能无直接影响的功能,如化妆灯、顶灯、部件的饰盖等。

基于功能重要性等级的划分,相应的产品特性可分为以下几类:

1) 安全产品特性(S),是指对顾客所关注的安全功能、法律法规的要求有影响的产品特性。

2) 关键产品特性(A),是指对顾客所要求的关键功能有影响的产品特性。

3) 重要产品特性(B),是指对顾客所要求的重要功能有影响的产品特性。

4) 一般产品特性(C),是指对上述功能无直接影响的产品特性。

以上安全产品特性、关键产品特性、重要产品特性统称为产品特殊特性。

依据产品结构层级,产品特性也是分层级的,例如系统级、子系统级、总成级、分总成级、零件级。上级系统的产品特性是由若干下级系统的产品特性共同实现的。

供应商应制定产品特殊特性清单。产品特殊特性清单应包括特殊特性名称、要求(公称值、公差值)、等级、标识(S、A、B)等。推荐利用产品 QFD 来识别产品特殊特性。

5.4.4 设计失效模式与影响分析

DFMEA 的目的是最大限度地保证各种潜在失效风险及相关的起因或机理得到充分的考虑,从而最大程度地减少或消除潜在隐患,最大程度地降低产品潜在的失效风险或后期更改风险,降低产品开发成本的同时实现产品预期要求。

DFMEA 须由跨部门的项目小组来完成,小组应包括但不限于产品设计、质量部门、工艺部门、制造部门、售后服务等部门。

传统的 DFMEA 编制方法主要是经验数据积累的方法和头脑风暴法,目前比较好的 DFMEA 编制方法是结合结构树分析、功能树分析、失效树分析、参数图、方块图、界面矩阵图等工具来完善 DFMEA,可以利用产品 QFD 做预期功能的失效模式分析,利用界面矩阵图作非预期功能失效模式分析,结合经验数据库对上述的正向分析进行补充和完善。

DFMEA、QFD 为动态文件,在产品概念设计时开始实施,随着产品详细设计不断完善,在模拟计算产品设计验证、手工样件产品设计验证、工装样件产品设计验证后需要根据产品设计验证所发现的问题进行设计优化,并重新审核、修订产品 QFD 和 DFMEA。

5.4.5 面向 X 性设计与可追溯性分析

面向 X 性设计主要包括可制造性、可加工性、可装配性,可测试性等的分析,主要是指产品的设计结构、尺寸公差等在生产加工过程中可实现的难易程度。面向 X 性设计应至少包含以下几个方面:

1) 产品设计结构的可实现性。
2) 材料选用的合理性。

3）产品尺寸公差的适应性。
4）错装、漏装风险可识别性和易识别性。
5）与其他型号产品的生产设备、工装的可共用性、可共线性。

面向 X 性设计是指对产品结构是否有利于产品铸造、锻造、加工、冲压、装配等过程的实现而进行分析、计算、验证的活动。供应商应在项目策划阶段须明确工艺性分析的工作任务、责任，并完善相应流程、制度和方法。

面向 X 性设计应由工艺设计部门主导，以同步工程方式开展。在产品概念设计前应给产品设计部门以工艺性要求的输入。在产品设计的各个阶段，产品设计部门应把产品设计记录传递给工艺设计部门。工艺设计部门对产品结构从工艺过程的角度进行评审确认，必要时提出改进意见。随着产品设计和工艺设计的不断深入和完善，产品工艺性分析应当持续进行。

为便于在批量质量问题处理和产品召回时明确产品责任、确定问题产品范围、分析解决质量问题，须建立追溯性系统。追溯性系统分为产品追溯性标识、包装标签追溯性信息、生产批次追溯性记录、关键质量信息追溯性记录和存档四个方面。

可追溯性分析包括：
1）识别需做永久性可追溯标识的零部件。
2）零部件标识的信息内容。
3）标识的形式及标识是否会对零部件性能造成影响，如何规避。
4）标识实现的工艺方法及其在工艺过程中是否有质量风险。
5）识别特殊特性和特殊过程特性中哪些特性需要监控并存档记录。
6）特殊特性监控和存档记录的方式、方法确定。

顾客、供应商及分供方都须建立有效的追溯性系统。在概念设计阶段即开始可追溯性分析，在详细设计阶段对可追溯性分析进行细化，并在 DFMEA 和 PFMEA 中加以识别和分析。

5.4.6 产品设计验证计划

DVP 是验证所设计选择的技术方案以及产品特性所选择的公差机理及公差范围是否满足所要求的功能性能的系列验证活动。

供应商应制订适宜的产品 DVP，其内容应包含：
1）哪些功能性能的验证项目，什么阶段进行（模拟计算产品设计验证、手工样件产品设计验证、工装样件产品设计验证），以及具体的时间计划。
2）如何进行每个验证项目的具体策划，包括数字建模条件、试验样件样机要求、试验设施、产品工作的边界条件、装配条件、输入要求、所需检测检验的功能和性能、所遵照的标准、判定合格条件等。

DVP 应该由产品设计责任方的跨部门 DFMEA 项目小组来策划。有产品设计责任的供应商策划的 DVP 项目，应在顾客明确要求项目的基础上补充 DFMEA 的其他需要验证的内容。DVP 须提交顾客并得到顾客产品设计工程师和 SQE 的确认。

5.4.7 模拟计算产品设计验证

利用产品的数字模型并给予相应的装配条件、边界条件及工作输入条件，使产品在计算机模拟环境中运行，以验证在所设计选择的产品特性条件下相应的功能和性能是否满足顾客的要求。供应商应具备模拟计算产品设计验证的能力，并不断提升其产品设计验证的效果。

常见的模拟计算产品设计验证包括强度分析、温度场分析、流场分析、应力场分析、振动模态分析、性能计算等。模拟计算产品设计验证应依据 DVP 内容执行，并尽可能覆盖产品 QFD、

DFMEA 所识别的功能性能要求。

供应商应不断完善提升模拟计算产品设计验证能力，以尽可能在手工样件产品设计验证、工装样件产品设计验证前发现产品设计的风险，以缩短项目的周期，减少设计更改造成样件制作的成本。

5.4.8 工程样件的制作

工程样件的种类可分为：

1）手工样件：用于产品设计试验验证，是在正式批量生产的模具、设备、工装开始制造前利用非正式量产的方法加工制作的软模件或快速成型件。

2）离线工装样件（Offline OTS）：如用批量生产的模具铸造的毛坯、用试制设备或者试制工装制作的样件。

3）工装样件（OTS）：用于验证产品设计、工艺设计、生产设施的制造、安装、调试，是用批量生产的模具、设备工装、夹具刀具、加工参数加工制造的样件。

供应商应在顾客发放样件图样及订单后，按照需求计划（包括时间节点、数量）提交符合顾客要求的样件。供应商在向顾客交付样件前应对样件编号、检测确认并出具相应的检测报告。检测报告上的编号应与零部件编号保持一致，以保证可追溯性要求。

在样件检测中如果发现不合格项，供应商内部产品设计工程师和质量工程师要进行评审，必要时重新制作样件。如果供应商内部评审结论为放行，应在样件发运前得到顾客产品设计工程师的确认。对于工装样件，还需要得到顾客 SQE 的确认。

样件包装方案应在样件提交之前得到顾客产品设计工程师的确认。顾客采购部门在订单上明确样件的接收责任人，产品设计工程师对手工样件进行确认，工装样件由顾客产品设计工程师和 SQE 共同确认。

5.4.9 样件试验验证管理

为保证产品设计的技术方案选择、产品特性公差值及其公差的选择能够满足产品的功能性能要求，满足使用寿命和可靠性要求，除了模拟计算产品设计验证外，还需要进行样件试验验证。

产品设计的试验验证按照样件的加工方式可分为手工样件试验验证和工装样件试验验证。

手工样件试验验证的目的是在批量生产所需要的设备、模具、工装开始加工制造之前，要验证产品设计的质量风险，需要用非批量生产的方法所加工制造的快速成型件、软模件等进行试验。

工装样件试验验证是在设备安装调试之后，用批量生产的设备、模具、工装以及加工参数所生产的样件进行的试验，其目的既有对产品设计的验证，也有对工艺设计的验证，还包括对生产设施是否符合工艺要求的验证。

供应商在策划 DVP 时，应综合考虑样件制作成本、样件加工精度、模具工装更改风险等因素，策划在手工样件阶段和工装样件阶段所须开展的试验项目。

试验验证按照其开展的场所可分为供应商处试验部分和顾客处试验部分。供应商处主要是以零部件级别的试验为主，在顾客有特殊要求或者有条件的情况下应建立整机试验；顾客处是以整机试验为主，也会进行零部件级的试验验证。不同层级的试验验证各有优缺点，相互补充。零部件级的试验可能存在因装配条件、边界条件、输入条件的分析和设置与实际状态有偏差而带来的试验测试误差。这需在整机试验或者搭载整车试验来弥补。在整机或整车试验中零部件所承受的试验条件不可能覆盖其所有极限条件，因而风险不能得到充分、全面的验证，这必须在零部件级试验上验证。

因而在供应商策划 DVP 时，须同时策划零部件级的验证试验和搭载整机的验证试验。其中，搭载整机的试验应纳入到顾客 DVP 整体计划中。不论是对手工样件还是对工装样件的试验，双方都应对产品验证过程的信息和结果及时互相通报。

供应商应保留试验数据及相关试验依据，以备顾客现场检查。在产品设计验证过程中发现问题时，应对问题项进行深入分析、查找真正原并制定改进措施。如涉及产品和过程的更改，改进后需再次组织试验验证，在 DFMEA 及 PFMEA 中应相应改进完善。

供应商处的设计验证试验报告须提交顾客产品设计工程师和 SQE 审核。顾客产品设计工程师、SQE 可以到供应商试验现场考察，以了解供应商试验进行情况。

顾客处的手工样件试验认可结论和工装样件试验认可结论须由顾客产品设计责任工程师出具正式认可报告，发送给供应商及顾客 SQE。

5.4.10 产品设计评审

产品设计评审是指利用专家资源对项目团队的工程师产品设计进行技术把关、审核和确认的过程。有产品设计责任的供应商须在产品设计和验证的不同阶段及时进行产品设计评审，以确认产品设计和验证过程是可靠的。

产品设计评审的主要对象包括：

1）评审产品设计记录，评审技术方案的选择是否为最适合的。

2）评审产品设计记录，评审产品特性参数范围是否明确，参数范围的选择是否合理。依据产品原理分析，对影响每个功能的参数是否都已识别，参数的重要性等级是否划分正确，针对特殊特性所给出的公差是否合理，公差确定的方法是否合理（是经过严谨的设计计算还是用对比分析的方法）。

3）评审 QFD、DFMEA，评审功能识别是否存在漏项，影响功能的产品特性识别是否存在漏项，评审失效模式、失效影响、失效原因识别是否全面不漏项，评审预防措施和探测措施的策划是否合理，风险评价是否准确。

4）评审 DVP，评审 DFMEA 中所识别的风险是否都得到了验证，所策划的验证方法是否合理。

5）评审模拟计算验证报告和试验验证报告，评审产品设计验证是否严格按照 DVP 执行；评审设计验证中所发现问题的分析方法是否合理，改进措施是否合理，改进后的验证方法是否合理。

产品设计评审应形成报告，针对具体的审核对象及审核项目进行逐项的确认，对有问题的项目形成问题清单，并对问题的分析、改进、再验证进行跟踪和确认。产品设计评审报告及问题分析和整改措施应存档。

针对安全件、关键件、重要件，顾客必要时会参与供应商对项目前期设计的评审。通常在前期开发协议签订前，顾客会同供应商约定参与产品设计评审的时机和程度。

5.4.11 产品设计的确认与发布

顾客产品设计工程师具有产品设计发布的职责。当产品设计责任为供应商时，顾客产品设计工程师需要在产品开发过程中多次对供应商的产品设计进行确认：

1）在概念设计阶段，需要对概念设计阶段的 3D 数模进行确认，以确保供应商的概念设计与顾客总体的设计相符合。

2）在详细设计阶段，需要对详细设计阶段的 3D 数模和经过模拟计算验证的 2D 详细设计进行确认，并确认发布手工样件用产品设计记录。

3）在手工样件试验验证后，需要根据手工样件的试验验证结论发布产品设计冻结报告给供应商，并确认发布生产设施准备用产品设计记录。

4）在工装样件试验验证认可后，根据工装样件的试验验证结论发布工装样件认可报告给供应商，并确认发布试生产用产品设计记录。

5）在试生产结束后，根据小批量试装试产加工单所确认的结论，确认并发布批量生产用产品设计记录。

如果为顾客产品设计责任，则顾客在不同阶段直接发放图样给供应商；如果为供应商产品设计责任，则由供应商在不同阶段的产品设计升级后发给顾客产品设计工程师，顾客产品设计工程师确认后再正式发放给供应商。

5.5 过程设计与验证

5.5.1 过程设计与验证工作流程图

供应商应按 APQP 要求进行过程的设计开发，并按要求进行验证和评审，以确保批量量产后供货的产品质量的一致性和稳定性，满足顾客的要求。过程设计与验证工作流程图如图 5-5 所示。

5.5.2 过程设计的常见交付件

过程设计的常见交付件包括但不限于：①过程流程图；②平面布置图；③工艺流程图；④QFD；⑤过程特殊特性清单；⑥PFMEA；⑦控制计划；⑧作业指导书；⑨测量系统分析计划；⑩初始过程能力研究计划；⑪包装规格书；⑫设备、模具、工装治具、量检具清单；⑬设备、模具、工装治具、量检具图样。

5.5.3 过程流程图与平面布置图

过程流程图主要是用来表述产品实现的工艺过程，是用于分析产品加工步骤和加工次序的工具。过程流程图的策划应统筹产品设计的要求、生产产能及节拍的要求、过程稳定的要求等。过程流程图应尽可能借鉴类似产品的工艺工程，并尽量减少不增值的过程。

过程流程图的编制应体现六大基本要素，即加工步骤、检验步骤、返工路线、搬运方式、储存、产品和过程特性。过程流程图应体现始于原材料的投入、终于顾客处入库的全过程。

平面布置图是依据过程流程图和实际生产现场，对加工工位布局、检验工位布局、物流路线等进行规划的工具。平面布置图的规划应尽量考虑如下几个方面：

1）场地最优利用，作业空间的增值利用，如采用 U 型

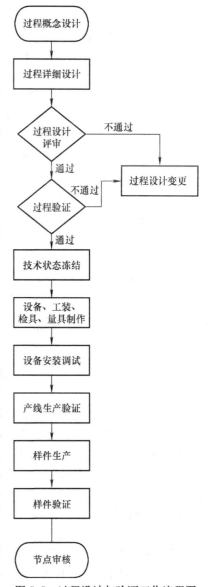

图 5-5 过程设计与验证工作流程图

生产线、立体仓储布局等。
2）合理的环境规划，如照明充分、温湿度适宜、噪声达标等。
3）保证安全作业半径，如熔炼设备的热辐射对其他设备的影响半径等。
4）最短的作业流程（不准交叉线路，防止混料）。
5）最少仓储量和周转周期。
6）人机工程，保证人（作业者、运搬者等）的动作、作业的安全、顺畅进行。

供应商应尽量对生产过程进行增值劳动比例分析，在保证产品与过程稳定的前提下，降低成本空间，减少不增值的劳动。

5.5.4 作业标准指导书

作业标准指导书（SOP）是过程工艺设计人员用来表达产品制造工艺方案的技术语言。它依据过程流程图对过程各个步骤的工艺方案进行规划，包括加工制造技术方案的选择、定位夹紧方案的策划、关键过程控制参数、加工方式、加工设备、辅助工装要求等的策划。

SOP是过程设计初期的重要输出，工艺设计人员利用工艺卡片或工艺简图，向跨部门的PFMEA项目小组表达和展示工艺方案，以便于进行充分评审。项目小组成员通过工艺卡片或工艺简图分析影响产品特性的过程特性，进而分析失效模式和失效原因，策划合理的预防措施和探测措施。同时，便于设备、工装、辅具、刀具等设施的制造方通过工艺卡片或工艺简图了解工艺过程，策划设施的技术要求，便于设施的设计。

SOP以工位为单位进行编制，主要内容因工艺特点而不同，一般包括：
1）工序号以及工序名称。
2）刀具、夹具、量检具、辅具等设施。
3）加工定位、夹紧位置。
4）模具开模方案、铸造流道方案。
5）加工步骤、次序以及各个加工步骤的工艺参数要求。
6）主要加工产品的特性以及对产品特性必要的检测和预防措施。

5.5.5 过程质量功能展开

过程QFD是过程设计阶段将产品特性要求转化为过程要素和过程特性要求的一种质量工具。过程QFD逐个工位进行，每个工位按照过程的工作原理把本工位的产品特性要求逐层分解到过程特性要求，直至分解到过程中可以直接控制、直接测量的硬件设施的状态和精度、动态工艺参数、操作动作要领、作为过程输入的来料产品特性要求等。

简化的过程QFD表格形式如图5-6所示，表格主体结构分为五个部分：

（1）产品的特性　是指所分析工位所要产生的产品的特性及可能影响的产品特性。

（2）产品特性的重要性系数　一般用1、3、5、7、9来评价产品特性的重要性等级，9代表安全产品特性，7代表关键产品特性，5代表重要产品特性，3代表一般产品特性，1代表几乎无功能影响的产品特性。

（3）过程输入特性　是本工位实现加工制造过程的技术手段，包括设备、模具、工装、刀具等硬件设施的精度，动态工艺参数，辅助系统的状态和参数，来料产品特性，环境特性等。

（4）相关性矩阵　是作为技术手段的过程输入与作为目的和过程输出的产品特性之间影响关系的定量化评价，9代表强相关，3代表中等相关，1代表弱相关，不相关则不填写。

（5）质量影响系数　代表作为技术手段的过程输入对产品质量的综合性影响程度，是利用

第5章 供应商先期产品质量管理

重要性系数	过程输入特性a	过程输入特性b	过程输入特性c	过程输入特性d	过程输入特性e	过程输入特性f	过程输入特性g	…
产品特性1	9	1		9	1	3	9		…
产品特性2	3	9	3		3		9	1	…
⋮									
质量影响系数		36	9	81	18	27	118	3	…

图 5-6　过程 QFD 示意图

产品特性的重要性系数与相关性矩阵的矩阵相乘所得的结果。质量影响系数越高，代表该项过程特性越重要。

过程 QFD 的重要作用至少有四个方面：在选择过程特性具体的公差值时，可以同时兼顾其所影响的各产品特性；用于识别过程特殊特性；用于帮助在 PFMEA 中识别所有的预期功能及影响各预期功能的所有过程输入特性，以便失效模式及失效原因分析尽可能不漏项；在过程设计变更时，当针对某项过程功能的改进而优化某过程输入特性时，容易识别所发生更改的过程输入特性所影响的其他过程功能，从而更方便识别设计更改所带来的风险。

每个工位应编制一张过程 QFD 表。过程 QFD 可以利用过程的功能树分析来完成。

5.5.6　过程特性清单

过程特性是指生产过程中影响产品特性的过程技术参数。供应商必须组织 PFMEA 项目小组对影响产品特性的过程特性进行识别，并根据相关的产品特性重要性等级及其对产品特性的影响程度进行重要性评级，编制过程特殊特性清单。供应商应利用顾客所规定的特殊符号或供应商内部的等效符号进行标识，以区分过程特性的重要性等级。

（1）过程特性的种类

1）硬件设施的状态和精度，例如设备、工装、模具、刀具、工具、辅具等硬件的状态和精度，一般需要在设施预防性预见性维护保养中加以管控。

2）动态工艺参数，例如加工速度、刀具转速、刀补设定值、电压、电流、温度、流速、压力等，一般利用设备程序控制或利用设备参数设定进行控制。

3）辅助变量及辅助系统状态，例如加紧工装的液压/气压、工装/模具的清洁度、切削液的压力/温度/清洁度，一般在设备日常点检中加以管控。

4）操作动作要领，一般在标准化作业中加以规范。

5）作为过程输入的来料产品特性，例如加工余量、定位孔/面的精度、材料硬度等，一般传递给此前工序的过程中加以控制。

6）环境变量，例如环境温度、湿度、空气清洁度、地面振动干扰等。

此处的过程特性，因包含了来料的产品特性，所以是广义的过程特性，更贴切的叫法应该是

"过程输入特性"。

(2) 过程特性的重要性等级及其标识

1) 安全过程特性（标识为 S）是指对安全产品特性有直接影响或中度影响的过程特性。

2) 关键过程特性（标识为 A）是指对关键产品特性有直接影响的过程特性。

3) 重要过程特性（标识为 B）是指对重要产品特性有直接影响或对关键产品特性有较大影响的过程特性。

4) 一般过程特性（标识为 C）是指对安全、关键、重要产品特性影响不大或只对一般产品特性有影响的过程特性。

过程特殊特性主要包含安全过程特性、关键过程特性、重要过程特性。供应商应使用恰当的方法对各个加工工位的过程特殊特性进行识别。常见的分析工具有头脑风暴法、过程原理分析、过程 QFD、PFMEA、特性矩阵分析等。对于顾客强烈推荐使用过程 QFD 对过程特殊特性进行分析。

过程特殊特性识别完成后，供应商应编制过程特殊特性清单。过程特殊特性清单应按照过程流程图，对各个工序、工位相关的产品特性、过程特性进行描述，包括特殊特性的名称、要求、等级、符号等，以便在控制方法策划中按照其重要性等级策划适宜的管控方案。

5.5.7 过程失效模式与影响分析

PFMEA 是帮助过程设计人员规避过程设计、设施制造调试、控制方法策划过程可能发生的潜在风险的一种质量工具。供应商应在过程设计初期组建跨部门的 PFMEA 项目小组，在过程概念设计阶段即开始，在过程详细设计阶段逐渐完善 PFMEA，确保在过程设计、设施验收方案策划、控制方法策划中对潜在风险进行早期识别并加以控制。

供应商应建立相关的管理制度，及时对过程进行潜在失效模式分析，并制订改进措施及实施计划。PFMEA 模板可参考 FMEA 手册推荐的标准模板或按照顾客提供的模板执行，一般优先参考顾客提供的。

(1) PFMEA 主要识别的三类风险

1) 工艺设计的风险，即过程设计时，对工艺方案的选择、过程各个输入要素的识别以及各过程输入特性参数范围的选择是否满足产品加工要求进行分析。工艺设计时失效模式的预防措施，主要根据工艺设计方式、方法的选择进行制定。工艺设计失效模式的探测措施，主要根据工艺验证方式、方法的选择进行制定。把针对此风险的预防措施进行汇总，将形成工艺设计指导准则。把针对此风险的探测措施进行汇总，将形成过程验证计划。

2) 设备、工装、模具加工制造和安装调试的风险。针对此风险的预防措施，主要根据生产加工设施自身精度的检测来制定。针对此风险的探测措施，主要根据对加工出的产品的检测来制定。把针对此风险的预防措施和探测措施进行汇总，将形成生产设施验收计划。

3) 控制方法策划的风险，即分析过程各个输入要素或过程输入特性在哪种变差来源的影响下会产生变化或波动，从而超出工艺设计所要求的范围进而导致产品特性不满足要求。控制方法失效模式的预防措施主要根据如何控制过程输入进行制定。控制方法失效模式的探测措施主要根据如何检测作为过程输出的产品特性进行制定。把针对此风险的预防措施和探测措施进行汇总，将形成控制计划。

(2) 针对 PFMEA 的基本要求

1) PFMEA 是动态文件，要求供应商在过程概念设计阶段开始，在过程详细设计阶段完善，在手工样件制作、模拟计算过程验证、设施安装调试、产线生产验证、OTS 生产、批量试生产等阶段进行更新。量产后每次发生过程质量问题后也应及时更新。

2）PFMEA 应由过程设计责任部门组织，跨部门项目小组共同进行。

3）PFMEA 的输入要充分，通常包括 DFMEA、过程流程图、工艺简图、以往类似产品的 PFMEA、过程 QFD、产品特殊特性清单、过程特殊特性清单、同类或类似工艺过程的经验数据库等。

4）PFMEA 应对过程流程图所有的过程步骤进行分析，除加工制造过程外，还应包括仓储、搬运、流转、检验检测等过程步骤。

5）PFMEA 应对所有的产品特殊特性和过程特殊特性进行分析。

6）供应商应采用适当的工具或方法（如头脑风暴法、经验数据库）进行潜在失效模式分析。强烈建议供应商基于 QFD 进行预期功能的潜在失效模式分析，基于界面矩阵图进行非预期的潜在失效模式分析，并利用经验数据库补充上述正向分析的不足。

7）PFMEA 中分析小组应根据严重度（S）、频度（O）、探测度（D）评分的值，计算出措施优先级（AP）的值，按照矩阵表查找该风险属于高风险（H）、中风险（M）还是低风险（L）并采取对应的处理措施。

5.5.8 控制计划

控制计划是对生产加工过程质量控制方案的全方位、系统性策划，包括对过程输入的各要素、参数的管控方法的策划，以及对过程输出的产品特性的检验、检测方法的策划。

供应商跨部门 PFMEA 项目小组应负责控制计划的编制和修订，控制计划主要是根据 PFMEA 中对过程稳定性控制方面的风险分析和控制方法策划的结果来编制的。控制计划的接收对象是质量工程师、设备工程师、模具工程师、工艺工程师、生产管理工程师。根据控制计划编制产品的检验作业指导书和检验记录表、设备预防性保养作业指导书和记录表、设备点检作业指导书和设备点检记录表、刀具调整图、模具预防性预见性维护作业指导书和预防性预见性维护保养记录表、换型作业指导书和换型点检表、工艺参数表、标准化作业指导书等操作指导性文件及记录表单。

控制计划是一份持续动态文件，供应商应在过程详细设计阶段开始编制并随着 PFMEA 的更新而更新。可参考 APQP 手册推荐的标准模板或按照顾客提供的模板执行，一般优先参考顾客提供的。

根据过程设计与验证不同阶段的需求，各阶段控制计划的侧重点不同，见表 5-2。控制计划通常分为以下五个阶段：

（1）手工样件阶段　重点关注对作为过程输出的产品特性的检验。

（2）工装样件阶段　因在设备安装、工装调试后，刚刚经过对设施硬件精度的检测和验收，因此工装样件阶段的控制计划重点关注过程动态工艺参数、辅助系统的状态及辅助动态参数、产品特性的检测。

（3）试生产阶段　与工装样件阶段基本相同，但因连续生产的数量比工装样件多，在工装样件控制计划的基础上会增加对刀具寿命管控的内容。

（4）初期流动阶段　与量产阶段的控制计划相同，是对过程输入、输出的全方位管控。但对产品特性的检测频次、对动态工艺参数的监控频次比正常批量生产时要高。

（5）量产阶段　对过程输入、输出的全方位的管控。

表 5-2 各阶段控制计划主要覆盖范围表

阶段	过程输入				过程输出
	设备工装、模具的硬件状态及精度	刀具寿命	辅助系统的状态、辅助动态参数	动态工艺参数	产品特性
手工样件阶段					★
工装样件阶段			★	★	★
试生产阶段		★	★	★	★
初期流动阶段	★	★	★	★	★
量产阶段	★	★	★	★	★

注：★表示每个阶段控制计划中所应包含的对过程输入和输出的管控。

5.5.9 模拟计算过程验证

供应商应建立模拟计算工艺过程验证的流程、方法。在模具、工装等设施加工制作之前，以数字模拟计算的方式验证工艺过程的设计，如注塑过程的模流分析，铸造过程的流场、温度场计算及冷却收缩量计算；对复杂产品的装配过程进行动态模拟，以发现工装、工具的干涉性风险，如冲压过程的变形量计算、开裂风险计算等。

供应商应根据 PFMEA 尽可能利用模拟计算验证模具、工装等设施的设计风险，减少模具、工装的更改成本，减少因更改而造成的项目延期。

过程模拟计算的数学建模、边界条件、参数输入的设置应尽可能准确、切合实际。供应商应不断在项目实践中对比模拟计算验证的结果和实践验证的结果，不断提升模拟计算验证的准确性。

模拟计算过程验证应形成模拟计算过程验证报告，验证报告应包括数字模型的概述、关键过程输入条件、计算所得出的过程输出结果（主要指产品特性），验证报告应明确过程的输出是否符合要求、是否存在风险。模拟计算过程验证报告应得到供应商工艺设计工程师及工艺设计部门经理的签字确认。

5.5.10 过程设计评审

过程设计评审是指供应商利用自身的专家资源对工程师过程设计中的各个输出进行技术把关、审核和确认的过程。供应商应在过程设计和验证的各个阶段及时进行评审，以确认过程设计的输出是否满足过程设计的目标和要求。

过程设计评审至少包括以下内容：

（1）评审过程设计记录　评审加工步序的策划、技术方案的选择、设备的选型、工装和模具方案的选择是否为最适合的。

（2）评审产品设计记录　评审过程特性参数范围是否明确，参数范围的选择方法是否合理。依据对工艺过程的原理分析，对影响每个过程功能的过程要素和过程输入参数是否都已识别，参数的重要性等级是否划分正确，针对特殊特性所给出的公称值和公差值是否合理，确定的方法是否合理（是经过严谨的设计计算，还是基于经验，或是参考设备模具工装厂家的推荐等）。

(3) 评审过程 QFD、PFMEA 评审过程功能的识别是否存在漏项，影响过程功能的过程输入特性识别、变差来源的识别是否存在漏项；评审过程特性的重要性等级评价是否合理；评审失效模式、失效影响、失效原因识别是否全面不漏项；评审预防措施和探测措施的策划是否合理，风险评价是否准确，降低高风险项目的建议措施是否合理。

(4) 评审工艺验证计划 评审工艺设计中可能存在的风险是否均得到了适当的验证；评审工艺验证方案在手工样件制作、模拟计算过程验证、设施安装调试、产线生产验证及 OTS 生产、批量试生产等阶段的验证时机的选择是否合理，是否体现尽早的原则。

(5) 评审设备、工装、模具采购技术协议 评审技术协议中对产品特性的要求、技术方案的选择、关键过程特性控制方法的要求是否全面、具体、合理；是否包含了设施验收要求，设施验收的要求是否全面、具体、明确。

(6) 评审设备、工装、模具验收计划 评审设施精度检测是否以清单的形式精确到了具体的过程特殊特性，是否存在漏项，是否明确验收合格的要求；评审对加工后产品特性的检测是否以清单的形式精确到了具体的产品特殊特性，是否存在漏项，是否明确了产品特性要求及设备能力要求。

(7) 评审控制计划 评审 PFMEA 中所识别的过程稳定性控制方面的风险是否都得到了有效控制，所策划的控制方法是否可靠、合理。

(8) 评审模拟计算过程验证报告 评审模拟计算过程验证是否按照验证方案的策划进行；评审验证中所发现的问题是否得到了充分的分析，分析是否合理、到位，改进措施是否合理，改进后的再验证是否充分。

(9) 评审关键、重要的过程参数优化过程 评审在设备安装调试时关键、重要的动态工艺参数的控制范围的选择是否最优，是否利用实验设计（DOE）等工具进行了工艺参数的优化选择。

过程设计评审应形成报告，针对具体的审核对象及审核项目应进行逐项的确认，对有问题的项目形成问题清单，并对问题的分析、改进、再验证进行跟踪和确认。过程设计评审报告及问题分析和整改措施应存档。

5.5.11 过程设计冻结

过程设计冻结的前提条件是：

1）在产品设计冻结完成之后，过程设计根据产品设计冻结状态的产品设计记录进行修改和完善后。

2）过程设计经过系统、全面的模拟计算验证，模拟计算验证中所发现的问题得到分析和改进，并经过了再验证。

过程设计冻结后，供应商工艺设计部门应发放冻结状态的过程设计记录，并向设备、工装、模具供应商下达开模通知。开模通知标志着与产品直接相关的设备、模具、工装可以开始加工制造。

开模通知发放之前制造模具工装，可能会发生因过程设计变更而造成模具、工装修改甚至报废的损失。过程设计冻结、开模通知发布后，设计变更导致的损失应由变更的责任方承担。

特殊情况下，与产品设计相关性不大的、制造周期较长的标准化设备可以在开模通知下达前开始制造，但供应商应与其设备提供商共同评估风险并承担相应风险。

5.6 生产设施的准备与验收

5.6.1 生产、检验设备提供商的选择

生产设施是指用于加工制造产品的设备、模具、工装、辅具、检具等。检测设施是指用于生产过程质量控制的现场量具、检具、试验设备、精密检测设备等。

供应商应选择有能力的生产设施、检测设施提供商，应建立管理制度规范设施提供商的选择流程。设施提供商的选择流程主要包含设施提供商预选、供应商能力评价、定点评审等过程。

设施提供商预选是指供应商根据过程设计，按照生产和检测设施的要求，对潜在的设施提供商进行信息搜集和筛选的过程。设施提供商的基本信息一般包括企业基本信息、主要产品类别和型号、主要客户/市场、关键生产设备、关键试验检测设备、企业通过认证的情况、设计开发能力、质量控制能力、资质证书等。供应商需对潜在的设施提供商的基本信息进行评审，确定基本满足要求的预选设施提供商，通常预选分供方应不少于两家。

预选设施提供商确定后，供应商应对设施提供商的设计能力、加工能力、质量管理能力进行综合评价，必要时需要到设施提供商处进行现场评审。

设施提供商定点应在供应商能力评价的基础上，通过技术交流和对设施提供商方案设计的评审来完成。

针对标准化、系列化生产设备、试验设备、通用工具、通用量检具，且设施提供商的品牌已经得到行业认可时，上述设施提供商选择流程可以适当简化。

顾客推荐的设施提供商选择时，最好能够以采购、工艺设计、生产、设备维护、计量管理、现场质量等跨部门的集体评审形式进行，或以采购委员会的形式进行。

5.6.2 生产、检验设备的设计评审

供应商应建立管理制度，对设施提供商提交的生产设施和检测设施的设计进行评审，必要时需进行模拟计算过程设计验证，以尽可能识别早期风险点，减少损失。

设计评审应组织工艺设计、生产制造、质量管理、设备维护、试验检验、采购等相关部门共同评审，明确其是否可以满足各技术要求或技术协议，并提出改进建议。关键设施的设计评审可调用供应商内外部专家资源协助评审。

对于供应商设计评审，必要时进行设施设计审核和设计验证。设计审核和设计验证主要通过如下几种方式：

1）模拟计算验证，例如针对冲压模具设计的产品变形量分析、开裂风险分析、模具应力场和强度分析、受力受热变形分析等；铸造模具的模流分析、模具温度场分析、模具热疲劳分析、铸件收缩变形分析；其他生产加工过程产品和设备、工装、夹具的干涉性方面的数模匹配和动态模拟验证等。

2）采用不同的计算进行验证，如正向计算、逆向验算、基准不同的尺寸链换算等。

3）对制造单位或分供方设计计算过程进行审核，如检具计算书、工装计算书等。

4）采用类似产品使用的设施进行比较，如工装的定位基准、检测的测量基准等。

设计评审、验证、审核也应基于设备的工作原理分析、QFD、PFMEA的思路进行，必要时要求设施提供商编制设备FMEA。生产和检测设施的设计评审应及时进行，及时发现风险，防止对设施制造进度造成影响。

5.6.3 生产、检验设备的调试与优化

在生产设施安装调试时，不应仅以设备能够顺利运行并加工制造出合格产品为目标，还应同时致力于动态工艺参数的最优化。

工艺参数的最优化是指确定工艺参数的最优匹配组合，明确各工艺参数的公差范围。当工艺参数在限定范围内波动时，所加工出的产品特性始终能够保持在所要求的范围内。最优化工艺参数应同时考虑对产品质量的保证能力、加工节拍、生产成本等因素。对于工艺参数最优化选择的过程可以采用 DOE 等质量工具进行系统性策划和数据分析，以提升参数优化的效率。

5.6.4 生产、检验设备的产线生产验证

生产、检测设施现场安装调试完成后，供应商应安排对设施进行产线生产验证，以确定设施是否可以满足技术要求或技术协议要求。产线生产验证主要是验证生产过程是否能够顺利进行，所加工出的产品是否满足符合性质量要求。

产线生产验证标志着设施准备的阶段性进展。产线生产验证不仅可以验证设施是否满足使用要求，同时也可以验证产品设计的工艺性、过程工艺设计及设备操作过程规范的合理性。供应商应建立产线生产验证管理制度，在设施开发计划里明确产线生产验证的时间节点。对验证过程的记录需进行保存，风险点需进行跟踪验证闭环。产线生产验证发现的过程控制风险点以及改进情况，要及时在相关文件内进行更新，如 PFMEA、控制计划、作业指导书等。

对产线生产验证的要求如下：

1）验证所有的生产设施，新项目产品与老项目共线生产时，也应包括未进行改造的原有加工设备。

2）须指定验证操作人员，可以由设施提供商的安装调试人员操作，此节点可以不要求操作者的培训完成情况。

3）验证时采用量产时的操作规范和工艺参数。

4）验证应使用与批量生产时状态一致的零部件或原材料。

5）应由工艺部门主导验证，质量部门参与。

6）产线生产验证所加工出的产品应做全面检验检测，以验证符合性质量。

5.6.5 工装样件的生产与交付

在产线生产验证完成之后，供应商即可进行工装样件的生产。在其生产前应通知顾客 SQE，由顾客 SQE 决定在生产时是否进行现场审核。供应商应制定工装样件生产和交付的管理制度，对该过程进行监控。

工装样件的生产要求是在正式批量生产的生产设备、夹具、模具、参数条件下进行，主要加工设施必须与正式批量生产状态保持一致。若存在一些辅助加工过程与正式批量生产状态不一致，须经过顾客 SQE 进行确认。

供应商在工装样件交付前，应对工装样件进行 100% 全尺寸检验。供应商应对检验结果进行评审。如供应商评审结果为可以交付发运，须经过顾客 SQE 和产品设计工程师进行确认后方可发运。

工装样件必须符合顾客试装、试加工、试验、封样件等需求的数量。样件应在规定的包装要求下发运，防止在发运过程中样件质量受到影响。样件和样件包装的标识需清晰、明确并符合顾客要求。

供应商在提交样件时，必须同时提交符合顾客样件验收要求的尺寸、材料、性能等检测报告，并且检测报告必须经过供应商质量部门签字确认。

工装样件的生产和交付过程中发现的风险点，供应商应建立信息清单，及时跟踪验证。经工装件试验认可后，供应商必须保证后续批量生产（包括试生产）所提交的产品状态与试验认可时的工装样件状态完全一致。任何产品设计变更、分供方更改、生产场地变更、模具更改或开新模具等变更，必须通知顾客并经过顾客的重新认可。如果供应商存在两家分供方同时供货某种零部件或原材料时，则须在工装样件交付时同时提交两种状态的工装样件，并须明确通知顾客的产品设计工程师和SQE，以便顾客策划适宜的试验认可方案。

5.6.6 生产设施的验收

供应商应建立生产设施验收的管理制度，规范生产设施验收过程，验收过程相关的记录应予以保存。生产设施验收过程发现的风险，供应商应建立信息清单及时跟踪改进。

生产设施验收通常有两个阶段，即预验收和终验收。在设施制造完成后，一般在设施加工单位进行预验收。终验收一般在供应商生产现场，在设施落地安装调试、产线生产验证、设备能力调查后进行。

生产设施验收主要从设施的完整性、准确性、稳定性进行评估，验证是否符合技术要求。完整性主要是指设施和设施附件的完好、完整情况，如设备完整情况、易损易耗件清单、备品备件清单、设备保养维护管理规范、设施图样文件等。

准确性主要是指设施和设施性能同技术协议要求的符合情况，如设备关键部件和装配的精度、设备运行重复性精度、运行节拍及产能符合性、设备运行过程控制参数的准确性等。

稳定性主要通过加工后的产品质量进行验证，是指在连续条件下生产出指定数量的产品，评价其特性与设计要求的符合性。若是涉及安全、关键、重要产品特性的设备，需进行设备能力调查验证。

设备能力调查验证要满足下面的条件：

1）要求是同一批次的毛坯。
2）前道工序的预加工质量都要符合工艺要求。
3）要求同一操作工开动设备。
4）样件数量原则上有统计学意义（不得小于50件，特殊情况下不得少于20件），样件数量减少时要提高设备能力要求。
5）样件必须连续依次加工，并按加工次序编号。
6）每个零件要检测所有的产品特殊特性。
7）热机状态下且在批量生产条件下（批量生产的节拍、参数等）进行。
8）保证刀具不在初期磨损期和寿命终点。
9）没有换刀、刀具调整或其他设备参数调整，设备内置的自动测量和修正例外。
10）当影响被调查参数的设备干扰发生，应重新开始设备能力调查。
11）测量方法应该在能力调查之前在设备供应商和验收者之间就确定下来。
12）对于加工不同零件的设备，如被考核参数会受影响，应分别做设备能力调查。
13）针对加工内容相同的平行设备、单机台多工位、多模腔过程应分别进行能力调查。

通常设备能力 C_{mk} 要求比过程能力高一到二个级别。如无特殊要求，在有效测量数据 $n \geq 50$ 组时，须达到 $C_{mk} \geq 1.67$；当测量数据 $n < 50$ 组时，C_{mk} 应达到表5-3的要求。

表 5-3 样本容量和设备能力指数对照表

样本容量（组）	C_{mk}
20	≥1.93
25	≥1.85
30	≥1.79
35	≥1.75
40	≥1.72
45	≥1.69
50	≥1.67

5.6.7 检测设施、量检具的验收

供应商应建立检测设施、量检具验收的管理制度，规范验收过程，同时验收过程相关的记录应予以保存。验收过程发现的风险点，应建立信息清单，及时跟踪改进。

检测设施、量检具通常分为标准型和非标准型。

针对标准型检测设施、量检具的验收，制造方应提交符合国家鉴定要求的证书。供应商同时也应对检测设施、量检具进行适当的、必要的检测检验，如材料、尺寸等。

针对非标准型检测设施、量检具的验收，供应商应参考类似设施的国家设计规范和技术要求，同制造方商议验收条件。非标准型检测设施、量检具的验收主要包括图样、使用方法及要求、易损易耗明细、校准标定要求、维护保养要求、备品备件明细以及必要的检验检测报告等。非标准型检测设施、量检具的校准或标定，供应商必须同设施提供商进行明确。

供应商应对制造方提供的材料或检测报告进行确认，若对报告产生质疑，应委托有资质的第三方进行鉴定，确保检测设施、量检具状态完好。

涉及安全、关键及重要产品特性的检测设施、量检具的验收，须进行测量系统分析，并满足顾客要求。该类检测设施、量检具的测量系统分析和结果，应通知顾客 SQE。具体测量系统分析过程参考 MSA 手册。

5.7 批量生产过程的认可

5.7.1 批量试生产

在正式批量生产前，须进行批量试生产以验证生产过程的批量稳定性，尽可能发现生产过程批量成熟度准备的各方面风险，以保证批量生产初期的爬坡质量。

批量试生产可根据项目的周期与技术复杂度综合考虑来划分为阶段。如以日本企业为代表的研发单位通常分为 EVT 阶段、DVT 阶段、PVT 阶段，在量产前需要开展基于阶段目标的批量试生产管理。欧美国家的研发单位则按照集成产品开发（IPD）的研发路径分为 TR0～TR6 共七个主要节点来管控。无论采用哪一种管理方法，其核心思想都是通过阶段节点管理以验证阶段目标的达成状况，通过阶段节点的管理以保证量产初期和量产阶段的一致性、稳定性。

汽车产品在批量试生产时，不同的整车厂管理的细节也不相同。在此姑且将其分成两个大阶段，第一阶段习惯称为第一次批量试生产（1PP）或小批量试生产（PVS），第二阶段习惯称为第二次小批量试生产（2PP）或两天试生产（2TP）。特殊情况下，当产品和工艺过程相对比较简

单且过程的成熟度准备比较充分时,供应商在1PP前如果能够预期到过程成熟度能够直接满足2PP要求,可以向顾客SQE申请仅做一次批量试生产。

1) 1PP启动的前提条件应满足:

① 生产设备、工装、模具安装调试后,动态工艺参数初步优化完成。机加工设备、工装的设备能力研究基本完成,少部分设备能力不足的项目可以预期经过调整后满足要求。

② 检测设备、量检具安装调试完成,测量系统分析已经基本完成,少部分不能满足要求的项目预期经过调整后可以满足要求。

③ 工装样件试验认可已经完成,并得到顾客的工装样件认可报告。特殊情况下,因项目时间进度紧急,批量试生产可以与工装样件认可试验平行进行,但须得到顾客SQE许可。

④ 物流仓储区域、货架、周转料架料箱准备完成,BOM已经录入物料管理软件系统。操作性指导文件、记录表单已经编制完成并下发到使用部门。

⑤ 生产服务部门人员培训已经完成,包括设备维修维护人员、模具维修维护人员、刀具修磨人员、生产控制所需要的精密测量和试验人员。

⑥ 至少满足一个班次的整班配置数量的生产线操作人员,已经完成操作培训、产品换型培训、现场检验检测培训。

2) 2PP启动的前提条件应满足:

① 设备能力研究已经全部完成,测量系统分析全部完成,并满足要求。

② 在1PP过程审核、产品审核中所发现的所有问题的原因分析、整改措施已经完成。

③ 生产线操作人员已经按照批量生产计划所需要的多班次完成现场操作培训。

1PP所生产的产品数量一般在30~50个成品,2PP所生产的产品数量一般在100~200个成品。

对于批量试生产过程,供应商质量部门须联合生产部门共同对生产过程进行过程审核,以全面、系统评价和审核过程的质量保证能力以及生产保障能力。供应商质量部门还应对所生产出的产品进行产品审核,通过产品审核考察过程的有效性。

供应商的生产部门或工艺部门应在1PP过程中测量生产节拍,并在2PP时对节拍优化进行复测验证。

在2PP时,供应商须进行初始过程能力研究,以检测过程的稳定能力。

供应商质量部门须将试生产过程中所发现的问题形成问题清单,相关责任部门须分析原因并制定整改措施,供应商质量部门须对整改措施的落实情况进行跟踪并对效果进行验证。

5.7.2 初始过程能力研究

供应商应在试生产阶段对生产过程的批量稳定性进行调查、验收,需要进行初始过程能力研究,其研究对象为控制计划中所识别的产品特殊特性。

初始过程能力样本抽样方法、数量应满足如下要求:

1) 样本数量:应每组5只且不得少于3只,至少20组,总数量至少125个,特殊情况下总数量也不得少于30个。

2) 抽样方法:应按规则的时间间隔分多组抽样,每组数量相同,使用规定的测量方法进行检测。测量系统须预先进行测量系统分析,且满足要求。

3) 使设备进入正常运转状态,即满足正常运转所要求的温度、压力、开机预热时间等。

4) 设备应至少进行一次换刀和一次参数调整。

5) 具代表性的操作员应进行3次人员换班和3次更换操作员。

供应商应对无法达到初始过程能力要求的过程立即采取临时措施，如100%检查等，并针对此过程制定永久的纠正措施，以持续改进过程，提升过程能力。

5.7.3 小批量试装试加工

批量试生产的产品在顾客处须进行小批量试装试加工，旨在进一步验证供应商批量生产的稳定性，验证产品是否满足顾客工艺过程的要求，验证装配或加工后的产品是否能满足要求。供应商应将1PP的产品根据顾客订单需求提供给顾客进行小批量试装试加工，通常需要50个成品，特殊情况不得低于30个成品，且须得到顾客的许可。供应商须提交小批量样件相应的检验报告，检验报告按照顾客图样、顾客确认的控制计划及相关技术资料的要求，对所提供的样件进行检测、性能试验及材料分析，同时做好编号标识以便于顾客复检。顾客对供应商的样件随机抽检，抽取的对象包括供应商已检样件和未检样件。顾客现场质量工程师会对试装、试加工过程跟踪确认，签署小批量试装试产加工单，并由生产工程师、SQE会签确认。

小批量试装的发动机或变速箱总成应抽查做整机的产品审核，并作为试装试加工结论的一项判定依据体现在小批量试装试产加工单中。

顾客SQE发布小批量试装试产加工单给供应商。小批量试装试加工的结论分为合格和不合格。如为不合格，供应商须针对问题进行整改，直至有效闭环，并须再次进行试装试加工。如小批量试装试加工连续三次都为不合格，顾客将对供应商实施相关的处理。

5.7.4 批量生产的批准

顾客采用分阶段的PPAP。PPAP的五个阶段为产品设计确认、产品设计冻结、产品和过程认可、批量生产许可、初期流动管理。批量生产许可是顾客在PPAP的第四阶段，须先确认供应商具备批量生产的质量能力，才会允许供应商启动批量生产。顾客质量部门依据四个方面确认供应商具备批量生产的质量能力：工装样件试验认可结论、前四阶段的PPAP审核结论、小批量试装试加工结论、批量试生产过程审核结论。

供应商应在PPAP第四阶段随第四阶段的其他PPAP交付物同时提交由供应商管理者代表签字的零件提交保证书（PSW）。顾客SQE在对上述四个方面审核确认后，提请顾客管理者代表（顾客分管质量领导）审批，由顾客管理者代表在PSW签署批量生产许可批准。

批量生产许可的审核结论有三种：

（1）批准 是指顾客认可供应商的批量生产能力，各项工作及输出物满足标准及预期要求，无质量风险，有能力持续生产满足顾客要求的产品，允许供应商为顾客进行批量供货。

（2）临时批准 是指顾客在审核时发现有一般质量风险，但风险原因明确，并制定了相应措施，且经过评估能在顾客所要求的期限内改进完成，并经审核组评估确认改进措施预期有效，不影响批量供货。此时，供应商须立即进入初期流动阶段。

（3）拒收 是指供应商的PPAP交付物、小批量试装试加工结论、批量试生产过程审核中发现较大质量风险，或风险原因不明确，或尚未明确相应措施，不能满足顾客的批量许可条件。此时，供应商应立即对存在的问题进行整改，并待整改结束后重新进行验证评估。若再次验证未通过，将停供或取消其配套资格，并对供应商进行索赔和处罚。

顾客的采购部门只有在得到顾客管理者代表的批量生产许可批准后，才允许向供应商发放批量生产订单。

5.8 技术状态管理与知识管理

5.8.1 技术文件的管理

供应商须建立工程技术文件管控程序，明确各类工程技术文件的管控职责，规范各类工程技术文件的存档流程、发放流程、存档和保存方法及期限。

工程技术文件包括但不限于：
1）产品设计记录、过程设计记录。
2）模拟计算验证的数模、计算数据、验证报告、问题清单。
3）试验验证原始数据、报告。
4）工程更改记录、工程更改验证报告、工程更改通知单、工程更改清单。
5）样件测量和检测报告。
6）过程审核报告、产品审核报告。
7）设计评审记录。
8）客户输入的文件。
9）相关法律法规、行业标准、企业标准等。

工程技术文件控制应做到：
1）为使文件是充分与适宜的，文件发布前得到批准。
2）必要时对文件进行评审与更新，并再次批准。
3）确保文件的更改和现行修订状态得到识别。
4）确保在使用处须获得适用文件的最新版本。
5）确保文件保持清晰、易于识别。
6）确保组织所规定的策划和运行质量管理体系所需的外来文件得到识别并控制其分发。
7）防止作废文件的非预期使用，若因任何原因而保留作废文件时，须对这些文件进行适当的标识。

工程技术文件、记录的存档形式可以是纸质媒介，也可以是电子媒介记录，但应注意：
1）纸质媒介的文件、记录应考虑存放环境的要求，以避免霉变、虫蚀鼠咬、字迹消退等风险。
2）电子媒介的文件、记录应至少备份两份或两份以上进行存放，以防止媒介失效而发生的丢失。
3）文件存档周期至少涵盖产品生命周期再追加一个日历年。

5.8.2 产品、过程设计记录的版本管理

在新品开发前期，因设计更改频繁导致样件图样、文件众多，容易造成文件更改不及时、发放不到位，从而产生产品加工、制造的质量风险。供应商应按照产品设计和验证的不同阶段把产品设计记录划分成若干个版本，对其进行系统性的升级，确保最新状态的产品设计记录得以及时确认和发放。

产品设计记录应按照产品设计和验证的不同阶段，划分为四个产品设计版本状态：
1）手工样件用图，也称为 A 版产品设计记录，应在模拟计算验证通过后发布，用来加工、

制造手工样件。

2）生产设施准备用图，也称为B版产品设计记录，应在手工样件验证通过后发布，用来作为设备、工装、模具制造的依据，并用来加工、制造工装样件。

3）试生产用图，也称为C版的设计记录，应在工装样件验证通过后发布，用来加工、制造试生产样件。

4）批量生产用图，也称为D版的设计文件，应在试生产件经过顾客的小批量试装试加工后，并且试生产样件搭载整机台架试验、车辆路试验证通过后发布，用来加工、制造批量生产产品。

有产品设计责任的供应商应在产品设计、验证得到确认后，将经过优化后的产品设计记录发给顾客签字确认，并在得到反馈后及时升级图样版本状态。没有产品设计责任的供应商，应根据顾客发放的图样及时升级图样版本状态。若供应商未及时收到升级的信息应及时与顾客沟通交流，以便得到最新版设计记录。

在新品开发前期，供应商存在大量的过程设计变更，若未及时更新过程设计记录，同样会导致产生产品加工、制造的质量风险。因此，过程设计记录文件的版本应在产品设计记录文件版本升级时同步更新，确保加工、制造所使用的过程设计记录为最新版本。供应商可以参考顾客对产品设计记录的版本管控制度，自行确定过程设计记录的版本规定。

5.8.3 样机状态的管理

在新产品开发初期，因优化产品设计而带来各种产品设计变更，造成多种技术状态样件同时存在于生产现场、试验室、检测室、库房等场所。为保证样件不被错拿错用，带来试验的误差以及不恰当流出给顾客造成的质量风险，供应商应建立起样件状态管控机制，确保各个阶段的样件得以妥善管理。供应商应规范样件的标识、存放区域、存放周期、防护方法等。样件标识是指以标识卡形式悬挂于样件上，以标注出样件的信息，标识内容包括样件阶段名称、数量、图样状态和加工状态（手工样件、离线工装样件、工装样件）等。

供应商应建立专门的样件存放区域，并区分各阶段样件。供应商应对样件做好防尘、防锈等措施。

对于OTS封样件，应建立专门的存储区域或库房，做好长期保存的防尘、防锈、防磕碰等措施。对于不易存放的、性质会随时间变化造成失效的散装材料，可以不保存工装样件，但应保存其工装样件生产时的生产记录、配方记录、过程参数记录等信息，以备需要时可以再现OTS批准状态。

在SOP节点时，供应商应对手工样件、工装样件、试生产样件等及时评审，并建立适宜的封存和销毁制度，确保样件不被错拿错用。手工样件、工装样件、1PP样件如果需要在批量生产阶段交付给顾客，则须要得到顾客SQE的许可。

5.8.4 项目知识的管理

供应商应建立知识管理系统，对知识、信息的获得、创造、整合、保存、更新等过程加以管理。

建立知识管理系统有助于供应商提升价值创造的能力水平。知识库中常见的内容有：

1）国家标准、行业标准、企业标准等。

2）竞争产品分析报告。

3）对标企业的技术标准、技术文件、工作方法等。

4）相关产品技术、工艺技术知识。
5）FMEA（DFMEA、PFMEA）。
6）设计、工艺优化。
7）防错装置和技术。
8）经验数据库。
9）变化点管理。

供应商应在内部以及与顾客共享知识管理系统，使其在以下时机得到充分利用：
1）新品开发时。
2）质量预防、改善时。
3）培训学习时。

5.9 二级供应商的管理

5.9.1 二级供应商的质量资质要求

本书中二级供应商即指分供方。

供应商须以符合顾客要求为目的进行分供方开发，并建立起合格分供方清单以及分供方管理制度。供应商有责任把顾客的要求向整个供应链系统进行逐级传递。对于顾客指定的分供方，供应商也具有分供方质量管理的责任。

有产品设计责任的分供方必须通过 IATF 16949：2016 认证。没有产品设计责任的分供方至少须通过 ISO 9001：2015 质量体系认证。提供关键件和重要件的分供方应通过 IATF 16949：2016 质量体系认证。

特殊情况下，对于无产品设计责任且工艺过程比较简单的分供方，暂没有能力通过 ISO 9001：2015 质量体系认证时，供应商须在分供方定点前通知顾客并得到顾客 SQE 的许可。

5.9.2 二级供应商的选择原则与要求

供应商须建立分供方的选择制度并形成文件，明确对分供方的选择方法和流程。分供方的选择可分为四个阶段：

（1）分供方的预选　是指供应商采购部门或产品设计部门应依据合格分供方资源库，推荐 3~4 家预选分供方并完成分供方信函调查，初步建立推荐分供方清单。

（2）预选分供方的评价　是指供应商采购部门应组织设计部门和质量部门对推荐清单中的分供方的技术、质量、生产制造、试验验证、成本控制等方面能力进行评价，建立预选分供方清单。若存在有从未合作过的或与先前合作供应的零部件有较大差异的分供方，须由供应商采购部门、产品设计部门和质量部门联合现场评价，即进行潜在分供方审核。

（3）方案评价　若分供方有产品设计责任，供应商应对分供方的产品设计方案、过程设计方案、质量目标和质量控制方案进行审核。若分供方无产品设计责任，供应商应对分供方的过程设计方案、质量目标和质量控制方案进行审核。

（4）分供方定点　供应商应根据分供方的能力评价以及方案评审的结果确定分供方定点。

5.9.3 二级供应商的设计评审与确认

供应商须建立对分供方产品、过程设计进行评审与确认的方法和管理制度。

对具有产品设计责任的分供方,须对分供方的产品设计记录、DFMEA、DVP 等进行审核和确认,对分供方所提供的样件进行验证和试验,确保分供方的产品设计符合顾客要求。避免在产品设计冻结、过程设计冻结后产生设计变更,避免因产品设计变更而造成的质量风险发生。须对分供方的过程概念设计、过程详细设计等进行审核和确认,特别是针对分供方生产过程的关键工位的设备方案选择、模具和工装设计、量检具方案选择、关键过程特性的控制方法等进行审核和确认。必要时对分供方的产线生产验证、试生产等过程进行现场审核,确保分供方过程设计得到充分验证。应避免分供方在模具、设备、工装制造完成后,因过程设计变更而造成的成本、进度和质量风险的发生。

5.9.4 二级供应商样件的验收

供应商应建立相应的制度,对分供方各个阶段的样件,包括手工样件、工装样件、小批量试生产样件,进行检测和验收,以确保样件满足设计要求。

分供方须确保样件提交符合供应商对不同阶段的验收要求。样件的标识、数量、包装应满足要求。在提交样件的同时,须提交尺寸检测报告、性能检测报告、材料检测报告。手工样件和工装样件要求进行全尺寸测量,检测样本需编号并做标识,并与检测报告中样本编号相对应。

供应商须策划各个阶段样件的检测方案,包括抽样方法、样本大小、检测设备等,并对分供方提供的样件进行检测。样件检测合格是样件验收的基本条件。当样件检测不合格时,供应商须对不合格项进行评审并确定处置方案。

5.9.5 二级供应商的批量生产确认

供应商应建立完善的分供方 PPAP,对分供方进行批量生产认可,以确定其是否能持续提供满足要求的产品,并应根据不同产品或分供方的能力,确定生产件批准的方法。

分供方的批量生产认可通常根据分供方样件的试验验证、小批量试装试加工、PPAP 文件评审、试生产过程审核的评审,以确定其是否具有批量生产的质量能力。

对于提供散装材料的分供方,如钢板、线材、化学品等,批量生产认可的方法可参照 AIAG《生产件批准手册》第 4 版对于散装材料的生产件批准要求。

对暂时没有能力通过 ISO 9001:2015 质量体系认证且提交 PPAP 有困难的分供方,供应商应通过以下方式,确保分供方批量生产过程的稳定:

1) 对分供方的过程设计、工艺方案的选择、设备工装的设计、控制计划等进行审核和确认。

2) 与分供方共同确定并固化作业指导文件,并要求分供方严格执行。

3) 经常性进行分供方过程审核。根据分供方的管控能力和过程稳定程度确定审核频次,每月至少一次。

4) 增加频次且严格的入库检验,针对关键项和风险项须 100% 检验。

5) 限期要求分供方持续改进提升质量管理水平,以通过 ISO 9001:2015 质量体系的认证。

第6章 供应商批量生产质量管理

批量生产过程中生产的产品因具有批量性,其质量控制显得尤为重要。在样件验证阶段和小批量试产阶段很多产品一致性问题得不到充分的验证,而在批量生产中各种异常就陆续发生。曾经有人戏称:"量产才是质量问题暴露的开始。"可见,批量生产过程的质量管理非常重要。常见的批量质量控制方法一般包括来料质量检验、生产过程中的驻厂检验以及供应商质量管理体系的定期审核。不同规模的企业,可以根据自身的实际情况以及对产品质量要求的不同,实施不同的批量质量控制方法。同时,根据对供应商的生产过程开展关键控制点管理,以加强对供应商过程质量的控制,形成检防结合的模式,以早期识别供应商端的质量状况,有效做好源头管理。

6.1 批量生产概述

6.1.1 批量生产的概念

批量生产是指企业(或车间)在一定时期内一次性产出一定数量的在质量、结构和制造方法上完全相同的产品(或零部件),是具有多品种加工能力、成批量轮番加工制造产品的生产类型,其批量大小不一,一般同时采用专用设备及通用设备进行生产。

6.1.2 批量生产的分类

按每种产品每次投入生产的数量,可将批量生产分为大批量生产(大量生产运作)、中批量生产和小批量生产(也称为单件生产)三种,如图 6-1 所示。

1. 大批量生产

大批量生产又被称为重复生产,是那种生产大批量标准化产品的生产类型。生产商可能需要负责整个产品系列的原料,并且在生产线上跟踪和记录原料的使用情况。此外,生产商还要在长时期内关注质量问题,以避免某一类型产品的质量逐步退化。虽然在连续的生产过程中,各种费用,如原料费用、机器费用,会发生重叠而很难明确分清,但为了管理需要仍然要求划分清楚。

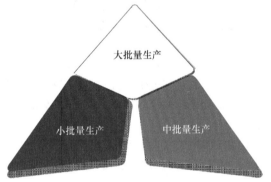

图 6-1 批量生产的分类

大批量生产类型往往用倒冲法(Back Flush)来计算原材料的使用。所谓倒冲法是根据已生产的装配件产量,通过展开物料清单,将用于该装配件或子装配件的零部件或原材料数量从库存中冲减掉。它基于通过计算得出的平均值,而不是实际值。大批量生产类型需要计划生产的批次,留出适当的间隔,以便对某些设备进行修理。

属于大批量生产类型的产品有:笔、用于固定物品的装置(如拉链)、轮胎、纸制品、绝大多数消费品。适用于大批量生产类型需要的物料控制信息系统(ERP)需要具备如下关键模块或功能：大批量生产、倒冲法管理原料、高级库存管理、跟踪管理和电子数据交换（EDI）。此外，那些生产健康和安全用品的企业则有更高的要求，可能需要对原料来源、原料使用、产品的购买者等信息进行全面的跟踪和管理。

大批量生产的行业主要有电子装配、家电产品、各种电器等。

（1）大批量生产的优势

1）设计方面：从设计到出产的整个生产周期短，从而加快资金周转。

2）工艺方面：缩短工艺准备周期，人力、物力消耗少，成本低。

3）生产组织方面：可进行精细分工，用人少，机械化、自动化水平高，出产率高，劳动生产率高。

4）生产管理方面：便于且宜于制定准确的工时定额，易掌控生产进度，产品质量高而稳定。

（2）大批量生产的劣势　以牺牲产品的多样性为代价；生产线的初始投入大；建设周期长；刚性，无法适应变化越来越快的市场需求和激烈的竞争。

2. 小批量生产

小批量生产是指生产的单件产品基本上是小批量需求的专用产品的生产。小批量生产是典型的订货型生产（MTO），其特点与单件生产相近，习惯上合称为单件小批量生产。

因此从某种意义上来说，单件小批量生产的说法比较符合企业的实际情况，是由定制产品（如定制服装和水力发电用涡轮机等）的单件生产和小批量生产单位组成的。

（1）小批量生产的优势

1）产品的创新性与独特性，满足客户的个性化要求。

2）可以在一台设备上完成多个工步，单一生产线建设的投入少。

3）为新的生产活动在研究与试制阶段（即其结构、性能、规格还要做各种改进的时候）提供试验手段。

（2）小批量生产的劣势

1）设计方面：产品设计制造周期长，资金周转慢，订货期长。

2）工艺方面：所需人员多，材料消耗不准，成本高。

3）生产组织方面：只能进行粗略分工，不宜使用通用化设备，效率低，工作转换时间长，劳动生产率低。

4）生产管理方面：只能粗略制定工时定额，不易建立长期稳定的协作关系，交货期和产品质量不易保证。

3. 中批量生产

中批量生产的特点介于大批量生产与小批量生产之间，是一种折中的生产方式选择，在实际生产中较常见，无明显优劣。

6.2　初期流动管理

6.2.1　初期流动管理的目的

初期流动管理是指在批量生产初期对产品和过程按照专门制定的管控流程、方法实施加严检验和管理，以及时发现可能的风险并及时采取相应的措施，避免顾客和供应商的损失。针对初期流动管理阶段所发现的问题和风险，供应商须深入到控制方法、管理制度、流程和规范、人员能力和执行力管控的层面进行深度的改进,以实现稳健的批量生产过程质量控制能力。

供应商应重点关注进入初期流动管理的时机、流动管理的检验方案制定、产品初期流动管理的数量或周期的要求、检验人员、区域与标识、发运要求以及初期流动管理的退出条件。

6.2.2 初期流动管理的时机

初期流动管理的检验周期为 PPAP 批准后产品批量投产后的前 3~6 个月。除非顾客 SQE 有特殊规定,否则初期流动管理应至少覆盖不低于 3 个月的生产或 2000 件的数量。

顾客 SQE 会根据潜在供应商评价、PPAP 审核、试生产过程审核等对供应商的质量管控能力进行评价,提出初期流动管理的需求,包括但不限于以下条件的供应商是初期流动管理的目标:
1) 达产审核风险通过的供应商。
2) 顾客认定为高风险的供应商。
3) 市场/现场 PPM 值较高、出现较大波动的供应商。
4) 市场/现场 PPM 值连续 3 个月超标的供应商。
5) 出现过重大质量事故的供应商。
6) 零部件受控发运或受限使用后恢复的供应商。

供应商在接到顾客 SQE 关于初期流动管理的通知函时,应立刻组织展开制定初期流动管理的检验方案。

6.2.3 初期流动检验方案的制定

根据涉及的产品需要关注的事项,须明确初期流动检验(也称为遏制检验)负责人并成立初期流动检验小组。对生产过程中高风险的工序须建立初期流动检验点,编制初期流动检验方案,同时应将方案反馈给顾客 SQE 并得到最终批准。

初期流动检验方案应包括:
1) 明确需要控制的产品和过程特性。
2) 针对工艺特殊性,明确常见缺陷的检验、试验项目,如铸造过程的砂眼、气孔等。
3) 针对同类产品或类似产品在市场上出现的故障模式、过往问题,进行加严检验和控制,如顾客售后服务、顾客生产现场、顾客审核、供应商内部生产过程、内部审核等情况下发现的质量问题。
4) 对影响产品质量的分供方提出特殊要求,如对原材料/外协件进行初期流动检验,初期流动检验期须对分供方的产品、过程、体系进行审核。
5) 建立与批量生产、检查相对独立的初期流动检验区域。
6) 培训并确保初期流动检验人员的资质满足要求。
7) 产品检验频次要求。原则上应进行 100% 检验,如果客观上不能进行 100% 的检验,如破坏性试验等,应该加强检验频次。
8) 产品标识的要求。供应商对加强标识的检查,包括分供方产品标识、供方内部流转标识、产品发运标识。
9) 建立信息化看板管理,将已发生的缺陷说明或照片、每日生产合格率表、问题清单及控制措施、断点等信息进行实时更新。

供应商应根据以上要求制定:初期流动检验计划、管控方法;初期流动检验人员岗前培训;初期流动检验用质量标准、作业指导书、极限样件;初期流动检验用工具和设备等。

6.2.4 初期流动阶段的检验

初期流动管理的实施地点在供应商处，由供应商质量部门主导展开，顾客质量部门对初期流动管理中的质量管理进行管控和评估。

为保证初期流动检验有序进行，供应商应严格遵守初期流动检验控制要求：

1）对检验人员、频次、项目、方法等进行监督。
2）不能在初期流动检验区内进行产品返工，返工须在单独返工区域内进行。
3）在初期流动检验的信息管理看板上及时更新不合格项的统计、改进措施及其行动计划和状态，以明示检验结果。
4）供应商每日组织会议评审相关质量数据和结果，并得到管理层签字确认，确保纠正措施有效。
5）当发现不合格品时，应对过程采取遏制措施，分析问题的根本原因并实施标准化。
6）建立日清管理制度，以及时解决在初期流动检验中发现的质量问题，避免因质量问题升级而造成顾客投诉，同时提高工作效率、执行率，实现当日工作当日毕。

6.2.5 初期流动管理的发运

为表明发运产品经过初期流动检验并满足初期流动检验要求，供应商应在发运的产品及包装上做明显标识并附送产品的加严检验报告。例如，可以在发运的产品外箱上做验收标识（贴绿色标签）等以标示该类产品的状态。

对于未达到性能或尺寸要求的产品，供应商应先进行内部评审，发运前与顾客沟通联系，并得到顾客 SQE 的发运许可。此批次产品的发运要求：

1）产品必须与合格品有明显区分标识。
2）检验报告上必须附带不符合项内容说明。
3）提出让步接收申请并由管理者代表签署确认加盖单位公章。

6.2.6 初期流动管理的退出

原则上初期流动管理的检验周期为批量生产许可后前 3~6 个月，若供应商在初期流动管理期间的质量表现稳定，符合退出要求，满足如下条件可在实施 3 个月时向顾客 SQE 提出退出申请：

1）初期流动检验期间顾客处未发现不合格品。
2）供应商初期流动检验区内未持续发现或无批量不合格品。
3）因工艺特殊性导致的不合格率在既定的 PPM 值以内。
4）至少覆盖生产 2000 件的数量。

供应商在初期流动检验期发现质量问题，不可提前退出。若质量问题得到有效控制，可在 6 个月后提出退出申请。

对于正常提出退出申请按照相关流程规范审批进行。

退出申请须至少提前一周向顾客提出，顾客 SQE 根据初期流动检验期的质量表现和评价，决定是否需要对供应商实施现场审核。结论有如下两种：

1）审核通过，退出初期流动管理。
2）审核不通过，继续执行初期流动管理活动，并有权对供应商提出增加初期流动检验数量或延长周期。

6.3 供方生产过程关键点管理

供方生产过程关键点管理如图 6-2 所示。

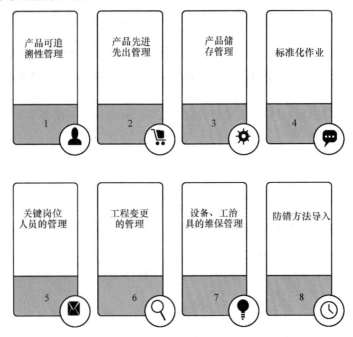

图 6-2 供方生产过程关键点管理

6.3.1 产品可追溯性管理

完善的追溯性系统便于分析风险发生时的记录,为风险判定、措施制定提供准确的信息,同时也可以有效控制产品质量风险的范围,明确风险产品的断点,使供应商和顾客处理质量风险时有的放矢,使风险可控。所以,供应商、分供方和顾客都要建立有效的追溯性系统。

追溯性系统分为产品追溯性系统和过程追溯性系统。

产品追溯性系统是通过打印、刻印、铸造、粘贴等方法在产品本体上做标识,包括产品图号、生产日期、供应商代码、模具号、模腔号、批次号等。产品追溯性标识是产品的关键特性,主要用来明确产品的基本信息。产品追溯性标识应保证清晰可辨,且不会在产品使用期限内磨损、丢失。若顾客对其有特殊要求,供应商必须遵守。若产品追溯性标识发生变更或产品追溯性标识代表的产品规格发生变更,都必须经过顾客的批准,如标识代码变更、产品材料变更、产品版本升级、开发复制模、返修件标识等。

过程追溯性系统主要包括包装上的物流追溯性标识、追溯性信息记录和关键质量信息,主要用来追溯生产过程变异导致的过程断点。过程追溯性系统要与产品追溯性系统保持对应,方便在断点查询时确定最小的、可信的断点区间。过程追溯性系统主要由供应商按照风险控制的能力和生产过程特性进行策划。

包装上的物流追溯性标识是针对过程中周转料架料箱、产品包装的标识,主要用来明确产品的当前状态。当产品状态发生变化时,该标识同时要进行变更。例如,产品从上道工序流转到下道工序时,随行卡上的产品追溯性信息要进行变更;返修件的包装箱上应进行特殊标记等。

追溯性信息记录包含两个方面：

1）从原材料入库至产成品发运到顾客仓库为止的过程中所有发生的产品领用、交付，在更换包装标签时须对原标签上的追溯性信息进行记录，如原材料批次、锡炉号、模具号、生产时间班次等应进行记录，并能保证与产成品的生产日期、批次等信息相对应。在发生批次追溯性信息变化时，应确保追溯性信息的连贯性，使变化前后的追溯性信息相对应。追溯性记录应尽可能识别出产品和生产过程中的所有变异点，以减少断点区间，提高追溯性系统的分辨能力，保证追溯性信息和过程与产品断点区间信息一一对应。

2）在过程要素发生变化时，例如人员更换、换刀、设备参数调整等，应记录相应的变化点信息。

关键质量信息记录主要是针对产品的特殊特性，即影响产品特殊特性的过程特殊特性的质量信息记录。与安全功能、关键功能、法律法规相关的特性必须做到100%记录，并且可以追溯到具体到件的产品，即产品须建立唯一性标识，特殊特性的记录能够与产品唯一性标识号相对应。针对重要特性，顾客保留确定最小断点的权利，供应商需依据过程能力和控制风险的能力，策划和制定追溯断点的大小，即可以做到精确到批次的可追溯性管理。供应商应策划这些重要特性质量信息记录和保存方式。

6.3.2 产品先进先出管理

先进先出（FIFO）是为了保证产品在流转和加工过程中先生产、先入库、先发运、先使用而制定的原则。其主要目的是保证物料在生产链中有顺序、有计划并连续地流转和加工，方便在需要时对可追溯性断点进行识别，尽可能减小发生批量不合格甚至召回时产品追溯的范围。

先进先出必须在整个生产链各生产过程各个环节进行体现，主要包括内部流转、不同现场之间的产品流转，还包括生产使用过程。为保证先进先出，供应商应提供必备的资源建立相应的管理制度，建立能够满足先进先出要求的仓储空间，完善相应的仓储管理制度。先进先出必须从原材料接收、入库、存放、配送到线开始，并在制品流转、产成品入库、保存和发运等全过程实施控制。建议供应商采用ERP对物料进行管控。

仓储空间和相应的仓储管理制度应包括物料标识规范、区域性定置管理、目视化看板管理等。同时，仓储物料区域的场地规划、物料货架的布置等，要利于先进先出。

6.3.3 产品储存管理

物料仓储和周转是各个生产现场衔接的重要环节，要求物料仓储和周转必须满足物料的质量、数量，防止错拿错用、磕碰、污染、锈蚀、变质等风险发生，并能够保证批次管理和先进先出。

供应商应通过物料仓储环境的设计和物料包装的设计，来保证物料在仓储和流转过程的质量。供应商必须根据物料的特性设计恰当的仓储环境，如易燃易爆品的防静电要求，橡胶制品的温度、湿度、透光性等要求，化学药品的防腐蚀要求，电子产品的防尘要求、清洁度要求等。包装包括公司内部周转包装和发运顾客的包装。物料包装设计必须以产品质量保证为前提，同时要考虑仓储的条件、流转方便等要素，如防止磕碰、防尘防锈、防叠压损伤要求、货架高度、流转单元重量、标识要求、可回收要求、环保要求等。供应商应在仓储和周转过程中，规定物料摆放要求和搬运规则，防止磕碰、跌落。针对有质量质保期的物料，供应商必须进行登记、统计，进行有效的保质期管理。

供应商应规范物料标识，采用定置管理等方法防止物料错发错用，保证批次管理和先进先出管理。供应商应对公司内部的物流加工过程进行总体规划,以减少物流距离和周转过程的交叉。设置合理的物料仓储空间,最好能够设置专门的接收和发运区域。仓储空间要合理布置,定置定物,目视化管理。物料的摆放和标识应能够利于先进先出管理。仓储空间应同生产现场隔离,原则上不允许在仓储空间内进行返工、返修,应确保仓储空间内产品状态一致。

原材料物料管理人员最好能够按照生产计划的使用数量,定量配送到线。配送和发运过程须符合先进先出管理原则。配送和发运前必须对物料进行检查、确认。

供应商应统计物料使用数量的波动,在保证生产的前提下建立合理的安全库存,缩短物料周转期,精益化生产。

6.3.4 标准化作业

操作者的生产作业过程应标准化,可以增强作业的可执行性和可预测性,并可以保证生产过程的安全、质量和生产效率,减少人为的变差,以使过程保持稳定。

供应商应根据现场实际情况,按照工艺要求和控制计划,策划并验证现场操作的标准化作业,编制 SOP;应鼓励操作者参与标准化作业制定和 SOP 的编写过程。标准化作业应考虑人机工程,尽量减少不增值的动作,降低操作工劳动强度,优化生产作业。

SOP 主要包括:①加工制造作业的操作指导书;②产品换型、换模、换刀作业指导书;③设备点检作业指导书;④产品检验指导书等。

SOP 应图文并茂、易于理解,并对主要的风险点进行突出说明。对 SOP 文件应适时维护,确保文件对现场作业的指导性。

6.3.5 关键岗位人员的管理

供应商应尽可能减少生产过程受到操作者人员变化的影响,应培训上岗、定岗定职。供应商应分析识别各操作岗位人员的工作任务,根据工作任务清单识别各岗位应知应会知识。

在测评人员现有知识、技能基础上,对比应知应会,策划岗位培训需求。培训教材、培训教具、培训方法、培训师资、考评方法、考评师资应相对固化,以减少培训过程变化所引起的变差。培训教材可以采用各类 SOP 文件。

应识别关键岗位,并制定顶岗人员的培训培养制度。激励绩效政策应向关键岗位和具备关键岗位定岗能力倾斜,以确保关键岗位的稳定。

关键岗位的识别主要从如下几个方面考虑:
1) 岗位作业内容对产品质量有重要影响。
2) 人员流失会影响生产过程的正常进行或对产品质量有较大影响。
3) 岗位培训周期较长,成本较高。
4) 符合岗位要求的人才在人才市场比较稀缺,难以及时找到。

同时将关键岗位人员的管理纳入供应商变更管理中,因为关键岗位人员的变化对产品批量生产过程的质量波动是巨大的,需要高度关注。

6.3.6 工程变更的管理

工程变更(ECN)包括产品变更和过程变更,工程变更管理不当会带来大量质量风险。供应商必须建立一个完整的流程和管理制度,确保所有的工程变更经过评审、验证、批准、有效落实,并得到跟踪和确认。

供应商须对工程变更进行评审、评估:

1）产品变更的制造可行性和工艺性影响。
2）产品变更所必需的设备、模具、工装、刀具的准备。
3）变更对质量和生产的影响风险。
4）过程变更带来的产品特性的影响。
5）变更所需要的验证方案。
6）变更前产品的处置方案。
7）变更实施计划等。

对工程变更的评审，须邀请所有与变更相关的部门参加，必要时成立跨部门项目小组进行讨论，确保评审的充分性。供应商应及时评审顾客的工程变更，通常顾客发布变更要求后需要及时组织相关团队人员进行评审，并反馈给顾客。

不论是供应商内部变更还是顾客变更，都必须经过验证、批准后才可以实施。供应商内部变更有义务和责任通知顾客，并得到顾客的批准。供应商工程变更须遵守顾客PPAP文件中对供应商工程变更的验证和批准的要求，必要时提交工程变更的PPAP文件。顾客有权利对工程变更进行监督、检查、审核。供应商须保存工程更改过程所有支持性的验证数据，这些验证数据包括必需的尺寸报告、功能试验报告、更改前/后的过程参数、更新过的PPAP文件、更改通知、产品设计记录、工艺方案、FMEA、控制计划等。

供应商在工程变更验证批准后，须按计划完成对变更过程的实施，并由质量部门对变更实施过程进行监督跟踪。供应商应对变更前后产生的产品断点进行追溯性记录。

在供应商或其分供方处所发生的任何未通知顾客或未经顾客批准的过程变更，产生的风险都由供应商承担，顾客视风险的大小拥有进一步采取措施的权利，如召回、市场活动等，同时供应商的业绩、诚信评价将会受到影响。

6.3.7 设备、工治具维保管理

设备、模具与工装是生产过程的关键输入，是生产产品的必备硬件条件，其设备状态和精度是否稳定受控，直接影响过程的稳定性和产品的合格率。

供应商需要组建专业的维护团队，建立针对设备、模具、工装的监控、维护、保养制度。供应商应对设备、模具、工装进行编号，并要建立必要的履历档案。这些必要的档案至少包括图样（包括备品备件图样）、技术要求、验收检测记录、累计使用寿命、使用车间或使用者、完好状态、保养维护规范及其记录、故障信息及维修记录等。供应商应确定设备、模具、工装相关易损件、消耗品明细，建立备品备件仓储空间，建立相应的仓储管理制度，并设定安全库存。

供应商应从设备、模具、工装的使用监控、故障维修、保养维护三个方面进行管理。使用监控的管理重点是，供应商应识别、策划保障设备正常运行的控制点，制定对控制点的监控方法和监控频次，并对设备运行波动进行预测，适时调整，保证其运行的稳定受控，如制定设备点检记录表并定期检查。同时，供应商应根据生产过程的重要程度或设备的可替换性识别关键设备，对设备进行分级管理，对关键设备重点监控。供应商应尽可能策划并应用设备、模具、工装的自我诊断、偏差报警、安全防护、参数自动化控制等手段，以实现设备自身的防错，提高监控探测度。

故障维修管理主要是指，供应商应具备在设备、模具、工装发生非预期的故障时制定应急措施和预警警示的制度，以提示生产过程进行控制或限期改进。除维修外，供应商应对非预期的故障进行统计，分析原因并制定改进预防措施，减少类似故障的发生概率，持续改进。

保养维护内容包含预见性保养维护内容和预防性保养维护内容。预见性保养维护主要是指针

对磨损、精度丧失等可能带来质量风险项目的维护。预防性保养维护主要是指针对功能丧失等可能导致停线损失项目的维护。针对保养维护内容，应编制保养规范。保养规范应按不同的设备、模具、工装的要求分别进行编制，并能突出明确到具体的需要检测的参数或需要检查确认的项目。供应商应编制设备、模具、工装的年度、季度、月度等不同等级的保养计划，该保养计划应基于保养维护的内容、使用频次、使用时间等制订。各级的保养计划需策划具体的负责人、保养项目、保养周期等。

预见性保养维护通常由跨部门的 PFMEA 团队进行系统性分析和策划，并在控制计划中统一明确，然后由设备维护人员根据控制计划纳入到设备维护保养策划中。预见性保养维护通常须对影响产品特性的设施精度和状态进行数据测量和调整。常见的影响产品特性的设备、工装、模具精度有：模具导柱的平行度、动定模的平面度、工装定位部位的尺寸、工装钻套的孔径尺寸、加工中心主轴精度、磨床的水平度、车床主轴跳动、旋转工作平台重复性精度等。

预防性保养维护通常由设备维护部门根据设备工作原理并参考设备使用手册和保养手册等资料进行编制策划，主要针对易损部位、易损部件进行定期维护和更换，如空气压缩机滤芯更换、设备润滑油加注、液压设备液压油的更换、加热设备电阻丝的更换、模具销子定期更换、模具定期去应力、工装密封件的定期更换、喷枪的定期清洗、抛丸机丸子定期更换等。预见性和预防性的保养维护均须由有资质的人员进行，须对保养维护及检测结果进行记录并存档。

6.3.8 防错方法导入

供应商在控制方法策划时，应优先考虑采用防错方法对生产过程进行控制，减少生产过程对人员的依赖，保证生产过程稳定。防错方法一般采用防呆法，也称为愚巧法、Poka - Yoke（日文拼音）。

防错是为防止制造不合格品或防止不合格品流出而进行的产品和制造过程的设计和开发。防错分为产品防错和过程防错，过程防错又分为工序前、工序中、工序后的防错。产品防错就是在产品设计时其结构设计可以有效防止零部件的错装、反装、漏装等过程风险，例如消除零部件的方向性区别、采用非对称螺栓孔、设置干涉点使反装难以实现等。

工序前防错的重点是对过程的输入进行检测、监控，防止不合格品的制造。例如，工装设置增加了限位销，防止产品因装反、移位而导致加工不良；利用指示灯加红外探测，以保证不同分组号的轴瓦装配正确。

工序中防错的重点是对过程中的动态工艺参数进行实时监控、及时报警。例如，在压装过盈配合零件时，对压装压力和行程进行监控，设置合理的监控报警值，在发现异常时自动报警，这样可以监控过盈量超差或配合面有异物卡滞的风险。再例如，对采用纯扭矩法拧紧的螺栓，对其拧紧的转角进行监测并设定报警值，在达到目标扭矩时如果转角过大或过小，设备自动判定异常并报警，这样可以监控螺栓刚性、硬度、强度、摩擦系数的异常变化，以及螺孔深度不足、螺孔有金属屑等风险。

工序后防错的重点是对过程的输出进行检测，防止不合格品的流出。例如，内置在加工设备内的 100% 自动检测，在发现不合格品时会自动将不合格品放入不合格品箱，防止不良件的流出；或者利用计数器或位置传感器监控成组螺栓中个别螺栓漏拧紧的风险，发现漏拧紧时自动报警并限制产品向下道工序流转。

当与法律法规、安全功能、关键功能相关的产品特性，在生产加工时受到人员操作的影响或受到动态过程特性的影响，则必须采用防错措施。针对重要功能相关的产品特性，在上述情况下应优先考虑采用防错措施。

为保证防错设施的持续有效性，供应商应定期对防错设施进行确认和验证。供应商应制定防错装置验证的作业规范，明确验证频次。针对与安全、法律法规特性相关的防错装置，供应商应每天进行防错验证。防错验证的结果应记录并保存。

6.4 供方生产过程的质量控制方法

供方生产过程的质量控制方法如图 6-3 所示。

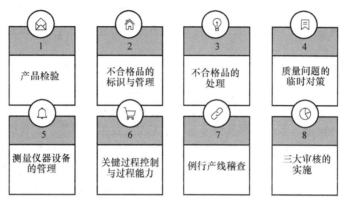

图 6-3 供方生产过程的质量控制方法

6.4.1 产品检验

产品检验是对产品特性进行抽样、测量、评价及反馈的过程。产品检验是对生产过程是否稳定的探测手段，是闭环控制的重要一环，其探测能力直接影响着过程闭环控制系统的反应速度和问题反馈的准确性。因此，应要求供应商建立并规范产品检验和记录的制度，供应商须合理策划产品检验和记录的方法和频次，增强识别过程变差的能力。当生产过程处于初期流动阶段时，更应该加强对产品的加严甚至全数检验，以验证初期流动期间产品生产过程质量的真正水平。伴随着初期流动管理的监督，可以适当调整产品抽样检验的批量大小，抽样检验可以从加严调整为正常抽样。当从正常抽样水平调整为放宽时，需要慎重决策。

供应商须策划编制检验作业指导书，规定产品检查和记录的对象、抽样频次、测量方法、判定异常和不合格的判定条件、相应的调整和遏制措施。必要时，采购方 SQE 需要对供应商策划的检验作业指导书进行审核，以确保供应商现场质量检验标准的正确性，避免双方实际执行标准不一致的问题发生。

当生产过程要素发生变化时，如产品换型、换刀、换模、停线后开班等，必须重新进行首件检验流程。为确保持续监控过程的持续稳定性，应对产品进行抽检，抽样频次应根据产品特性的重要性、影响产品特性的过程特性的变化和波动特点进行综合确定。

要求检验和记录过程的实施人员须具备相应的资质与上岗前的考核证据。检验和记录的过程须按计划执行，并确保其及时、有效。对产品特殊特性应尽可能采用 SPC 的方法，预测产品特性的波动趋势，及时分析产生波动的原因，对生产过程进行预见性调整。

产品检验记录也是质量追溯的重要依据，因此供应商应妥善存档检验记录。供应商需定期对产品检验和记录过程进行评审，保证检验和记录过程执行的规范、及时、准确、可靠。

6.4.2 不合格品的标识与管理

供应商要规范现场不合格品标识和隔离的制度，要求在第一时间即对现场发生的不合格品进行标识和隔离，以有效防止其非预期的使用。

供应商须在生产工位设置不合格品料架料盒，在生产线边设置不合格品放置区域，方便操作工及时将不合格品隔离。质量管理人员应及时对生产现场的不合格品进行评审，确认不合格品的原因，确定不合格品的处理方式。供应商应设置不合品仓库，对经过质量人员确认的报废的产品及时放入废品库。应建立废品台账，对报废品的种类、数量进行管理。废品库应上锁并专人管理，一方面可防止废品的非预期使用和流出，另一方面可防止生产人员为规避处罚而非法处置废品或隐瞒不合格品信息。

不合格品标识包括不合格品本身的标识、不合格品标识卡上的信息描述、不合格品存放的料盒料架标识以及不合品存放区域的标识等。现场发现不合格品时，应在不合格品缺陷位置及时进行标记，并将失效模式记录在不合格品标识卡上，标识卡随产品一起流转。标识卡基本内容应包括失效模式、失效件数量、零件名称及型号、发生工位、发生日期等。不合格品应存放在有单独不合格标识的料架料盒中。所有不合格品存放的区域应有显著的不合格品区域标识。供应商应识别、策划、制定不合格品标识的管理方案。产品的标记、标识卡、料架料盒、定置区域标识应采用色标防错。色标方案中，黄色代表待处理和待判定，红色代表报废，绿色代表合格，而其他色标，例如设备定置、在制品标识、班次和操作者标识等，不允许与质量状态的红黄绿标识发生冲突。

6.4.3 不合格品的处理

返工/返修的对象包含生产过程中和顾客处所发现的单件和批量不合格品，返工/返修过程可能会带来较多的质量风险，供应商应加强返工/返修的管理。

返工是指为使不合格品符合要求而对其所采取的措施，即返工件完全满足产品要求。返修是指为使不合格品满足预期功能而对其所采取的措施，即返修件与产品要求存在偏差，但是不影响产品功能的实现。返修件的使用必须取得顾客的同意，必须得到充分的试验验证，并得到顾客产品设计部门和质量部门的让步接收许可。返修件应集中发运，并做好明显的标识。

返工/返修的过程需要进行策划，返工/返修过程必须制定作业指导书和检验指导书。返工/返修的方案在实施前必须要进行实践验证，并取得供应商质量部门的批准。返修方案同时也必须取得顾客 SQE 的批准。针对在顾客处的不合格品的返工/返修，必须经过顾客质量部门对方案的批准。返工/返修的作业人员必须经过培训并具备资质。供应商要对返工/返修过程记录并存档，记录信息包括不合格原因、返工/返修方式、返工/返修后重新检测的记录、返工/返修日期、发货批次以及其他追溯性信息。

针对批量不合格品的返工/返修，供应商的质量部门应对返工/返修作业过程进行现场监督监控，并对返工/返修项目加严检验检测，甚至100%检验检测。

顾客 SQE 视必要确定是否要求供应商提交返工/返修的 PPAP 文件。

6.4.4 质量问题的临时对策

当发现产品出现影响安全功能、关键功能的质量问题时或出现批量质量问题时，供应商应及时采取遏制措施，防止不良品的扩散，减少质量损失。

遏制措施包括紧急措施和临时措施。紧急措施是指针对已经生产加工出的产品所采取的措施。

临时措施是指在根本原因分析和确认之前，在风险受控的前提下如何避免顾客停线停产的措施。

紧急措施实施前应首先考虑不合格品的追溯。不合格品的追溯主要是指针对所发现不合格项目，确定不合格品范围和断点，对风险范围的产品采取围堵措施，防止不合格品扩散和非预期使用。风险品（或称为可疑品）范围的确定方法常见的有：利用追溯性系统对过程要素的变化点进行分析；结合初步原因分析进行100%检测或抽样检测。供应商应建立不合格品追溯管理制度，对不合格品的追溯要指定专人负责，范围和状态识别要全面。范围包括市场、顾客处、运输途中、现场、仓库、检测和试验场所、分供方等场所。状态包括原材料、半成品、成品。供应商应确定各个范围和状态的断点信息，即不合格品数量、生产批次、产品标识等。供应商须建立基于不合格品扩散的范围和风险等级的问题评审和升级制度。对可疑品可能流入到顾客或有可能影响对顾客的供货时，供应商必须及时通知顾客。

针对已经识别出的可疑品，可以考虑的紧急措施包括隔离待处理、挑选、报废、返工/返修、让步接收等，可以考虑的临时措施有停止生产、迂回生产、切换分供方厂家、切换原材料批次、加严过程特性的控制、100%检验、让步接收等。临时措施、紧急措施的制定须经过质量、工艺、产品、生产等部门的联合评审，并须得到实践验证。返修和让步放行须得到顾客 SQE 的正式许可。紧急措施、临时措施的工艺、操作指导书、检验作业指导书应形成正式的文件，并须对操作者进行培训。临时措施、紧急措施执行过程中，供应商的质量管理部门应在现场进行监督和确认。

临时措施、紧急措施所涉及的产品在发运给顾客前应得到顾客 SQE 的许可。产品的包装应做明显的标识，并提醒顾客在原材料入库检验时进行特别检验。若供应商未尽到通知和提醒责任，供应商应承担风险。

采取临时措施、紧急措施的产品在顾客处或售后市场上发生影响安全功能、关键功能的质量问题或批量质量问题时，供应商须承担所有损失，顾客将会把该供应商列为不诚信供应商，并有权对该供应商进行惩罚。

6.4.5 测量仪器设备的管理

产品实现过程所要求的验证、确认、检验和试验等活动所用的监视和测量设备，如通用量检具、专用检具、试验设备、仪器仪表、各类测量专机以及测量软件等，是产品品质实现的根本保证。

供应商须建立完整的测量管理制度，实现对测量设备的有效管控，使其处于计量受控状态。供应商建立的测量管理制度须明确本组织内各层级机构的测量管理职责，搭建测量管理框架，保证测量管理活动的有效运行。

供应商建立的测量管理制度须包括测量设备配备实现、入库验收验证、发放保存、使用维护、分类管理、计量编号与标识、安全库存等方面的要求，规定测量设备从入库到报废全生命周期的控制要求，防止测量设备的配备、采购及流转过程失控，确保测量过程不因测量设备性能不符合或数量不足导致测量中断等异常情况发生。

须规定各层次测量活动的作业要求，包括测量设备操作要求、标准样件管理要求、测量设备点检要求、测量设备核查要求、测量应急预案管理要求、各层次测量人员资质要求，以及外部质量体系文件所要求的针对测量设备性能验证的要求，确保测量设备的计量性能处于合格状态。

在测量设备的使用场所，须利用标准样件、标准样块定期验证测量设备是否失准、超差报警功能是否失效，使不合格测量设备及时得以发现、隔离、再次校准确认。在验证时须首先对测量设备失准对产品质量的影响程度进行评估，必要时追溯已经检测放行的产品，使不合格品得到合理处置。

测量设备须定期检定/校准，检定/校准应按照计划进行。须明确计量标准器具管理要求、量值溯源与传递途径要求、计量检定校准外部供方管理要求、计量与测量环境控制要求，确保组织所用测量设备能溯源到国家量值标准。必要时，供应商应建立计量实验室，加强本单位各测量过程的控制管理。

6.4.6 关键过程控制与过程能力

通过统计过程控制可以分析生产特性的波动情况及变化趋势，预见性地对过程参数进行调整，更有效地预防不合格品的产生，同时也可以衡量和证明在该生产条件下是否能够具备顾客要求的能力和过程质量控制水平。

供应商应识别、策划生产过程需要利用 SPC 进行控制的特性。通常采用 SPC 的特性有如下几种：

1）影响产品关键、重要功能和性能的特殊特性。
2）顾客有特殊要求的产品特性。
3）需要再次强调的是，影响安全功能的特殊特性应采用防错技术或 100% 监控，同时也要求监控过程能力。

通过对过程的统计控制，分析过程能力指数，顾客和供应商的管理者可以确认过程是否正常和有效的运行。通常顾客要求安全、法规特性的过程能力指数 $C_{pk} \geq 1.67$，要求其他特殊产品特性的过程能力指数 $C_{pk} \geq 1.33$。

6.4.7 例行产线稽查

要求供应商对生产过程和生产服务过程进行日常性的执行性监督审查，确保产品实现的相关过程得到有效执行。

生产过程和生产服务过程的责任部门或负责人，如生产班长、车间主任、各部门经理，是执行性监督检查的第一责任人。同时，要求供应商的质量部门也要对各个生产过程和生产服务过程进行日常性的执行性监督检查。检查范围不仅仅局限于对产品的检查和确认，更需要对人、机器、材料、物流、方法、环境等各方面过程要素及过程要素管控的执行性进行监督检查。

监督检查的结果应形成检查报告或利用检查表的形式形成检查记录单，对没有风险的检查项目应做符合确认，对发现风险的项目应形成问题清单。责任部门针对执行性监督检查应分析原因并制定改进措施，质量部门的执行性监督检查频次应不少于每周一次。

同时，如果采购方有团队在供应商处驻厂时，也可以同步开展相关的产线稽查工作，以验证供应商对产线稽查的有效性并验证其采取改进措施的效果。通过对产线的例行稽查，及时发现问题、纠正问题，让作业现场的管理更加可控。

6.4.8 三大审核的实施

1. 产品审核

产品审核是从顾客的角度对产品的质量进行全面、系统性的评价，通过评价产品是否能够满足规定的功能性能要求和符合性质量要求，来评价和验证生产过程的有效性。经常的产品审核还能够及时发现产品在顾客处的潜在风险，减少问题产品流入顾客而带来的质量损失。

供应商应建立产品审核的管理制度，指定相应的责任人，对产品审核进行相应的计划、策划和实施。产品审核员要具备相应的能力和资质。供应商应根据产品特点、产品功能的重要性、过程的稳定性、顾客的具体要求等确定审核频次。产品审核策划的主要内容包含明确审核对象、收集审核准则、编制审核检查表、确定产品抽样方案、确定检验方案、确定产品评价方法。

产品审核开展的时机通常有如下几种：

1）新产品开发工装样件、试生产过程样件。
2）批量产品年度的型式试验。
3）发生质量问题或进行质量改进后。
4）产品和过程发生变更时。
5）定期的产品和过程稳定性监督和评价。

产品审核的对象是某一独立的生产过程或生产线的交付物，该交付物包含交付外部顾客（External Customer）的产品和交付内部顾客（Internal Customer）的产品，例如铸造厂家产品审核的对象可以是：制芯过程的交付物——砂型；铸造过程的交付物——产品毛坯；最终完成的交付物——机加工半成品。产品审核过程中若某一产品特性为特殊特性，但又无法在下线产品上抽样检测时，可以抽检在生产过程中在该产品特性的加工产品。例如：缸盖导管底孔孔径为特殊特性，但在缸盖机加工产品上无法直接测量，必须在导管压装前进行抽样检测。

产品审核的准则应根据顾客对产品的功能和性能的要求进行策划。通常，产品审核包含尺寸、材料、功能、可靠性、包装、标识等。针对某些产品的耐久性、可靠性、破坏性试验等成本较高的功能/性能检测项目，可以结合QFD的方法转化为对这些功能/性能直接影响的产品特性进行审核，以减少审核成本和检查周期。例如：一些总成件针对运动副的耐久性要求，可以通过QFD转化为对组成运动副的构件的相关产品特性进行产品审核，同时结合短时间的性能试验进行拆机检查，评价运动副的磨损状态，来预测产品耐久性是否符合顾客要求。

根据产品审核准则，编制审核检查表。

产品审核的结果要进行记录、保存，并进行评价。对产品审核发现的缺陷进行评价，判定缺陷等级，缺陷等级一般分为A、B、C三级，详见表6-1。

表6-1 缺陷等级定义

参数、项目	特性等级	缺陷等级		
		C类缺陷	B类缺陷	A类缺陷
功能、尺寸、几何公差	S（安全特性）	—	—	超差
	A（关键特性）	—	—	超差
	B（重要特性）	超差10%以内	超差10%~20%	超差20%以上
	C（一般特性）	超差15%以内	超差15%~30%	超差30%以上
尺寸/重量分组号错误	A（关键特性）	—	误差1组	误差2组
外观及其他要求		少数挑剔顾客认为需要完善的缺陷 轻度抱怨	大多数顾客认为比较严重的缺陷 一般抱怨	全部顾客认为是不能接受的严重缺陷 强烈抱怨
		该缺陷不完全符合加工要求（飞边、磕碰或表面缺陷），但缺陷的存在肯定不影响功能	该缺陷不全部符合加工要求，缺陷将可能引起功能障碍	该缺陷不全部符合加工要求，缺陷将肯定引起功能性故障
		暴露出过程中存在的缺陷，如果在数量和程度上不加以控制，将存在发展成为A类或B类缺陷的风险	缺陷可能导致顾客的返工	缺陷的存在致使顾客生产中断

产品审核时若发现有 A 级缺陷，须立即对该生产批次的产品进行追溯，制定有效的紧急遏制措施，防止有缺陷的产品被使用，并及时采取必要的纠正措施。若发现 B 级缺陷，须组织质量和技术部门评审，并利用试验验证、评估质量风险，根据风险评估结论决定是否追溯产品，并制定有效遏制措施。如果经评审和验证确定 B 级缺陷为让步放行，须在发运前提前通知顾客 SQE。

所有缺陷均应深入分析原因并制定纠正和预防措施（Corrective Action & Preventive Action，CAPA）。原因分析和纠正措施应深入到控制方法层面和管理制度层面。

产品审核报告、问题记录、遏制措施、原因分析、纠正和预防措施等记录须保存。

2. 过程审核

过程审核是指以产品组的生产加工过程为对象，审核评价产品的生产过程和生产服务过程的策划，执行策划的完整性、合理性、过程的执行性，以及结果的稳定性和准确性。供应商须对过程审核制定相应的流程和制度，明确责任人，对过程审核进行计划、策划。执行过程审核的人员要具备相应的能力和资质。

供应商内部过程审核的时机有如下几种：

1）新产品试生产审核。
2）定期的过程审核。
3）产品和生产过程发生变更时。
4）发生质量问题或进行质量改进时。
5）产品审核发现严重不合格时。

供应商应制订过程审核计划，过程审核的频次取决于过程的稳定性和产品组的功能重要性。顾客推荐的过程审核频次为每月一次，至少应每季度过程审核一次。

过程审核的策划推荐使用 VDA 6.3 的要求。过程审核时应对以往发生的问题、顾客的投诉、产品审核的不符合等重点关注。

审核证据、审核发现、审核结论要进行记录并保存。应对发现的严重不符合立即采取遏制措施，所有不符合项要限期改进，并制订改进计划，指定改进人和跟踪人。

3. 体系审核

体系审核（System Audit）是为验证质量管理体系策划是否完整，组织是否按照策划的质量管理体系要求执行，为组织寻找改进的机会，以确保质量管理体系得到持续不断的改进和完善。体系审核和评价企业的质量管理体系是否可以保证企业运行过程中对企业目标实现的准确性、有效性，审核质量管理体系策划的系统性、完整性、合理性以及各方面的执行性。

供应商应制订内部体系审核计划，根据审核计划实施体系审核，要求每年至少进行一次全面的质量管理体系审核。

体系审核主要从以下几个方面进行：

1）公司现有质量管理体系所需的过程是否完整。
2）各个过程的顺序和相互作用是否明确。
3）各个过程运行的方法和准则是否明确。
4）各个过程输入的资源和信息是否明确且容易获得。
5）是否对各个过程监视的结果进行分析，并要求持续改进。

体系审核的策划推荐参考 VDA 6.1、IATF 16949：2016 等质量管理体系标准。

体系审核记录应予以保存，审核不符合项要进行跟踪并制订改进计划。

6.5 供方质量的统计与分析改进

6.5.1 质量信息管理

供应商应对产品实现的全过程建立质量信息管理流程，包括对质量问题信息的记录、收集与分类、排列图分析、传递的过程，质量问题立项改进的过程，原因分析、改进措施、验证措施等信息反馈的过程。供应商建立的质量信息管理系统要对上述质量信息管理各个环节进行监控，实现质量信息共享。

供应商的质量部门要识别所有质量信息的发生源，明确信息记录、收集、分类、排列图分析和传递的责任人。质量信息的发生源通常包括：①客户抱怨；②内部产品审核；③过程工废、料废、返工/返修；④来料检验。

若顾客已经建立供应商质量信息管理系统，供应商应开通该信息共享平台，指定专人定期查阅该信息系统，以及时了解顾客发出的质量信息，并在供应商内部传递。

供应商应根据各类质量信息的排列图分析确定重点质量问题，并针对重点质量问题立项改进；针对突发、重大质量问题应立即启动临时措施和紧急措施，并立项改进。突发、重大质量问题主要包括：①涉及安全、法律法规的质量问题；②批量性质量问题；③损失较大的质量问题；④顾客开箱投诉；⑤顾客售后市场投诉等。

质量问题立项是指明确所要分析改进的问题项目，确定分析改进责任人、改进目标和时间计划的管理制度。供应商的质量部门是质量问题立项的主控部门，应建立质量问题清单，以对所有立项改进问题进行统筹管理。分析改进责任人应定期把分析改进的进展、原因分析和验证、措施制定及落实情况等信息反馈给供应商的质量部门，再纳入到质量问题清单中进行统一管理。

6.5.2 质量沟通会议

为使质量信息方便、及时地得到传递，便于协调公司内部资源确保质量管理工作顺利展开，要求供应商应建立质量管理沟通制度，并指定质量部门负责质量管理沟通的计划、策划、实施、监督和跟踪。各个生产过程和生产服务过程的负责人，也必须及时地进行内部质量管理沟通。

质量管理沟通的主要形式有：
1）针对公司各个过程的定期的质量例会。
2）针对作业层级的每天的现场质量会议。
3）针对重大的、临时的质量问题的沟通会议。
4）针对新品 APQP 过程的项目会议。
5）质量报告。
6）生产现场的质量信息看板。

供应商应对质量报告进行策划，通常质量报告的主要内容包括：
1）当前公司各个过程质量指标的趋势图，以及实际质量指标与质量目标的对比。
2）影响当前质量指标的主要问题的排列图分析。
3）影响质量指标的质量问题的部门责任分解。
4）重点质量问题分析和改进进展，影响分析及改进的主要原因和责任部门。

定期的质量例会主要沟通的内容包括分析质量报告与质量现状，明确质量信息整改责任部门和责任人，对各个过程质量绩效指标完成情况进行绩效考核等。

供应商的质量部门应对质量例会、质量报告中相关的质量信息进行跟踪并保存记录。供应商的最高管理者应定期参加质量例会并审阅质量报告,对质量管理的展开提供必要的资源配置,对各部门的工作执行进行监督和指导,对质量管理工作展开时各种问题的难点进行决策。

6.5.3 质量分析和改进

质量分析和改进是提升产品质量和过程质量的重要途径,可以降低顾客抱怨,减少内/外部的废品率和返工率,增加产品竞争力。

质量问题一般有四个层面的原因:

1) 产品层面:产品功能不能满足要求,产品特性在产品设计时未选择得当,产品特性的加工制造不符合要求。

2) 过程层面:产品特性不符合要求,过程工艺方法或过程特性在工艺设计时选择范围不当,在生产过程中过程特性不符合工艺设计要求。

3) 控制方法层面:对过程特性的控制方法以及对产品特性的检测方法选择不当造成过程不稳定,未按照控制方法的要求执行。

4) 管理制度、流程层面:流程策划、质量工具应用、执行力管理不足,从而造成产品设计、过程设计、控制方法设计、执行力不足的问题。

质量分析应从四个层面逐层进行分析,即在产品层面从功能故障出发要分析到具体零部件的具体的产品特性;过程层面要从产品特性不符合要求分析到具体生产线的具体工位的具体的过程特性;控制方法层面要分析针对具体过程的控制方法和针对具体产品特性的检测方法;管理层面要分析到相应的管理制度、流程、人员能力、执行力管理。这样才能从点上的孤立产品质量问题,深入到面上的管理上的薄弱和不足,从而在系统上加以改进和完善。产品层面和过程层面的原因分析属于技术工作,主要应从产品和过程的工作原理分析出发,首先采用 QFD、功能树分析、故障树分析、鱼刺图等工具识别可能存在的影响要素,进而采用试验或现场排查的方法识别主要影响因素,最后利用试验验证确定真正根本原因。产品层面和过程层面的原因分析切忌仅依赖主管猜测或仅基于经验判断,从而造成原因分析不准确、不全面。

控制方法层面、管理制度层面的原因分析属于管理工作,主要通过对生产现场和管理制度的审核来完成。质量问题的改进措施也应相应地在四个层面上进行改进。产品层面和过程层面的改进措施需要经过评审、试验验证后才可以正式实施。

措施验证完成后应及时更新相关的文件,如作业指导书、控制计划、FMEA、相关流程及管理文件,固化改进成果,并须在相同或相似产品上水平展开。

6.5.4 质量目标与绩效管理

供应商应按照其自身的发展战略规划制定企业的中长期质量目标,并根据中长期的质量目标分解到年度质量目标、季度质量目标及月度质量目标。

质量目标的制定应能够体现持续改进的要求。质量目标要合理分解到责任部门、责任人,才能够促进各个过程的顺利运行,也只有这样才能让各个责任部门对质量目标的达成采取实际的行动,以确保质量目标的真正落地。

供应商应建立质量绩效考核机制,使各个过程责任部门的绩效指标与薪资及过程的质量目标实现情况建立对应关系。

针对质量问题改进,建议供应商建立激励制度,以促进持续改进。

供应商应指定质量部门,定期对各个过程质量目标的实现情况进行监控、统计、评审、沟通、考核，以及时协调资源，确保目标实现。

6.6 供方质量问题逐级升级管理

供方质量问题逐级升级图如图 6-4 所示。

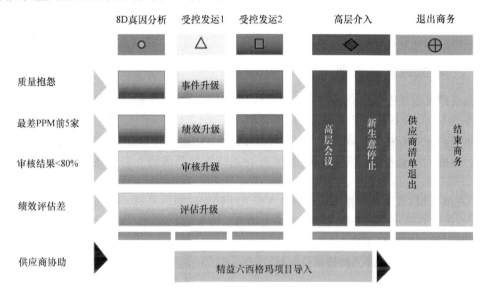

图 6-4 供方质量问题逐级升级图

6.6.1 质量问题逐级升级处理原则

当供应商所提供的产品在顾客的来料检验、生产过程、总装过程、售后市场上发生质量问题时，供应商均需要反馈原因分析和改进措施。顾客将根据问题的严重程度、影响范围、紧急程度、供应商响应情况以及顾客的其他特殊要求实施不同等级的处置措施，包括：

1) 纠正和预防措施：以纠正和预防措施单或质量问题清单的形式反馈原因分析和改进措施。

2) 8D 真因分析报告：供应商进行系统性分析改进，并提交 8D 真因分析报告。

3) 一级受控发运：由供应商实施问题遏制程序，并进行系统性分析改进。

4) 二级受控发运：由顾客或顾客指定的第三方实施问题遏制程序，供应商应引入第三方力量进行系统性分析改进。

顾客 SQE 应负责将质量信息有效传递给供应商，负责问题升级处置的决定，并负责审核确认供应商所反馈的原因分析和改进措施是否充分、合理。在顾客 SQE 确认供应商所反馈的原因分析和改进措施不符合要求时，有权要求供应商重新提交。

下列情况，供应商须以纠正和预防措施单或质量问题清单的形式提交纠正和预防措施：

1) 针对生产过程中的不良品问题，顾客将定期统计不良品原因及数量。供应商须按照顾客指定的重点问题，提交原因分析和改进措施。

2) 在顾客来料检验过程发现的单件或少量的 C 类缺陷的质量问题，顾客将及时反馈相应的信息给供应商。供应商须针对所有入库检验所发现的问题提交原因分析和改进措施。

3) 顾客销售端所发现的单件或极少数量的不引起更换整机的质量问题。顾客将及时发送质量信息给供应商,供应商应针对每种问题反馈原因分析和改进措施。当顾客有要求时,供应商应12h内到现场确认。

4)售后市场上无安全影响、无整机索赔、无拆机维修的少量的单个零部件索赔问题。顾客将定期统计故障信息并反馈给供应商,由供应商针对每种问题反馈原因分析和改进措施。当顾客有要求时,供应商应在24h内到现场确认。

上述质量信息顾客将利用质量信息管理系统传递给供应商,供应商应明确顾客质量信息的接口人并及时查阅顾客信息。

6.6.2 一级受控发运管理

一级受控发运是指供应商在出货前对风险项目进行100%全检,确保风险项目得到有效遏制;供应商100%检验合格后才可以发运至顾客。

当供应商的产品发生下列情况的质量问题时,顾客须立即通知供应商,供应商须组织采取围堵措施,并进入一级受控发运,同时需要进行系统性分析改进,并向顾客提交8D真因分析报告。

1)在提交8D真因分析报告3个月内再次发生同类问题。
2)在供应商退出一级受控发运后6个月内再次发生同类问题。
3)顾客销售端所发现的批量质量问题。
4)售后市场上所发现的批量质量问题。
5)售后市场上所发现的对安全功能或法律法规要求有影响的质量问题。

一级受控发运的退出条件:
1)在一级受控发运下持续3个月送货,在顾客处均未发现同类问题。
2)由供应商提出申请,由顾客SQE评审认为可以退出。

顾客SQE根据具体情况确认是否需要进行现场审核,若需要审核,审核结论为通过则允许退出一级受控发运。受控发运退出申请模板见表6-2。

表6-2 受控发运退出申请模板

受控发运退出申请	
供应商名称	供应商代码
零部件名称	零部件号
供应商退出说明	
供应商总经理或管理者代表签字 日期	
客户方/顾客SQE签字 日期	

6.6.3 二级受控发运管理

二级受控发运是指由顾客相关人员或顾客指定的第三方人员到供应商现场驻点对风险项目进行 100% 检验，确保风险项目得到有效遏制。供应商应借助第三方力量帮助深入整个质量管理体系进行系统性改进，在改进后需要重新提交系统性 PPAP 文件给顾客。

当供应商的产品发生下列情况的质量问题时，顾客须立即通知供应商，供应商须组织采取围堵措施，并进入二级受控发运。

1）供应商在进入一级受控发运期间再次在顾客处发生同类问题。
2）供应商在退出一级受控发运后，在 3 个月内再次发生同类问题。
3）供应商在退出二级受控发运后，在 6 个月内再次发生同类问题。

二级受控发运过程中供应商过程控制的要求参见 6.2 节初期流动管理的要求。供应商应及时反馈 8D 真因分析报告和到顾客现场采取围堵措施。在进入二级受控发运后，供应商的质量部门应立即启动针对问题的过程审核和体系审核。在供应商确定通过本企业的努力难以进行系统性改进提升或者经顾客 SQE 审核确认有必要时，供应商应邀请第三方力量帮助提升质量管理体系的能力。

在进入二级受控发运情况下连续 3 个月送货均为合格的，且未在顾客处发现同类质量问题，经供应商申请，参照 6.2 节初期流动管理退出的条件由顾客 SQE 审核是否可以退出，但顾客 SQE 必须进行现场审核。审核通过者，则由二级受控发运转为一级受控发运。

供应商在一、二级受控发运情况下，顾客派遣相关人员到现场进行驻点检验或 SQE 到现场进行审核的费用，须按照双方签订的质量协议向供应商进行索赔。

第 7 章 供应商绩效考核与关系管理

7.1 供应商绩效考核体系的建立

7.1.1 供应商绩效考核的定义与意义

供应商绩效的"绩"表明供应商是否完成任务、完成任务的程度如何,"效"则测量了供应商为完成任务所采取各种措施后的效果。供应商绩效考核是指对已经通过认证并持续提供服务的供应商在周期内的表现进行定期分析和考核。其目的是全面了解供应商的表现,促进供应商持续提升服务的能力。在全球化的供应链管理模式下,企业发展和维持合作伙伴关系的目的在于借助合作伙伴的专家智慧和技术优势建立属于自己的竞争优势。对供应商进行定期考核,了解供应商的定期绩效,一方面可以对现有供应商进行动态管控,挑选出最适合、最好、可信赖的供应商;另一方面可以与供应商保持良好的互动合作关系,提高对整个供应链运作管理的预见性,避免因突发事件造成不良影响,为进一步的供应链价值增值提供更多的机会。

7.1.2 供应商绩效考核的目的

供应商绩效考核的目的如图 7-1 所示。

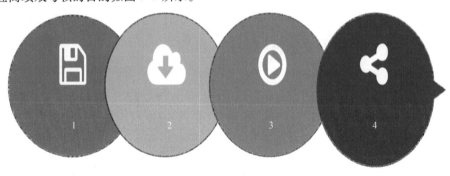

图 7-1 供应商绩效考核的目的

1. 作为供应商奖惩的依据

定期对供应商进行绩效考核可以及时了解供应商的定期供货质量表现。对于绩效表现好的供应商,可以加大合作的广度与深度,提高采购比例,以便更有效地激励其合作的动力与积极性;对于绩效考核较差的供应商,则可以减少合作的广度与深度,降低采购比例,必要时开展团队帮扶、项目辅导,如果还是没有明显的改观,则可以停止必要的合作深度和采取对应的措施。

2. 作为订单分配的依据

对供应商的定期考核结果可以作为采购单位订单分配与倾斜的重要依据,这也是对绩效表现较好的供应商最直接的奖励。绩效考核结果也可作为科学的订单分配的依据,可以最大层面降低订单分配职能部门或人员的影响因素,做到更加透明、公平。

第7章 供应商绩效考核与关系管理

3. 作为促进供应改进的抓手

在供应商绩效考核的过程中，可以发现供应商的波动因素和潜在风险，及时反馈给内部的供应商管理团队和供应商，促使供应商及时检讨问题原因并不断改善供货业绩，同时也促使内部供应商管理团队对发现或潜在的风险进行重点管理。

4. 作为战略合作伙伴选择的重要参考

在与供应商持续的合作过程中，可以洞察出各个供应商的团队合作、技术与管理能力、快速反应等诸多方面的指标，基于长期多业务的合作可以初步筛选出哪些是最有潜力的合作伙伴，为下一步合作伙伴的培养给出重要的参考依据。

7.1.3 供应商绩效考核的流程

供应商绩效考核的关键在于要制定一个系统的供应商绩效考核流程或程序，让组织内的相关职能部门或人员可以依照流程或程序来实施定期供应商绩效考核。只有这样，供应商绩效考核的结果才能真实反映供应商过去时间内的业绩，通过考核也可以让供应商清楚知道自己的表现，以督促供应商持续改进。同样，也只有这样才能达成供应商绩效考核管理的目的。供应商绩效考核的流程通常可分为以下八个步骤，如图7-2所示。

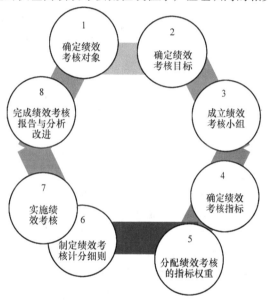

图7-2 供应商绩效考核的流程

1. 确定绩效考核对象

组织首先需要确定每次考核的对象有哪些，确定需要考核的供应商清单。

2. 确定绩效考核目标

一般情况下供应商绩效考核的目标就是通过对供应商的定期考核，真实、客观地反映过去一段时间供应商的综合表现，作为组织后续项目开发和订单释放的重要参考依据。绩效考核目标的确立也直接关系到评估指标体系的设立。

3. 成立绩效考核小组

对供应商的绩效考核需要在组织内相关职能部门的共同参与和配合下共同完成，相关职能部门一般包括采购部、质量部、工程技术部、物流部、财务部等。相关职能部门从自身关注的指标来进行客观评价。考核小组的成员也从以上部门中选派。

4. 确定绩效考核指标

供应商绩效考核的关键是考核指标的设立。建立一套科学、合理、全面的供应商绩效考核指标体系，通常需要涵盖表7-1中的指标。

上面四项考核指标（QCDS）主要是从产品的实物层面，但随着对供应商管理研究的深入及供应商绩效考核指标在实际应用中发现的不足，可以考虑在原有四个维度的指标体系下增加技术（Technology）、管理（Management）、柔性化（Flexibility）和风险管理（Risk）指标，即增加新的四个维度（TMFR）的评价指标，如图7-3所示。

表 7-1 供应商绩效考核指标一览表

考核指标体系	具体指标	考核标准	考核推荐方法
供应商绩效考核指标体系	质量指标（Quality）	合格率=合格数÷全部产品数×100%	定量分析方法
	成本指标（Cost）	市场平均价格比率=（供应商的价格－市场平均价格）÷市场平均价格 市场最低价格比率=（供应商的价格－市场最低价格）÷市场最低价格	定量分析方法
	交付指标（Delivery）	准时交货率=准时交货的次数÷总交货次数	定量分析方法
	服务指标（Service）	1）合作态度：是否积极主动配合 2）售后服务：售后服务是否专业、快速反应 3）其他指标	定性分析方法

其中，技术指标可以从供应商先进工艺技术水平的程度、专利技术的获证数量、基础建设的储备与升级、智能制造系统的建设等方面来进行考量。管理指标可以从创新管理模式、流程的优化与再造（BPR）、信息化导入的程度、人员能力水平、人员稳定性、企业文化氛围和企业质量的层面来考核。柔性化指标可以从需求的快速响应、定制化服务的反应、个性化需求的满足度及临时加急订单处理等维度来考虑。风险管理可以从公司内部风险控制流程制度（例如 ISO 31000 风险管理体系的导入）、合作项目中的风险管理水平、对其供应商的风险分析与管理、企业环保风险与职业安全风险的识别与管理等方面来考核。

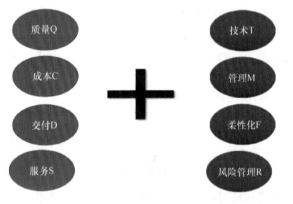

图 7-3 供应商绩效考核指标体系维度图

5. 分配绩效考核的指标权重

根据供应商绩效考核的目标，给每个指标分配考核的权重。权重的分配体现各个指标在整个考核体系的相对重要程度，因每个组织对各个指标的关注度各不相同（例如有些组织对成本特别关注，而有些组织把质量指标设置为最高等），其权重的设置也是各有不同。

6. 制定绩效考核计分细则

供应商在绩效考核中对每个指标如何计分应由考核小组在考核前统一确定，具体考核的计分细则每个组织不完全相同。表 7-2 为某供应商的绩效考核表。

7. 实施绩效考核

在开展供应商绩效考核的过程中考核小组成员应该做好供应商供货过程指标的数据收集、记录，并根据前期量化的标准和计分细则来进行考评，得出考核的结果。

8. 完成绩效考核报告与分析改进

各个考核小组成员给出各自的考核结果，组织内的统筹部门（如采购部、质量部）及时汇

第 7 章 供应商绩效考核与关系管理

总评分报告（应真实反映出供应商的考核结果），并知会给组织内部的相关部门，同时将考核结果分发给相应的供应商。尤其对考核绩效表现较差的供应商，组织内部相关职能部门需要组织供应商进行原因分析并提出改进计划，必要时采购方也需要协助供应商给予技术和管理方面的支持。

表 7-2　某供应商的绩效考核表

一、基本信息

工厂名称		主要供货产品	
开始供货日期		联系电话	
考核日期		考核类型	□季度考核　　□年度考核

考核项目	占总分比重	考核部门	备注
质量	40%	质量	质量得分小于 25 分者，视为 D 级不合格供应商
交期	30%	采购	
服务	30%	采购	态度积极、能及时解决问题：81 分以上
			态度一般、服务不太到位：61～80 分
			服务差、不配合：60 分以下

二、分数计算

1. 质量得分 =［1 -（进料不合格____批／总进料批数____批）］× 40 = ____分
2. 交期得分 =［1 -（进料逾期____批／总进料批数____批）］× 30 = ____分
3. 服务得分 = _____分
4. 总得分 = _____分

三、考评分级

A	≥84 分	为优秀供应商，可加大采购量
B	70～84 分	为合格供应商，可正常采购
C	60～70 分	仍为合格供应商，但需向顾客反映问题
D	<60 分	为不合格供应商，向顾客建议淘汰该供应商

该供应商综合考评等级为：____级

□继续纳入合格供应商名单

□从供应商名单中删除

质量经理：	采购经理：	总经理：

7.1.4　供应商绩效考核的指标

供应商绩效考核的指标有很多，不同的组织做法不尽相同，但其概括起来看主要是围绕质量指标（Q）、成本指标（C）、交付指标（D）、服务指标（S）及安全指标（S）等维度来开展系统的综合评价，这里简称为 QCDSS 法。

QCDSS 理论现在是丰田公司衡量其供应商供应水平的指标之一。这套指标不仅适用于汽车

131

零部件生产，用于其他产品也很合适而且全面，简单而直接地描述了客户对某产品的所有要求和期待。其实对于运营管理的所有努力，最终都是为了优化 QCDSS 指标指数。比如企业找寻"精益生产"（Lean Production，LP）的辅导、"TPM"（全面生产维护）咨询或者"六西格玛管理"（Six Sigma）、"5S"服务等，其最终目的都是 QCDSS 指数的优化和提升。

为了科学、客观地反映供应商供应活动的运作情况，有必要建立与之相适应的供应商绩效考核指标体系。在制定考核指标体系时，应该突出重点，对关键指标进行重点分析，尽可能地采用实时分析与考核的方法，把绩效考核范围扩大到能反映供应活动时间运营的信息上去，因为这要比做事后分析有价值得多。

在对供应商的绩效考核过程中，尽可能对其绩效进行量化，以便于更直观地对供应商的表现进行评估。评估供应商绩效的因素主要有质量、成本、交付、服务和安全。汽车行业中安全应该作为绩效考核的关键因素之一。

1. 质量指标

质量指标是供应商考核的基本指标，包括来料批次合格率、来料抽检缺陷率、来料在线报废率和来料免检率等。来料批次合格率是最为常用的质量考核指标之一。

1）来料批次合格率 =（合格来料批次÷来料总批次）×100%。

2）来料抽检缺陷率 =（抽检缺陷总数÷抽检样品总数）×100%。

3）来料在线报废率 =［来料总报废数（含在线生产时发现的）÷来料总数］×100%。

4）来料免检率 =（来料免检的种类数÷该供应商供应的产品总种类数）×100%。

此外，有的公司将供应商体系、质量信息、供应商是否使用及如何使用 SPC 于质量控制等也纳入考核。

2. 成本指标

成本指标又称为经济指标。供应商考核中的成本指标总是与采购价格和成本相联系。该考核指标应该体现出成本的重要性，着重考核供应商对成本的持续控制能力，具体考核点有：

1）价格水平。往往同本公司所掌握的市场行情比较，或根据供应商的实际成本结构和利润率来判断。

2）报价是否及时，报价单是否客观、具体、透明（分解成原材料费用、加工费用、包装费用、运输费用、税金和利润等以及相对应的交货与付款条件）。

3）降低成本的态度和行动，即是否真诚地配合本公司或主动地开展降低成本活动，制订改进计划，实施改进行动，是否定期与本公司协商价格。

4）分享降价成果，即是否将降低成本的好处也让利给甲方。

5）付款，即是否积极配合响应本公司提出的付款条件要求与办法，开出的付款发票是否准确、及时并符合有关财税要求。

有些单位还将供应商的财务管理水平与手段、财务状况以及对整体成本的认识也纳入考核指标中。

3. 交付指标

交付指标又称为企业指标、供应指标，是同供应商的交货表现和供应商企划管理水平相关的考核因素，其中最主要的是准时交货率、交货周期和订单变化接受率等。

1）准时交货率 =（按时按量交货的实际批次÷订单确认的交货总批次）×100%。

2）交货周期 = 自订单开出之日到收货之时的时间长度（常以天为单位）。

3）订单变化接受是衡量供应商对订单变化灵活性反应的一个指标，是指在双方确认的交货周期中可接受的订单增加或减少的比率。

订单变化接受率=（可接受的订单增加或减少的数量÷订单原定的交货数量）×100%。

值得一提的是，供应商能够接受的订单增加接受率与订单减少接受率往往不同，前者取决于供应商生产能力的弹性、生产计划安排和反应快慢以及库存大小与状态（原材料、半成品或成品），后者主要取决于供应商的反应、库存（包括原材料与在制品）大小和对因减单可能造成的损失的承受力。

4. 服务指标和安全指标

对供应商在服务和安全方面表现的考核通常采用定性、定期相结合的方式进行考核，相关的指标有反应表现（快速响应）、沟通手段、合作态度、共同改进、参与开发和售后服务等。根据考核的重点和目标，给予不同指标以权重，通过加权平均可以对供应商进行综合考评。

1）反应表现，即对订单、交货和质量投诉等反应是否及时、迅速，答复是否完整，对退货和挑选等是否及时处理。

2）沟通手段，即是否有合适的人员与本公司沟通，沟通手段是否符合本公司的要求（电话、传真、电子邮件以及文件书写所用软件与本公司的匹配程度等）。

3）合作态度，即是否将本公司看作重要客户，供应商高层领导或关键人物是否重视本公司的要求，供应商内部（如市场、生产、计划、工程和质量等部门）是否能整体理解并满足本公司的要求。

4）共同改进，即是否积极参与或主动参与本公司相关的质量、供应和成本等改进项目或活动，或推行新的管理方法等，是否积极组织参与本公司召开的供应商改进会议，是否配合本公司开展的质量体系审核等。

5）售后服务，即是否主动征询客户的意见、主动访问公司、主动解决或预防问题。

6）参与开发，即是否参与本公司的各种相关开发项目，以及如何参与本公司的产品或业务开发过程。

7）安全指数=事故次数×每次误时值÷总工时。

8）其他支持，即是否积极接纳本公司提出的有关参观和访问事宜，是否制订了对安全库存的管理计划，是否对特殊零部件进行安全管理，是否积极提供本公司要求的新产品报价与送样，是否妥善保存与本公司相关的文件等并确保不予泄露，是否保证不与影响到本公司切身利益的相关公司或单位进行合作等。

7.1.5 供应商绩效考核的方法

在开展供应商绩效考核过程中应该遵循由跨职能部门的团队共同来开展，同时本着公开、透明、公平的基本原则进行。由于每个组织合作的供应商不可能唯一，且每家供应商提供的产品和服务的复杂度及价值权重不同，相应组织对供应商的期望与要求也是有差异的。选择供应商绩效考核的方法有很多，最终可以将这些方法归类为定性分析方法和定量分析方法。组织可以根据需要来选择适合自身的方法开展供应商绩效考核。

1. 定性分析法

定性分析法俗称经验判断法，也叫"非数量分析法"，是主要依靠考核者的丰富经验及主观判断和分析能力，推断出事物的性质和发展趋势的分析方法，也是属于预测分析的一种基本方法，主要适用于不具备完整历史资料和数据的组织或开展定量分析方法不适合的场景。

（1）专家判断法　专家判断法为定性分析的一种常见方法，即根据供应商的实际情况，主要依靠评估人员的经验及主观判断和分析能力，通过组织会议等方式展开讨论，对供应商过去一段时间的业绩进行评价的方法。通过评估可以将供应商划分为优、良、中、差四个等级。

(2) 360度考核法　360度考核法也称为全方位考核法,是指从各种渠道收集被评估者(供应商)的信息,其渠道包括采购部评估、生产部评估、质量部评估、财务部评估、销售部评估等。通过多方位、多维度来源提供的反馈信息,提高供应商的水平和业绩。

360度考核法与传统考核方式相比,最大的不同就在于不仅仅把采购部的评价作为供应商绩效信息的唯一来源,而是将与供应商相关的多方位主体作为提供反馈信息的来源。

1) 360度考核法的优点

① 减少考核误差,考核结果相对有效。

② 可以让供应商感觉企业很重视绩效管理。

③ 可以激励供应商提高自身全方位的素质和能力。

2) 360度考核法存在的缺点

① 成本较高。

② 因为侧重综合考核,所以定性成分高,而定量成分少。

③ 因供应商种类、规模、性质不同,可能会产生一定的不公平性。

(3) 项目列举法　项目列举法(Categorical Method)也是一种常见的定性分析方法。通常的做法是由组织内与供应商密切合作的职能部门(如采购部、质量部、物流部、生产部、工程部等)选派代表,针对内部各职能部门所关注的考核项目给每个供应商在过去一段时间内的综合表现打分,考核打分可以用"满意""尚可"或"不满意"等,具体可以参考表7-3。

表7-3　供应商绩效考核评估指标表

供应商名称		考核日期		
评估部门	评估项目	满意	尚可	不满意
采购部	按报价交付			
	价格水平			
	价格竞争力			
	急单处理能力			
	快速反应			
	愿意支持协助			
物流部	交付及时率			
	数量准确			
	包装标识			
	货损货差			
	物流服务			
质量部	来料检验质量			
	上线质量			
	售后质量			
	质量问题反应			
	质量改进措施			
生产部	产品一致性			
	上线合格率			
	产品标识			

（续）

供应商名称		考核日期	
评估部门	评估项目	满意	尚可	不满意
工程部	技术支持			
	快速响应			
	新技术的服务			
财务部	发票准确性			
	付款周期			
	对账支持			
评估结果	评估部门	满意	尚可	不满意
	采购部			
	物流部			
	质量部			
	生产部			
	工程部			
	财务部			

以上是常见的三种定性分析方法，定性分析操作相对简单、易用，可是主观性强、随意性大，一旦评价者出问题，其结论无法真实反映出供应商绩效，这样就无法针对考核较差的供应商要求其改善了，所以其考核结果一般只可以作为参考。

2. 定量分析法

定量分析法是一种通过对供应商过去一段时间表现的数据进行统计，并采用数学模型（如线性权重模型）进行分析与计算，依此来开展供应商绩效评价的方法，目前业界普遍采用加权指数法（Weighted-Point Method）和成本比率法（Cost-Ratio Method）。

（1）加权指数法　在供应商绩效定量分析法中，最常用的就是加权指数法，即首先确定供应商绩效考核指标分类，并给每个指标赋予一定的权重分值，然后将各个考核指标的得分再乘以相应的权重分值，经过综合统计可得到每个供应商的最后得分。

例如：某家企业在其供应商绩效考核标准中规定，对其供应商考核按照100分制进行，其中价格50分，质量30分，交货20分。本次X产品共有三家供应商参与报价，供应商甲为59元，供应商乙为63元，供应商丙为70元。在过去一年内，三家供应商的业绩表现指标见表7-4。

表7-4　三家供应商的业绩表现指标

供应商	报价（元）	总交货批数	延迟交货批数	不合格批数
供应商甲	59	65	13	6
供应商乙	63	35	2	0
供应商丙	70	45	7	2

1）价格考核（50分）

价格分 = 直接价格比较 × 权重数

供应商甲：$59 \div 59 = 100\%$，$100\% \times 50 = 50.0$

供应商乙：59÷63＝93.7%，93.7%×50＝46.8
供应商丙：59÷70＝84.3%，84.3%×50＝42.1

注意：为了演示计算步骤特分为两步计算，其中间数值会因四舍五入而对最终结果造成影响，故最终得分值取的是价格分公式计算结果，非分步计算结果，特此说明。后面的计算结果与此同，不再赘述。

2）质量考核（30分）

质量分＝合格率×权重数

供应商甲：(65－6)÷65＝90.8%，90.8%×30＝27.2
供应商乙：(35－0)÷35＝100%，100%×30＝30
供应商丙：(45－2)÷45＝95.6%，95.6%×30＝28.7

3）交货考核（20分）

交货分＝交货准时率×权重数

供应商甲：(65－13)÷65＝80%，80%×20＝16.0
供应商乙：(35－2)÷35＝94.3%，94.3%×20＝18.9
供应商丙：(45－7)÷45＝84.4%，84.4%×20＝16.9

4）计算总得分

总得分＝价格分＋质量分＋交货分

供应商甲：50.0＋27.2＋16.0＝93.2
供应商乙：46.8＋30.0＋18.9＝95.7
供应商丙：42.1＋28.7＋16.9＝87.7

考核结论是：供应商乙的整体得分第一，其次是供应商甲，供应商丙最差。

（2）成本比率法　成本比率法是将所有跟采购、收料有关的成本与实际的采购总金额作比较，质量成本比率与交货成本比率的计算则是以采购实际支付的成本除以采购金额。

案例：原材料供应商A和B的报价为5元和4元，在过去一年中企业向供应商A、B采购的总金额分别为250 000元和280 000元。另外，从其他部门（如收料、检验、生产、成本会计）得到相关的成本数据，可计算出各项成本比率，见表7-5～表7-8。

表7-5　交货成本比率

项目	供应商A	供应商B
采购的交货运送成本（元）	10 500	12 000
采购总金额（元）	250 000	280 000
交货成本比率（line 1/line 2）（%）	4.2	4.3

表7-6　质量成本比率

项目	供应商A	供应商B
采购的质量成本（元）	15 100	15 000
采购总金额（元）	250 000	280 000
质量成本比率（line 1/line 2）（%）	6.0	5.4

第7章 供应商绩效考核与关系管理

表7-7 服务成本比率

项目	权重	供应商A	供应商B
现场服务的表现	30	40	30
研发能力	25	30	25
供应商地理位置	25	30	20
仓储容量	20	15	15
服务比率总计（%）	100	115	90
对价格的影响（%）		-15	10

表7-8 总成本比率

项目	供应商A	供应商B
交货成本比率（%）	4.2	4.3
质量成本比率（%）	6.0	5.4
服务成本比率（%）	-15.0	10.0
对报价的影响（%）	-4.8	19.7

公式的应用：(1 + 总成本比率) × 报价 = 调整后的报价
供应商A：[1 + (-0.048)] × 5.00元 = 4.76元
供应商B：(1 + 0.197) × 4.00元 = 4.79元
通过上面的成本比率法分析可以看出，原材料供应商A的价格要优于原材料供应商B。

3. 两种方法的比较

无论是定性分析法还是定量分析法，都有其自身的使用边界与优缺点，组织可以根据自己的情况选择一个合适的方法。表7-9为定性分析法与定量分析法的比较。

表7-9 定性分析法与定量分析法的比较

方法	优点	缺点	常规适用边界
定性分析法	1) 需要信息较少 2) 对参与人员要求不高 3) 组织资源投入不多 4) 管理成本不高	1) 人为干扰较大 2) 可靠性比较差 3) 通常人工操作	1) 临时性评估 2) 中小微企业 3) 考核制度不健全时
定量分析法	1) 需要适度投入成本 2) 需要数据收集和人力 3) 相对数据决策 4) 减少人为干扰	1) 需要积累数据 2) 操作过程略复杂 3) 需要计算	1) 重复采购的金额较大的组织 2) 中型以上组织 3) 制度健全的组织

4. 指标权重的分配——AHP

AHP是把复杂的问题分解为各个因素，又将这些因素按支配关系分组形成递阶层次结构，通过两两比较的方式确定层次中诸因素的相对重要性。

运用AHP进行评价或者决策时，大体可分为以下四个步骤：

1）分析评价系统中各基本要素之间的关系，建立系统的递阶层次结构。
2）将同一层次的各元素针对上一层中某一准则的重要性进行两两比较，构成两两比较矩阵，并进行一致性检验。
3）由判断矩阵计算被比较要素对于该准则的相对权重。
4）计算各层要素对系统目的的合成权重。

7.2 供应商绩效考核的实施

1. 供应商绩效考核实施应遵循的基本原则

（1）绩效考核的持续性原则　供应商绩效考核必须持续进行，要定期地检查目标达成的程度，有助于供应商改进质量和服务。尤其是对优先型供应商和一般型供应商，当他们知道会定期地被评估时，自然就会致力于改善自身的绩效，从而提高供应质量；对于战略型供应商和重要型供应商的绩效考核，建立在诚意合作基础上，将相关的信息及时反馈，有助于提升供应链的整体运营效率。

（2）充分考虑外在影响因素　供应商的绩效总会受到各种外来因素的影响，因此对供应商的绩效进行评估时，要考虑到外在因素带来的影响，包括供应链上其他与之相关的节点企业，以及供应链以外的因素影响。不能仅仅衡量绩效，而是要充分考虑这些因素的影响，确定真正属于供应商本身的影响范围和影响结果。

（3）从供应链整体运营效率出发确立双方共同认可的评价指标　确立整体的评价指标，不能孤立地单方面设定指标单独衡量一个供应商的绩效，而是在整体运作效益指标基础上设定企业和供应商共同认可的考核标准。

2. 供应商绩效考核的范围

不同的单位针对供应商的考核要求不同，相应的考核范围也不一样。通常情况下，考核范围主要涵盖在一定期限内持续提供产品和服务的供应商，如果供应商在考核期间没有提供产品和服务则不作为本次考核目标。最简单的考核指标就是仅衡量供应商的交货质量，稍先进一些的除考核质量外，也跟踪供应商的交货表现。较为先进的考核系统则进一步扩展到供应商的前期支持与服务、供应商参与公司产品开发过程中的其他表现，也就是由考核订单交单实现过程延伸到考评产品开发过程。

7.2.1 成立供应商绩效考核小组

对供应商进行绩效考核，就是站在企业竞争力的角度，动态地、适时地依据考核指标和分配数值，了解供应商的表现，确定供应商是否实现预期绩效，并通过考核结果及形成的文件为供应商管理提供必要的决策依据。

为确保供应商考核能够公正、公平和公开，及时发现供应商存在的问题，促进供应商持续改进和不断优化采购渠道，就必须建立供应商绩效考核小组。

供应商绩效考核小组成员是从多部门抽调而来的。通常，由企业内部主管供应商选择与考核的部门组织成立供应商绩效考核小组，从资源开发部、采购部、质量部、工程研发部等部门选出资源开发人员、采购人员、质量人员、研发人员等人员为代表，组成供应绩效考核小组，其组织结构如图7-4所示。

7.2.2 供应商绩效考核小组的职责

供应商绩效考核工作通常由采购部牵头，但也有些单位是质量部牵头并负主要责任，其他部

第7章 供应商绩效考核与关系管理

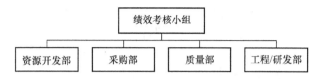

图7-4 供应商绩效考核小组的组织结构

门参与。供应商绩效考核小组的职责如下:

1) 积极慎重地考核所有的供应商,且按照公司的文件规定做好考核内容、考核时间、考核方式、考核人员。

2) 事先确定好考核指标,并通过信息系统自动计算考核结果;确保考核指标明确、合理,并与企业总目标保持一致。

3) 将考核结果反馈给供应商,并及时向公司内部相关人员通报。

4) 组织供应商会议,跟进相应的改善行动。

5) 设定明确的改进目标。

供应商绩效考核小组内各部门的职责见表7-10。

表7-10 供应商绩效考核小组内各部门的职责

部门	职责
资源开发部	a) 负责建立合格供应商名录,并定期对合格供应商名录进行更新 b) 主导对合格供应商的月度评审,并向相关部门进行通报 c) 主导合格供应商的定期复核
采购部	a) 负责对合格供应商的供货能力、交货准时度、价格等月度表现进行评价 b) 协助质量部处理物料异常 c) 必要时,配合质量部要求供应商进行质量改善
质量部	a) 定期提交供应商质量表现考核评定资料 b) 来料质量异常时要求供应商进行改善,并对改善情况进行跟踪确认 c) 对出现物料质量问题的供应商,派驻SQE现场督导 d) 对评分为C级以下的供应商进行通报、辅导并跟进改善对策的落实
工程/研发部	a) 定期提交供应商表现考核评定资料 b) 协助分析物料异常原因并提出指导性对策 c) 与供应商进行技术交流

原则上,供应商绩效考核小组还应负责供应商绩效的定期复核。对于所有合格供应商,应每隔一段时间(半年/季度)复核一次。复核时应由采购部填写供应商考核表,会同绩效考核小组进行价格、质量、交期、交量及配合度等方面的考核,并评定等级,而后呈最高管理者审核与批准。经复核评定不合格者,应由采购部门决定暂停或减少采购或外包数量,并通知该供应商进行改善,或由企业安排专人进行对应的辅导。采购部门和质量部门人员需追踪供应商改善成效。如成效不佳,则视情况要求该供应商于延期内改善,否则予以淘汰或进行相关降级等处理。

7.2.3 供应商绩效考核的实施步骤

1. 实施供应商绩效考核的注意事项

1) 考评所有的供应商,并且文件规定好考评内容、时间、方式、人员等。

2）事先确定好考评指标，并通过信息系统自动计算考评结果。
3）考评指标明确、合理，与公司的大目标保持一致。
4）考评指标具体，考评准则体现跨功能精神。
5）考评表现反馈给供应商，并通报到公司内部相关人员。
6）组织供应商会议跟踪相应的改善行动。
7）设定明确的改进目标。

2. 供应商绩效考核的具体步骤

（1）划分考核层次，明确评估目标　制定出月度评估、季度评估和年度评估（或半年评估）的标准并划分所涉及的供应商，对核心及重要的供应商进行关键指标的高频次评估，对大部分供应商则主要进行季度评估和年度评估。当然，考核的频次可以基于供货的频率、考核的工作量及考核的必要性等综合因素来综合确定适用于自身的评估周期。

1）月度评估。以质量和交货期为主要评估要素，每月评估一次核心供应商及重要供应商。
2）季度评估。针对大部分供应商，以质量、交货期和成本为主要评估要素，每季度评估一次。
3）年度评估（或半年评估）。针对所有供应商，包括以质量、交货期、成本、服务和技术合作等为评估要素，每半年或每年进行一次评估。

（2）供应商分类，建立评估准则　根据供应商供应的产品进行分类，对于不同类别的供应商，确立不同的评估细项，包括不同的评估指标和对应的指标权重。

（3）划分绩效等级，进行绩效分析　根据供应商的绩效等级划分，可以清楚地衡量每家供应商的表现，从而采取不同的管理策略。绩效分析分为以下三个层次：

1）分析本次考核期的评分和总体排名情况。
2）对比分析类似供应商在本次考核期的表现。
3）根据供应商的历史绩效进行分析。

（4）反馈评估结果，督促供应商改善　经过绩效分析，将评估结果反馈给供应商，使供应商了解自己一段时间内的优点和不足。采购方也需要提供明确的改善目标，让供应商将精力聚焦在需要改善的主要方面。

7.3　供应商绩效考核后的管理

7.3.1　供应商的分级管理

1. 供应商分级管理的目的

供应商分级管理是指按照绩效考核结果，将供应类别相同的供应商进行等级划分，并据此及时改进企业与供应商的合作策略，解决市场变化带来的问题，以避免损失及规避风险。

供应商分级管理的目的：优化供应商结构，规范供应商日常管理，提高产品质量，稳定供应商队伍，建立长期互惠供求关系。

2. 供应商等级划分

（1）供应商动态分级管理　根据供应商的考核业绩记录，定期对所有供应商进行动态分级评定，将所有供应商划分为A级、B级、C级、D级四类。

A级供应商是优秀供应商，B级供应商是良好供应商，C级供应商是合格供应商，D级供应商应予以高度关注并对其进行相应的联合改进等工作。对各类供应商的管理也可以结合企业的供应商定点个数来区别对待。

这种分级评定与管理将供货订单与供应商绩效、外购件分级结合起来，使订单的分配比较科学合理，并通过订单的分配来引导供应商提高产品质量。

（2）分级考虑的因素

1）根据供应商业绩进行分级。

2）根据供应商现场审核情况进行分级。

3）综合评价分级（包括业绩、现场审核、服务、开发能力等）。

4）根据供应商所提供产品的重要程度进行分级。

5）根据供应商所提供产品的资金占用大小进行分级。

3. 评分分级制度

一般在实际操作中很多企业对供应商实行评分分级制度，满分为 100 分，根据供应商得分进行分级，具体操作见表 7-11。

表 7-11 供应商分级依据表

计分项目	得分	评价
质量情况、交付情况、服务质量、价格水平	90～100 分	A 级供应商，优秀供应商 应继续加强合作关系，实现双赢
	80～89 分	B 级供应商，合格供应商 应逐步改进、优化合作关系，向 A 级供应商方向发展而努力
	70～79 分	C 级供应商 需要进一步培训与辅导或减量、暂停新项目的采购
	69 分及以下	D 级供应商 应督促其改善，并视情况调整合作关系

4. 对不同等级的供应商应采取不同的措施

（1）对于垄断性质的供应商　即使评为 D 级供应商，企业也应改善与供应商之间的关系，使之向 B 级或 A 级供应商转变，并加强彼此间的互动沟通与紧密合作。

（2）对于非垄断性质的供应商　应根据其合作情况有无改善决定是否进行必要的辅导或减少订单，如果效果还是不佳可以考虑淘汰，并积极引入其他备选供应商。

企业可以每隔 6 个月对供应商级别进行一次调整。

5. 供应商复核

供应商定期复核考察：对正常合作的合格供应商，原则上普通物料供应商每两年要进行一次现场复核，关键物料供应商每年进行一次现场复核；由资源开发部主导，相关部门配合。

物料通常分为以下两种：

1）关键物料：产品制造清单中不可或缺的物料。

2）普通物料：关键物料之外的其他物料。

不定期考察：对经常出现质量问题的供应商或评级为 C 级的供应商，由 SQE 组织相关人员对其进行不定期考核，对有质量问题的供应商进行必要的辅导。

6. 供应商资料的更新与记录维护

资源开发工程师负责每月更新一次合格供应商名录，经采购经理批准后于每月定期发放给相关部门。

资源开发工程师负责供应商基本资料、评级等级、名录、协议、复核等相关资料的保存与更新。供应商相关记录的保存管理依记录控制程序的要求执行。

7. 供应商冻结

供应商冻结是指已经认证合格的供应商如果连续12个月没有合作的,系统自动将其设为冻结状态,如果要重新合作,需要重新安排实地考察。

7.3.2 供应商的奖惩

(1) 供应商奖惩激励的目的　供应商奖惩激励的目的在于,充分发挥供应商的积极性和主动性,做好产品和服务的持续稳定的供应工作,保证采购方企业的生产活动正常进行。对供应商实行有效的奖惩激励,有利于增强供应商之间的适度竞争,保持对供应商之间的动态管理,提高供应商的服务水平,从而降低企业采购的风险。

(2) 奖励供应商的十大措施　①延长合作期限;②增加合作份额;③增加采购物品类别;④供应商级别提升;⑤新项目优先合作;⑥纳入免检计划;⑦供应商大会表扬;⑧颁发优秀供应商证书或锦旗;⑨现金或实物奖励;⑩订单返点和提前付账。

(3) 惩罚供应商的措施

1) 供应商质量不良或交期延误的损失,由供应商负赔偿责任。
2) 加严对供应商产品的检验和稽查频次。
3) 考核成绩连续三次评定为C级或以下者,接受订单减量、各项稽查及改善辅导措施。
4) 考核成绩连续三次评定为D级且未在期限内改善,停止交易。
5) 延迟货款的支付。
6) 必要时安排专业的人员和机构入驻供应商处,产生的费用由供应商承担。

惩罚不是目的仅为手段而已。采购方通过对供应商的负激励促使供应商尽可能投入更多的资源来扭转当前的状况;通过物质奖励和精神奖励来激励优秀的供应商做得更加优秀,获得实实在在的收益;促进表现不好的供应商向表现优秀的供应商看齐,形成良好的供应商追赶趋势。

7.3.3 供应商辅导与能力提升

传统的供应商管理是基于对供应商定期考核的结果采取对应的处理措施,尤其是对连续多次考核不理想的供应商采取对应的处罚与限制措施,直至暂停供货或从合格供应商名单中移除。现代的供应商管理理念认为,既然过去能成为合格供应商并持续提供产品和服务,可能是供应商在过去阶段的周期内因各种原因才导致交付质量表现不佳,作为采购方不能仅凭罚款、停止交货的方式来处理,而更应该协助供应商找到问题的原因,协助供应商改变现状,回到可稳定、持续供货的状态。近些年来,越来越多有远见的采购方纷纷组织内部专业人员成立专业的供应商帮扶部门,以协助供应商全面提高效率、降低成本、提高质量,通过帮助供应商、提升供应商,让采购的产品和服务更加有市场竞争力。供应商在采购方的大力帮助下快速成长,反过来更能对采购方有更大、更多的支持。这样就逐步形成了更加有感情的合作伙伴关系。所以,对供应商进行持续辅导是推进供应商战略管理的重要内容。

1. 供应商辅导的类型

(1) 定期的审核辅导　采供部及相关部门依据年度计划,在实施定期考核的过程中对供应商实施辅导,反馈考核结果,分析和检讨存在的问题,探讨改善的方法,让供应商了解采购方的具体要求。

(2) 不定期的审核辅导　采供部及相关部门对供应商实施的不定期考核与辅导,通常具有较强的过程（如品质问题，工艺制程改善变化）针对性。

（3）专案辅导 针对性选择供应商，组织专案小组与对应的供应商组成联合专案小组，选择改进课题并设定目标、匹配资源，限定期限共同改进。

季/年度专案辅导计划表见表7-12。×××专案项目辅导计划表见表7-13。

表 7-12 季/年度专案辅导计划表

供应商	辅导类型	辅导周期

表 7-13 ×××专案项目辅导计划表

项目	内容	负责人	时间
1	筹建专案小组		
2	确定辅导对象		
3	按对象拟定辅导实施计划		
4	辅导项目实施		
5	项目总结推广，标准化		
辅导小组		部门	人员
		项目部	
		质量部	
		工程部	
		采购部	
		其他部门	

2. 供应商能力提升的辅导方法

对供应商能力提升辅导的方法通常包括品质改进圈、精益生产方法和六西格玛管理三种最常见的系统改进方法。这三种改进方法对不同管理水平的供应商需要选择性采用，不能觉得六西格玛管理高大上采用就一定有效，也别觉得品质改进圈方法简单没有含量就不采用。所以，在方法的选择上需要结合供应商的实际因地制宜，切勿一刀切。至于方法如何用、如何开展，本书第8章有详细阐述。

在和供应商联合成立持续改进项目时，一定要邀请供应商的高层人员亲自参与到改进项目中来，因为这是决定很多改进项目成败的关键要素，不可忽略。

7.4 供应商关系管理

在当今全球化的大背景下，任何一个组织仅凭自身的实力生存和发展都是不可长久的，所以都需要依靠上下游之间的紧密合作。组织和供应商之间的关系由一般的买卖关系向长期合作的伙伴关系发展，通过加强与供应商关系管理能显著加大企业的持续竞争优势。在激烈的市场竞争中，供应链上企业更应该加强协作、共渡难关。供应商关系管理有助于提高客户对产品和服务的满意度，提高供应商对客户需求、反应的敏捷性，使供应商在竞争的环境中保持提高产品质量、降低成本的竞争状态，从而为企业保证采购质量、降低采购成本起到积极的作用。供应商关系是指采购方基于不同的管理目标、不同的市场条件，与供应商之间建立并保持供求竞争和合作的业务联系的性质和形态。供应商关系管理是在供应链管理理论的基础上发展起来的一种处理客户和供应商关系的新理论，以"互赢"为指导思想，鼓励客户与供应商之间达成长期、稳定的互惠互利的合作伙伴关系，共同追求供应链总成本最低化，提高最终客户的产品价值。

7.4.1 供应市场的变化对供应商关系管理的要求

传统的供应商与客户的关系通常就是简单的买卖关系，这种关系的理念就是以最便宜的价格买到最好的东西。其出发点为买卖双方围绕价格讨价还价，相互之间存在的仅是竞争关系。因此，客户往往将供应商看成对手。随着社会的发展、技术的进步，供应市场在过去的几十年中也发生了深刻的变化，具体表现为：

1）技术飞跃发展，产品开发周期越来越短，技术手段不断更新。
2）经济全球化，市场国际化。
3）新的资源不断出现，资源利用率不断提高。
4）知识、信息的生产、分配和使用日趋强化，并且加速走向国际一体化、网络化。
5）客户需求越来越呈现个性化趋势。
6）政治因素与经济、市场的相互影响在不断深化。

供应市场的变化迫使企业必须认真审视自己并重新定义与供应商的关系，绝大多数工业企业顺应潮流的发展要求，也已将采购活动由"买卖做生意为目的"转向"以供应商关系为导向，以供应商管理为目的"。对许多企业来说，与供应商之间的关系构建已成为资源获取及供应链上产品与服务传递的主要模式。如何加强供应商管理以及与供应商之间如何建立供应链双赢合作伙伴关系，成为企业可持续发展的重要课题。

图7-5为供应商关系发展变迁图。

图7-5 供应关系发展变迁图

7.4.2 供应商关系管理的意义

企业实施供应商关系管理所可能带来的企业利益可以归纳成以下三点：

1. 供应商关系管理是供应链上企业与上游成员连接的途径

在供应链管理的环境下，企业的对外业务通过"买"和"卖"进行，广义上的"买"对应的是上游供应链，而"卖"对应的是下游供应链。在"卖"的方面，企业通过客户关系管理（Customer Relationship Management，CRM）来实现，使自己的产品和服务赢得市场、赢得客户，产品和服务的价值得以实现。在"买"的方面，则需要通过供应商关系管理来实现。企业可根据不同供应商在供应链中所处的地位和关系重要度等因素对供应商进行分类管理，有针对性地采取不同的关系管理策略。通过大力拓展及加强与居于供应链关键位置供应商的战略伙伴合作关系，可将供应商的资源有机整合并集成到企业的运作流程中来，从而增强企业资源占有量，提高企业固有资源利用率。

2. 供应商关系管理可以增强企业和供应链的核心竞争力

在集成合作思想的指导下，制造商和供应商把各自的需求和技术整合，目标是实现提供最优的产品和服务。系统、科学、合理地实施供应商关系管理，可在保证企业产品质量的前提下，提升企业运营效率。通过企业运营效率的提升，企业得以更有效、更有针对性地引入各种运营解决方案和解决手段，从而达到降低成本、增加市场份额的效果。另一方面，通过供应商关系管理，企业可邀请供应商参与到新产品和新技术的开发工作中，利用供应商的专业水平来降低未知领域的技术风险。同时，将供应商的资源投资到双方合作领域也分散了企业的投资风险。更高的利润和市场份额以及更低的运营成本和经营风险，无疑是增加了企业和整条供应链的核心竞争力。

3. 供应商关系管理的发展创新了企业间的合作模式

在传统的采购模式中，供应商和制造商之间没有及时有效的信息共享，影响采购效率，采购、库存成本大大增加，产品质量、交货期的控制难度也随之加大；双方之间的竞争关系多过合作关系，供应商频繁更换和选择，在解决日常事务中也因没有良好的沟通和默契，浪费大量时间和精力。在供应市场急剧变化、市场竞争日益激烈的大环境下，传统采购模式的弊端日益显现。随着供应商关系管理模式的发展，一种新帮的供应商合作伙伴关系应运而生。

发展供应商合作伙伴关系，可以提高供应商供货的灵活性和及时性，降低制造商的库存，缩减管理费用，帮助加快资金流转速度；可以提高产品和服务的质量；可以促进与供应商信息共享，加快订单的处理，提高需求预测准确度；可以共享供应商的技术成果，加快新技术应用，缩短产品开发时间；可以分享管理经验，共同提高管理水平。供应商合作伙伴关系实现的前提是各方相互信任，是指供需方为了实现共同目标、共享利益的同时也共同承担风险的长期合作关系，是制造商和供应商之间最理想状态下的合作关系。供应商合作伙伴关系与传统供应商关系的比较见表 7-14。

表 7-14 传统供应商关系与供应商合作伙伴关系的比较

对比项目	传统供应商关系	供应商合作伙伴关系
供应商选择标准	物料/零部件	物料/零部件、服务、技术、知识
稳定性	短期、变化频繁	长期、稳定、紧密合作
合同性质	短期、单一订单	长期、开放式合同
商务谈判/合同签订频次	高、频繁	低、固定
供应批量	小	大
供应商数量	大量	少而精
供应商规模	小	大
供应商范围	本地、本国	全球范围
交流方式	信息专有	信息共享
参与买方研发	不参与	参与
质量管理方式	质量检验为主要手段	共同模块化、标准化管理

7.4.3 供应商关系管理的原则

供应商关系管理四原则如图 7-6 所示。

(1) 归口管理原则 供应商分散管理会增加管理成本，提高管理风险。供应商的管理不是简单的信息记录，而是一个系统协调的工程，工作量大且细致，因此需要专门的组织和人员来开展相关工作。

(2) 规范管理原则 需要有标准体系来指导供应商管理的行为，使供应商信息透明化、评价指标具体化、流程执行规范化、供应商管理目标明确化。

(3) 差异化管理原则 供应商的管理应根据不同类型的供应商及产品特点，采取差异化的管理战略，不能一概而论。根据供应商管理的精细程度、具体标准、发展策略，制定不同的准入制度、管理规则、合作流程、评价和考核体系。

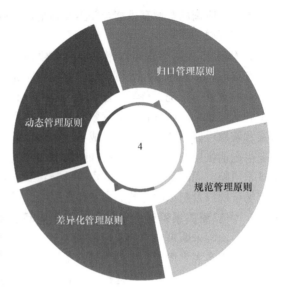

图7-6 供应商关系管理四原则

(4) 动态管理原则 随着企业自身发展环境的变化或者发展战略的调整，供应商选择、评价和关系发展也应该随之调整，才能保证供应商提供的产品和服务是符合企业需要的。对供应商的基本信息要定期复核，随时更新，对供应商的级别要进行动态调整。

7.4.4 供应商关系管理的价值

良好的供应商关系管理对于企业来说可以在增强成本管理、提高资源利用率、改善服务和增加收益等方面起到巨大的推动作用。通过科学的供应商关系管理可以获得市场领先的地位和创造竞争优势。供应商关系管理的价值体现在以下几个方面：

(1) 降低成本 通过和供应商良好的沟通可以降低产品开发成本、质量成本、交易成本及售后服务成本等。据一项调查表明，运用良好的供应商关系解决方案可使得企业采购成本下降20%以上。

(2) 降低风险 企业能及时、安全地获得关键性原材料，可以降低企业及供应链中的潜在供应商风险和不确定性。通过开展供应商关系管理，企业可通过供应商开发新的产品、技术，从而降低其未知技术领域的风险。同时，供应商的资产投资转用于双方合作领域，企业的投资风险也将得以降低。

(3) 规模经济 在某些领域，因研究开发费用极高，企业无法单独承担起开发和生产的全过程，可把没有能力投资的部分技术转包给专业供应商，这样可以在加强供应商力量的同时，通过合理分配技术投资任务更加专注于开发核心技术，在其核心领域追求卓越，从而达到规模经济的效果。

(4) 互补技术和共享专利 与供应商共同研究开发，企业之间的技术人员相互协作，使双方的技术和发明专利互补应用于生产。这种思路使得采购企业与供应商联手进行技术创新成为可能，可以协助企业比竞争对手更快、更早地向市场推出新产品。

(5) 提高客户满意度 供应商关系管理使企业在产品质量、交货时间、供货准时率等方面得到很大程度的改善，从而大大提高了顾客的满意度和忠诚度。

(6) 优化供应商的关系 企业可以根据供应商的性质以及其对企业的战略价值，分别对不同的供应商采取不同的对策，从而扩展、加强与供应商的关系，把供应商资源集成到企业业务流程中。

（7）建立竞争优势　通过合作来快速引入更新、更好、以顾客为中心的解决方案，增加营业能力。在持续保持产品质量的前提下，通过降低供应链与运营成本来促进利润提升。

7.5　战略伙伴供应商关系的建设

面对目前供应市场的变化及越来越激烈的市场竞争，传统采购职能的弊端越来越明显。采购过程中信息封闭，供应商与采购方做不到有效的信息共享，影响采购的效率，造成采购库存成本大大增加，对产品质量、交货期的控制难度增加。供应商对客户需求的转换过于迟钝，缺乏真正理解需求变化的能力，于是真正意义上的供应商合作伙伴关系就越显必要。战略伙伴供应商关系的一个非常重要的标志就是供应商的早期参与和采购方早期介入。在采购过程的早期影响价值的机会比后期大得多。供应商与采购方在早期的共同介入，将大大降低设计与工艺的成本，提高可制造性，缩短制造周期，降低成本，提高竞争力。

7.5.1　战略伙伴供应商关系的定义

战略伙伴供应商关系是企业与供应商之间所形成的最高层次的战略合作关系，它是指双方在互相信任的基础上，为了双方共同的、明确的目标而建立的一种长期合作的伙伴关系。成功的供应商伙伴关系，是要求双方相互协调、相互信赖、共享信息、共担风险、共用技术，共同创造与革新，同时还需要双方高层领导的全力支持。具体来说，供应商伙伴关系至少涵盖了以下六个方面：

1）发展长期的、相互信任与相互信赖的合作关系。
2）这种关系有明确的或口头的合约约定。双方共同确认，并且在各个层次上都有相应的沟通。
3）双方有共同的利益目标，并且为实现共同的目标制订了共同的、有挑战性的改进计划。
4）双方相互信任、诚恳公开、有机配合、共担风险。
5）相互学习，共享信息和成功的经验。
6）共同开发技术或市场，创造蓝海。

7.5.2　战略伙伴供应商关系的意义

通过与关键的供应商建立长期战略合作伙伴关系，企业可以获得以下几个方面的好处：
1）可以缩短供应商的供应周期，提高供应商的灵活度。
2）可以降低企业原材料、零部件的库存水平，减少管理费用，加快资金的周转。
3）可以提高原材料、零部件的质量，降低质量成本。
4）可以加强与供应商的沟通，改善订单的处理流程，提高材料计划的准确性。
5）可以共享供应商的最新技术和改善的成果，加快产品开发的速度，缩短产品开发的周期。
6）可以与供应商共享管理的经验，推动企业整体管理水平的提高。

7.5.3　战略伙伴供应商关系的内容

1）部分业务外包，虚拟企业、合作联盟管理，核心竞争力提升。

2）供应链网络节点设计（企业资源考核、选择与定位）。
3）供应链的产品需求预测与规划、生产集成化跟踪、控制。
4）基于供应链的标准化管理、模块化管理（检测方式、产品标识、包装方式等）消除无价值的过程，消除接口的障碍，逐步实现无缝连接
5）基于供应链的信息系统平台管理。

7.5.4 建立战略伙伴供应商关系的步骤

建立供应商合作伙伴关系的第一步工作就是要得到公司最高管理层的重视和支持，需要最高管理层能意识到战略合作关系的供应商是公司战略发展中最重要的组成部分。要大力支持相关职能部门与供应商开展深入的合作伙伴关系建设，这将为持续推进战略伙伴供应商关系建设奠定坚实的基础。具体战略伙伴供应商关系的推进应从以下几个步骤开展。

1. 供应商分类

采购部门要在供应市场调研的基础上，会同有关职能部门对采购物品进行分析、分类，再进一步结合客户定位，根据预先设定的对伙伴型供应商的要求进行供应商分类，确定伙伴型供应商的对象。供应商关系分类见表 7-15。

表 7-15 供应商关系分类

供应商类型	商业型供应商	优先型供应商	伙伴型供应商	
			供应伙伴	设计伙伴
关系特征	运作关系	运作关系	战术关系	战略关系
时间周期	1年以下	1年左右	1~3年	1~5年
设计与生产	1）提供不同产品 2）客户选择	1）按照客户要求设计 2）按照客户要求生产	1）按照客户要求设计 2）按照客户要求生产	1）早期介入产品设计 2）提供技术支持 3）共享知识产权
质量管理	由客户检验把关	由客户检验把关	1）供应商质量保证 2）客户抽样检验	1）共同确定质量标准 2）质量免检
供货方式	1）按照订单供货 2）固定送货时间	1）按年度协议 2）客户决定送货时间和交货方式	1）按需求计划供货 2）JIT 供货	1）按 EDI 交货信息 2）管理客户库存 3）多方共享信息
合约方式	短期买卖协议	年度合作协议	长期合作协议	长期合作协议
成本管理	市场价格	价格 + 折扣	价格 + 降价目标	1）公开价格与成本 2）降低成本承诺与计划

2. 确定目标和指标

要根据对供应商伙伴关系的要求，明确具体的目标和考核指标，制订达成目标的行动计划。行动计划与目标必须在公司内部与相关职能部门间进行充分的交流并取得一致，同时也要取得供应商的参与和认可，并经双方代表签字。

3. 组织与跟踪

通过供应商定期会议、供应商访问机制等形式，针对行动计划实施组织和进度跟进，其内容包括对质量、交期、降本、新产品导入、新技术开发等方面的改进进行跟踪考核，定期检查进度，及时调整行动计划。在公司内部要通过供应商月度考核、定期体系审核等机制跟踪供应商的

综合表现，及时反馈并提出改进要求。对供应商的伙伴关系总体计划应至少每年检查与调整一次。

7.5.5 战略伙伴供应商关系的维护

供应商伙伴关系维护是采购企业与供应商合同的执行过程中，为巩固彼此关系、不断发展、完善供货合作甚至联盟关系而做出来的所有努力。采购双方签订合作协议之后，也就标志着供应商开发过程刚刚开始，在此基础上的供应商关系维护对于保证采购物质的高质量供应有着非常重要的作用。关系维护涵盖的范围很广，具体可表现在以下几个方面。

1. 双方的互相协助

双方一旦签订合作协议，两者就成为一条供应链上的两个利益相关方。如果其中一方在生产经营、资金运作、人力资源等方面遇到困难，那么另一方应给予最大可能的支持与帮助。这种帮助也是对双方合作关系的一种投资，既有资本上的也有感情上的支持。这种互惠互利的关系对双方合作的忠诚度和诚信程度都有很大帮助。

2. 双方技术与信息的交流

采购方的相关人员与供应方的相关部门之间定期或不定期的技术和信息交流对维护双方关系是大有好处的。供应商在供货过程中表现优秀的方面、表现不尽人意的地方甚至出现的纰漏和造成的损失，采购方都有义务以平和的心态与供应商进行及时有效的交流。这种信息的交流有利于改善供货绩效并提高供应商的竞争力，最终对双方都有帮助。

3. 双方中高层管理人员定期互访机制

除了业务层面上的交流以外，双方中高层管理人员也应该建立定期互访机制，这有利于增进双方的信任和感情。此外，采购方定期组织的新品发布会、文化娱乐项目等活动都能拉近与供应商之间的关系，通过各自互访活动增进双方人员的相互了解和友谊建立，对于长期稳定的合作关系都是功不可没的。

4. 战略伙伴供应商关系的递进

从普通的供应商关系发展到战略合作伙伴的供应商关系，双方从高层、中层、基层等级别的人员在人际关系上建立了互信机制，在相互业务上的契合与配合度会越来越好。供应商之间的关系从协助层面走向紧密层面，从紧密层面走向核心战略业务的捆绑合作，共同开发蓝海市场。只有在这样层面的战略合作伙伴关系才是提高其核心竞争力的法宝，也就逐渐形成了战略联盟模式下长期的互利双赢。

战略合作伙伴关系如图 7-7 所示。

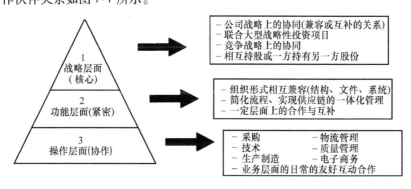

图 7-7 战略合作伙伴关系

7.5.6 案例：西门子供应商关系管理的 15 条原则

1）寻找行业内最好的供应商，在技术成本和产量规模上领先。

2）所选定的供应商必须把西门子列为最重要的顾客之一，这样才能保证服务水平和原料的可得性。

3）供应商必须有足够的资金能力保持快速增长。

4）每个产品至少由 2~3 个供应商供货，避免供货风险，保持良性竞争。

5）每个原材料的供应商数目不宜超过 3 个，避免过度竞争关系恶化。

6）供应商的经营成本每年必须有一定幅度的降低并为此制度化。

7）供应商的订货份额取决于总成本（=价格+质量+物流等服务）分析，成本越高，订单份额就越少。

8）新供应商可以在平等条件下加入西门子的 E - Biding 系统，以得到成为合格供应商的机会。

9）当需要寻找新的供应商时，西门子会进行市场研究以找到合适的备选供应商。

10）对潜在供应商要考查的是其财务能力/技术背景/质量体系/生产流程/生产能力等综合因素。

11）合格的供应商将参与研发或加入高级采购工程部门的设计。

12）应先通过试生产流程的审核，以证明供应商能按西门子的流程要求生产符合西门子质量要求的产品。

13）然后再通过较大规模的试生产，以确保供应商达到六西格玛质量标准以及质量和生产流程的稳定性。

14）如果大规模生产非常顺利，就进一步设立衡量系统（包括质量水平和服务表现）；如果不能达到关键服务指标，西门子就会对供应商进行再教育。

15）当西门子的采购策略有变化时，若供应商的总成本或服务水平低于西门子要求，则该供应商的供应资格就可能被取消。

第 8 章 供应商质量改进

8.1 质量改进概述

8.1.1 质量改进的定义

ISO 9000：2015《质量管理体系　基础和术语》中对质量改进的定义为：质量管理的一部分，致力于增强满足质量要求的能力。质量改进就是通过采取各项有效措施提高产品、体系或过程满足质量要求的能力，使质量达到一个新的水平和高度。

质量改进是质量管理活动的组成部分，质量改进的范围十分广泛，内容丰富，它贯穿于质量管理体系的所有过程中（包括大过程及子过程），包括管理职责、资源管理、产品实现、测量分析过程的改进，也包括产品、过程、体系的改进。

质量改进与质量控制存在着紧密联系。组织的质量管理活动，按其对产品质量水平所起的作用不同，可分为两类：一类是质量"维持"，是保持现有水平稳定的活动，通常通过质量控制来实现；另一类是质量"突破"，是根据用户需求和组织经营的需要对现有的质量水平在维持的基础上加以突破和提高，使产品质量水平上一个新台阶的活动。

以有效性和效率作为质量改进活动的准则。所谓有效性（Effectiveness）是指实现策划的活动并取得策划的结果的程度；效率（Efficiency）是指取到的结果与所使用的资源之间的关系。对于企业质量管理活动而言，有效性和效率之间的关系是密不可分的。离开效率，将付出高昂的代价换得有效性的结果；离开有效性，高效率的后果将是很可怕的。

质量改进要持之以恒，持续改进是指增强满足要求的能力的循环活动。质量要求是多方面的，除了有效性和效率之外，还有可追溯性等。所谓可追溯性（Traceability）是指追溯所考虑对象的历史、应用情况或所处场所的能力。当考虑的对象为产品时，可追溯性可涉及原材料和零部件的来源、加工过程的历史（如经过的工序和场所、使用过的设备、操作者等）、产品交付后的分布和场所等。因此，企业的质量管理活动必须追求持续的质量改进。持续改进是贯彻 ISO 9000：2015 版标准的核心，是一个组织的永恒主题，有了持续改进，才会使顾客日益增长的要求和期望得到最终满意，才能使质量管理体系动态地提高，以确保生产率的提高和产品质量的改善。

8.1.2 质量改进的目标与原则

质量改进必须有具体的目标做指引，以使组织及其成员产生合乎目的的具体的改进行动。质量改进的目标可以从以下三个方面来理解：

1）从顾客价值的角度来看，质量改进应注重提高顾客满意度和过程的效果和效率，这也是质量改进的宗旨或总的目的。质量改进应以顾客价值为导向，顾客的满意就是质量，质量改进就是使顾客不断地得到物质和精神两个方面的满意。物质满意就是顾客在对组织提供的产品核心层的消费过程中所产生的满意程度，物质满意的影响因素是产品的使用价值，如功能、可靠性、设计包装等。精神满意是顾客在对组织提供的产品形式层和外延层的消费过程中所产生的满意程度，精神满意的影响因素包括产品的外观、色彩、防护、装饰、品味和服务等。

2）从组织绩效的角度来看，质量改进的核心是提高组织的整体素质和竞争力，质量改进应贯穿于组织的各个层面。所以，应将组织的总质量改进目标逐级分解、落实到各个部门、各个小组乃至各个成员，为他们分别确立相应的质量改进目标，使每项具体的质量改进活动都有具体的目标。这样可促使组织各个层次的人员都能为了组织的生存和发展积极投身于质量改进活动中去，从而保证总质量改进目标的实现。

3）从社会效益的角度来看，组织进行质量改进不仅是为了增加因顾客需求得到满足所获得的利润，而且要符合顾客和社会的长远利益。质量改进不仅要使顾客和组织成员满意，也要考虑到所进行的改进工作是建立在维护顾客利益的基础上的，并确保社会效益有所保障。

有效的质量改进目标应具备以下特点：

1）目标应具体，并且应是可考核的。空洞的、泛泛的目标不能产生明确而有效的指导作用。不可考核的目标难以指明或评价具体行动结果的强度或程度，从而降低目标对具体行动的指导作用。所以，目标应尽可能是量化的目标，以便能对目标实施的过程和活动的结果进行适当的测量和比较。

2）目标应富有挑战性，同时通过努力又是可以实现的。富有挑战性的目标可以增加质量改进的水平和程度，为顾客和组织增添更多的利益，还可能对活动者产生更大的激励作用，增强他们的个人成就感和改进的积极性。但过高的目标，由于实际可行性小，有可能带来相反的结果；而过低的目标，可能作用不大或很小，甚至产生相反的不利作用。

3）目标应明确易懂，为相应的员工所理解并取得共识。明确易懂的目标才能被成员正确地理解，并把握住目标的实质性内容。组织员工带着各自的不同目标和多重目标在组织中工作，只有当他们对组织的质量改进目标达成共识时，才能使他们各自的行动和个人的目标在组织的共同目标下统一协调起来，产生一致性的行为。

为突破原有质量水平，实现新的质量水平目标，企业在研究与实施质量改进时，应充分考虑和遵循下列基本原则。

（1）顾客满意原则　一个组织输出的产品、服务或其他的质量，取决于顾客的满意程度以及相应过程的效果和效率。顾客不仅存在于组织的外部，也存在于组织的内部。内部顾客是指企业内部结构中相互有业务交流的那些人，包括股东、经营者、员工。相对而言，外部顾客是指组织外部接受产品或服务的组织和个人，包括最终消费者、使用者、受益者或采购方。因此，进行质量改进必须以内外部顾客的满意程度及追求更高的效果和效率为目标。

（2）系统改善原则　产品固有质量水平或符合性质量水平方面存在的系统性问题或缺陷，都涉及众多的因素，其质量突破的难度是很大的，它涉及对质量改进必要性、迫切性的认识，关键因素的寻找与确认，人们知识与技能的发挥，改进的组织、策划与实施过程等。所以，进行质量改进时必须从企业实际需要与可能出发，实事求是地进行系统性的分析和研究，考虑系统性的改善措施，才能取得成功。

（3）突出重点原则　质量改进是一种以追求比过去更高的过程效果和效率为目标的持续活动，要突破产品固有质量水平或符合性质量水平所存在的问题或缺陷，必须从众多的影响因素中抓住"关键的少数"，集中力量打歼灭战，求得彻底的改善，才能取得总体改进的效果。

（4）水平适宜原则　进行产品质量改进必须从客观实际需要出发，确定适宜的质量水平，防止产生质量"过剩"。对产品固有质量水平的突破，一定要从用户对产品质量的实际需求及质量标准、法规规定的约束条件出发，不能为上水平而上水平，增加不必要的功能或追求过剩的高质量。因为这种质量过剩，既不经济又不实用，无助于提高产品的使用价值。对产品符合性质量的突破,也要从客观需要和企业的客观条件出发,讲究经济效益,尽可能地使用科学、简便的办法,求得产品符合性质量的突破性提高。

(5) 项目制原则 质量改进活动是以项目的方式实施的,因此质量改进活动的整个过程应该是全面的,即不仅包括项目最终的质量,也包括项目服务质量和形成项目过程中的工作质量。以项目形式开展的质量改进应该是基于项目全过程(即项目整个生命周期)的质量改进。

(6) 持续改进原则 质量改进主要是解决生产过程中出现的深层次问题,它的改进对象是正在执行的质量标准。通过质量突破,制定新的过程控制标准,通过执行新的质量标准,实现质量提高。持续的质量改进,将会不断地提高产品质量和服务质量,不断减少质量损失,降低质量成本,增强组织竞争能力,获得更高的顾客满意程度与过程的效果和效率,从而为本组织和顾客提供更多的收益,同时还为组织的发展创造机遇。

(7) 主动改进原则 进行积极、主动的质量改进,应是企业的一种必要的主观态度和精神。改进是无穷的,因而改进的机会也是无穷的。抓住了改进的机会,改进才有可能发生。但是,机会不会自动进入"手"中。所以,质量改进工作应不断地寻求改进的机会,并抓住机会,促使改进的发生,而不是坐等机会的出现。改进的机会存在于企业内部的各种活动之中,已出现的问题和尚未出现的潜在问题大量存在,尤其是后者。它们都是改进的机会所在。对于已出现的问题,要当即抓住分析,而不能忽视,否则就会错失良机;对于尚未出现的潜在问题,更要积极地去感受、发现、分析各种各样的微小变化和差异,从而发现一些问题的迹象、苗头和趋势,进而探索潜在问题的所在,发现或创造改进的机会。

(8) 预防性改进原则 质量改进的重点在于预防问题的再发生,而不仅仅是事后的检查和补救。单纯的事后检查和补救,只可能使已产生的质量损失有所减少,但不能完全消除质量损失,更不能杜绝今后类似的质量损失再发生。这种补救性质的改进,如返修、返工或调整,既不能保证在原有质量水平上的稳定,更不能保证在原有质量水平上的提高。质量改进的关键是要消除或减少使问题再发生的因素,即进行预防性的改进。消除或减少使问题再发生的因素,是永久性的、根本性的改进,唯此能使组织和顾客长期受益。已经导致质量损失的问题,是已存在的问题,需根据问题的性质查明导致问题产生的原因,并采取纠正措施进行纠正,不仅要纠正过程中出现的不良结果,以尽可能地挽回损失,而且更重要的是消除或减少导致不良结果的因素,以防止其再发生,避免其造成的质量损失再出现。预防措施和纠正措施都是质量改进的重要手段,它们都是预防性的措施,能够实质性地改进组织的过程。

8.1.3 质量改进的分类与途径

组织的质量改进形式多样,下面从质量改进的对象、待改进的缺陷来源及改进范围三个角度阐述质量改进的类型。质量改进的类型如图8-1所示。

按照改进对象划分,质量改进可以分为产品改进、过程改进和管理体系改进三类。产品改进是一种工程技术改进,其结果可能使产品质量提高,也可能使产品的成本下降,甚至可以促成产品的创新。过程改进可以是工程技术活动改进,也可以是管理活动改进。

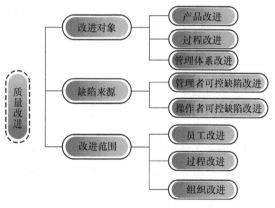

图8-1 质量改进的类型

管理体系改进是从最高管理者到基层管理者都应针对自己的管理对象来进行,它包括组织目标的调整、发展战略的更改、组织机构的变动、接口方式的改进、资源的重新分配、奖励制度的改变、产品的调整等，可以说涉及组织的方方面面。

按照改进的缺陷来源划分，质量改进可以分为管理者可控缺陷改进和操作者可控缺陷改进两类。管理者可控缺陷改进主要是针对管理方面造成的缺陷，是研究有关的技术和管理方法，其改进措施一般包括技术和管理方法的改进两个方面。操作者可控缺陷改进主要是针对操作方面造成的缺陷，是研究员工的操作方法，其改进措施通常包括改进操作方法和加工顺序，但有时也有技术上的改进。以上两种改进过程应采取不同的做法。在改进管理者可控缺陷时，通常是依靠少数领导和技术人员做出较大的努力；而在改进操作者可控缺陷时，通常要求多数员工做出努力。

根据质量改进项目课题的大小、难度、所涉及的范围及采用的方法不同，质量改进可分为过程改进、员工改进和组织改进三种途径。这三种途径的质量改进虽然各自的出发点不同，但其间具有紧密关系，是相辅相成的。

(1) 过程改进　ISO 9000 标准明确指出，组织的任何一项工作都是通过一个过程来完成的。任何一个过程必须是增值的，否则应视为无效过程。过程改进的目的在于不断提高过程增值的幅度，为组织创造高的工作质量、高的工作效率和高的经济效益。过程改进是从对过程的要求而提出的，一是要提高过程的技术能力（使过程处于技术稳态），二是要提高过程的稳定性（使过程处于统计稳态）。

(2) 员工改进　员工改进是指每一位员工根据自己身边存在的质量问题，通过自主管理活动或 QC 小组活动而开展的质量改进。改进项目大多是由系统因素作用而发生的异常质量波动。员工改进开展得是否普遍，从一个侧面反映了组织"以人为本"的质量文化启动的程度。根据美国心理学家马斯洛的分析，人类均有自我实现的需要，这种需要能促使人们具有一定的目标导向。希望需求得到满足，就会增加人们产生自主管理或参与 QC 小组活动的积极性，即员工改进。

(3) 组织改进　组织改进是对整个组织所进行的质量改进，其针对的大多是由于随机因素的作用，使质量水平达不到顾客要求或不理想，而必须采取系统改造措施解决的课题，往往会涉及质量管理体系运行的有效性、技术能力的先进性、组织内外部环境的相关性，甚至涉及组织文化和员工队伍的素质等，大多属于宏观管理的改进项目。组织改进涉及范围广、难度大、课题多，需要组织的高层领导亲自主持、参与，并且需要在人力、物力、财力等方面有较大的投入，但其效果往往是非常显著的。

8.1.4　质量改进的环境要求

从管理者职责、价值观和行为规范、交流和合作、认可和奖励、教育和培训等方面就质量改进的环境要求做简要阐述。

(1) 管理者职责　组织管理者积极参与并领导质量改进活动，是质量改进持续不断地进行并取得成效的关键。它应成为各级领导实现其工作的质量方针，是质量体系有效运行的手段和途径，并应纳入领导的工作考核之中。不同层次的管理者在质量改进活动中的职责各有侧重。组织的高层管理者必须加强对质量改进的领导，负责并领导创造持续质量改进的环境，应以自身的行动、持久的努力和资源配置来体现对质量改进的重视，并承担必要的义务，主要包括：①传达质量改进的目的和目标，持续地改进自己的工作过程；②培育公开交流和互相合作的环境，并尊重每个人员；③使组织中每个人都能改进自己的工作过程。组织的基层管理者是落实质量改进活动的主要责任者，他们通常组织并亲自参与质量改进工作。基层管理者要以身作则，持续地改进自己的工作过程，培育公开交流和互相合作的环境，尊重每个人员，提高他人的质量改进意识，使单位中的每个人都能改进自己的工作过程,并通过他们的工作过程来实现质量改进的目的和目标。基层管理者的关键任务是学会管理群体,并通过自己的行动来改变职工对质量问题的态度,使他们自觉参与质量改进,从而实现对质量改进的领导。

(2) 价值观和行为规范　质量改进环境往往需要一套以满足顾客要求和设置更强竞争目标为中心的新的共同的价值观和行为规范,主要包括:①重视并满足内部顾客和外部顾客的需要;②质量改进应贯穿于从供方到顾客的整个供应链;③表明管理者所承担的义务,领导并要求他们参与质量改进;④强调质量改进是每个人工作的一部分;⑤通过改进过程找到问题并加以解决;⑥持续不断地改进所有过程;⑦利用数据和信息进行公开交流;⑧促进个人之间的相互合作和尊重;⑨根据对定量和定性资料的分析进行决策。

(3) 交流和合作　公开的交流和合作能够消除组织和人员间影响整个过程效果、效率和持续改进的障碍,并促使和加快质量改进。应在包括供方和顾客在内的整个供应链上加强这种公开的交流和合作。

(4) 认可和奖励　在鼓励组织中每个人参与质量改进、改进自己工作过程的同时,认可和奖励他们在质量改进中所做的贡献,这也体现了领导的态度和对每个人的尊重。认可过程要强调个人的发展和成长,并考虑到影响个人工作绩效的一些因素(如机会、组织、环境等)。此外,要强调集体绩效,培养集体的荣誉感。奖励认可应形成积极向上的奖励认可制度,鼓励每个人积极进取,不断改进自己的工作过程。

(5) 教育和培训　对组织内全体成员(包括最高层管理者)的教育和培训都是必需的,而且是一项长期的任务。教育和培训的目的在于强化员工的质量意识,掌握质量管理的原理和方法,及时推广新的技术和经验,不断更新员工的知识和技能。组织管理者要根据质量改进需要,切合实际地制定并实施教育和培训大纲。教育和培训的内容可以是质量原理和实践以及在质量改进中采用的合适的方法,其中也包括质量改进工具技术的应用。应对教育和培训大纲进行评审,并定期评估其实施效果。

8.1.5　质量改进的策略与步骤

1. 质量改进的两种策略

组织开展质量改进活动可以采取如下两种策略:一种是渐进型质量改进策略,另一种称为突破型质量改进策略。图 8-2 展示了上述两种策略的差异。

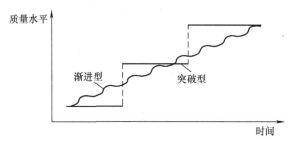

图 8-2　渐进型与突破型质量改进策略的差异示意图

渐进型质量改进策略具有改进步伐小、改进频繁等特点。这种策略认为,最重要的是每天每月都要改进各方面的工作,即使改进的步子很微小,但可以保证无止境的改进。渐进型质量改进策略的优点是,将质量改进列入日常的工作计划中,保证改进工作不间断地进行。由于改进的目标不高,课题不受限制,所以具有广泛的群众基础。它的缺点是,缺乏计划性,力量分散,所以不适用于重大的质量改进项目。

突破型质量改进策略具有两次质量改进的时间间隔较长、改进目标值较高、每次改进均需较大投入等特点。这种策略认为，当客观要求需要进行质量改进时，公司或组织的领导者就要做出重要的决定，集中最佳的人力、物力和时间来从事这一工作。该策略的特点是能够迈出相当大的步子，成效较大，但不具有"经常性"的特征，难以养成在日常工作中"不断改进"的观念。

质量改进的项目是广泛的，改进的目标值的要求相差又是很悬殊的，所以很难对上述两种策略进行绝对的评价。组织要在全体人员中树立"不断改进"的思想，使质量改进具有持久的群众性，可采取渐进型策略。而对于某些具有竞争性的重大质量项目，可采取突破型策略。

2. 质量改进的一般步骤

质量改进是质量管理的一项十分重要的内容，贯穿于产品和服务形成的全过程，存在于任何过程和活动中。为了有效地实施各种形式的具体的质量改进并取得成效，质量改进工作应按以下步骤进行。

（1）选择改进项目　组织需要进行质量改进的项目会有很多，所涉及的方面可能包括质量、成本、交货期、安全、环境及顾客满意度等。选择改进项目时，通常围绕降低不合格品率、降低成本、保证交货期、提高产品可靠性（降低失效率）、减少环境污染、改进工艺规程、减轻工人劳动强度、提高劳动生产率以及提高顾客满意度等几个方面来选择。

选择改进项目时，通常需要做好如下几项工作：①明确所要解决问题的必要性和重要性，即这个问题为什么必须当前解决；②明确有关问题的背景，包括历史状况、目前状况、影响程度（危害性）等；③将不尽人意的结果用具体的语言表达出来，并说明希望问题具体解决到什么程度；④选定课题和目标值，若有子题目也决定下来；⑤正式选定任务负责人，若成立改进团队，应确定课题组长及成员；⑥如有必要，应对质量改进活动的经费作出概算；⑦拟定质量改进活动的时间表，初步制订改进计划。

选择改进项目时，还需要注意如下几个方面：①一般在组织内存在着大大小小数目众多的质量问题，为了确定主要质量问题，应最大限度地灵活运用现有的数据，应用排列图等统计方法进行排序，从诸多质量问题中选择最主要的问题作为质量改进课题，并说明理由；②必须向有关人员说明解决问题的必要性和重要性，否则可能会影响解决问题的有效性，甚至半途而废；③设定目标值必须有充分的依据，目标值应当具有经济上合理、技术上可行的特点，即设定的目标值既要具有先进性，又要保证经过努力可以实现，以激励团队成员的信心，提高活动的积极性；④要制订质量改进计划，明确解决问题的期限，否则可能会被以后出现的"更重要、更紧急"的问题拖延。

（2）掌握现状　当确定质量改进项目后，应进一步掌握有关课题的历史状况和目前状况等背景资料，且应尽可能详尽。为了更好地把握待改进质量项目的基本现状，需要做好如下几项工作：①为了掌握解决问题的突破口，必须抓住问题的特征，需要详细调查时间、地点、问题的类型等一系列特征；②针对要改进的质量问题，从影响质量的人、机、料、法、环等（5M1E）诸因素入手进行广泛、深入的调查；③最重要的是要到发生质量问题的现场去收集数据和相关信息。

为更好地把握待改进项目的突破口，需要明确质量问题的内部特征，可以从时间、部位、种类、特征等四个方面进行深入调查分析。①从问题发生的时间上调查，如早晨、中午、晚上不合格品率有何差异，一个星期中每天的合格品率是否相同，从月份、季节、节假日等不同时间角度观察其结果有什么不同。②从导致产品不合格的部位出发，如从部件的上部、侧面或下部零件的不合格情况来考虑，从较长部件的前面、中间、后部不同部位去考虑，若产品形状复杂可考虑不合格是发生在笔直的部位还是拐角部位等。③从问题种类的不同进行调查,如某一组织生产的不同产品,它们的不合格品率有无差别;现在生产的产品与原过程生产的同类产品相比,不合格品率有无差异。种类还可从生产标准、等级、消费者、市场等不同角度进行考虑。④从问题的特征方面进行调查,如从产品不合格项的形状、部位和排列等方面考虑。

以上4点是针对任何问题都必须调查的,但并不充分,还必须掌握结果波动的特征。一般来说,解决问题应尽量依据已掌握的客观数据进行,其他信息如记忆、想象等,只能供参考。但没有数据的情况下,应充分发挥其他信息的作用。

(3)分析问题原因 在上述现状调查中,收集到了大量待改进项目的质量问题的数据和信息,接下来应诊断分析产生质量问题的各种影响因素,进而确定出主要影响因素。在分析质量问题的原因时,可以通过设立假说与验证假说两个环节得以实现。在设立假说(即根据已收集材料选择可能的原因)过程中,需要根据已收集的有关的全部可能原因信息,包括所有认为可能有关的因素,画出因果图;根据前一阶段所掌握的现状信息,消去所有已明确认为无关的因素,然后用剩下的因素重新绘制因果图;在新绘出的因果图上,标出认为可能性较大的主要原因。在验证假说(用新收集的材料从已设定因素中找出主要原因)过程中,需要再次搜集新的数据或信息,综合全部调查到的信息,确定可能性较大的原因对问题有多大影响,并决定主要影响原因;如果条件允许,可以有意识地将问题再现一次,确认对问题影响较大的原因。无论是设立假说还是验证假说,均应采用一系列科学方法。日本玉川大学著名质量管理专家谷津进教授曾将这几个阶段的活动形象地用图表示出来,如图8-3所示。

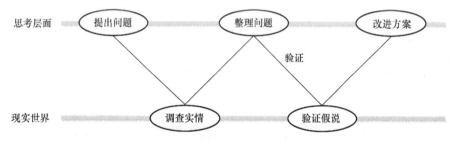

图8-3 分析解决问题的过程

(4)拟定与实施改进方案 通过充分调查研究和分析,产生质量问题的主要原因明确了,就要针对主要原因拟定改进方案并加以实施。在拟定改进方案时,首先是要将现象的排除(应急对策)与原因的排除(永久对策)严格加以区分;其次,应尽可能防止某一项对策产生副作用(并发其他质量问题),若产生副作用,应同时考虑采取必要的措施消除副作用;最后,对策方案应准备若干个,并根据各自的利弊,通过方案论证选择最有利于解决质量问题而且参加者都能接受的方案。在实施改进方案过程中,需要注意如下几项工作。首先是要正确处理应急方案与永久方案之间的关系问题。一般说来,通过返工、返修使不合格品转变为合格品,只能是应急方案,不能防止不合格品的再次发生,要使不合格品今后不再发生,必须采取消除产生质量问题的根本原因的永久方案。其次,要处理好在实施改进方案中可能会引起的其他质量问题(称之为副作用)。最后,要多听取有关人员的意见和想法,重视有关人员有效合作的问题。这是因为方案实施过程中往往要使许多工作程序发生调整和变化。

(5)确认改进效果 质量改进方案的实施效果如何,直接关系质量改进活动的成败,为此需要对质量改进的效果进行确认。在确认质量改进的效果时,可以采用与现状分析相同的方法,将改进方案实施前后的质量特性值、成本、交货期、顾客满意度等指标做成对比性图表加以观察、分析。若质量改进的目标是降低质量损失或降低成本,应将特性换算为货币形式表达,并与目标值相比效。对质量改进后取得的大大小小的效果应一一列举。在确认质量改进效果时,需要关注如下几个事项。首先,要确认在何种程度上防止了质量问题的再次发生。用于显示改进前后效果的对比性图表应前后一致,这样会更加直观,具有很强的可比性。其次,将质量改进的效果用货币的方式表达是非常必要的,这样会让经营管理者认识到该项工作的重要性。此外,在改进方案实施后,若发现没有达到预期效果,应首先确认是否严格按照对策计划去实施,若确实是,则意味着所采取的方案有问题,应重新回到"掌握现状"阶段。若确认采取对策无误但没有达到预期效果时,应考虑计划是否有问题。

(6) 防止再发生和标准化　经过验证,对确实有效的措施进行标准化,并纳入质量文件,防止同类质量问题再次发生。在对有效的改进措施标准化过程中,首先要对有效的质量改进措施再次确认其人、机、料、法、环方面的内容,并将其标准化,制定成工作标准。然后,准备、宣传和贯彻有关新标准的文件。其次,要建立保证严格执行新标准的质量经济责任制。最后,可以组织培训教育,要求所有相关人员对新标准要正确理解和坚决执行。在对有效的改进措施进行标准化过程中,还需要注意如下几个问题。一是制定防止同类不合格或缺陷的纠正措施,纠正措施必须进行标准化并形成标准。二是导入新标准时,引起混乱的主要原因是标准没有充分地被准备和传达。如系统性很强的作业,一部分工作做了调整,另一部分未做相应调整,容易出现产品问题。三是导入新标准后,必须反复、充分地进行适宜的教育培训,使员工在作业中不再出现以前同样的问题。

(7) 总结　对改进效果不显著的措施及改进过程中发现的新问题,应进行全面的总结,为持续质量改进提供依据。在质量改进的总结阶段,需要重点做好如下几个方面。首先,应用对比性排列图等工具,找出本次循环的遗留问题,作为下一轮质量改进活动中要解决的问题。其次,考虑为解决这些问题,下一步应当怎样做。最后,总结本次循环中哪些问题得到顺利的解决,哪些问题解决的效果不理想或尚未得到解决。在质量改进的总结阶段,还需要注意如下两个问题。首先不要就一个问题长期地没完没了地开展活动,应该开始时定下期限,到期时总结完成情况,将经验和教训带入下一轮的质量改进活动中去。其次是应制订解决遗留问题的下一步行动方案和初步计划。

8.1.6　质量改进的内涵

美国质量管理学家朱兰在欧洲质量管理组织第 30 届年会上发表的《总体质量规划》论文中指出:质量改进是使效果达到前所未有的水平的突破过程。由此可见,质量改进的含义应包括以下内容:

(1) 质量改进的对象　质量包括产品(或服务)质量以及与它有关的工作质量,也就是通常所说的产品质量和工作质量两个方面。前者如电视机厂生产的电视机实物的质量,饭店输出的服务的质量等;后者如企业中供应部门的工作质量,车间计划调度部门的工作质量等。因此,质量改进的对象是全面质量管理中所叙述的"广义质量"概念。

(2) 质量改进的效果在于"突破"　朱兰认为:质量改进的最终效果是按照比原计划目标高得多的质量水平进行工作。如此工作必然得到比原来目标高得多的产品质量。质量改进与质量控制的效果不一样,但两者是紧密相关的,质量控制是质量改进的前提,质量改进是质量控制的发展方向,控制意味着维持其质量水平,改进的效果则是突破或提高。可见,质量控制是面对"今天"的要求,而质量改进是为了"明天"的需要。

(3) 质量改进是一个变革的过程　质量改进是一个变革和突破的过程,该过程也必然遵循

第 8 章 供应商质量改进

PDCA 循环的规律。由于时代的发展是永无止境的，为立足于时代，质量改进也必然是"永无止境"的。国外质量专家认为：永不满足则兴、裹足不前则衰。

建立供应商绩效改进的管理体系，主要是为了公司对供应商产品质量绩效改进工作进行不断完善与提高，便于公司按照规范化的管理模式开展供应商产品质量绩效改进工作。

根据审核过程中出现的问题的严重程度，对供应商资质按照暂停/取消/恢复工作规范进行处理。

8.2 质量改进中常用的定量分析方法

在质量改进活动中，有很多方法可以使用，这里将其分成三大类，分别是定性分析方法、定量分析方法及系统性质量改进方法。在定量分析方法中推荐采用旧 QC 七大工具作为质量改进的基础工具方法，用于收集和分析质量数据、分析和确定质量问题、控制和改进质量水平。图 8-4 所示是旧 QC 七大工具，下面将分别对旧 QC 七大工具做详细阐述。

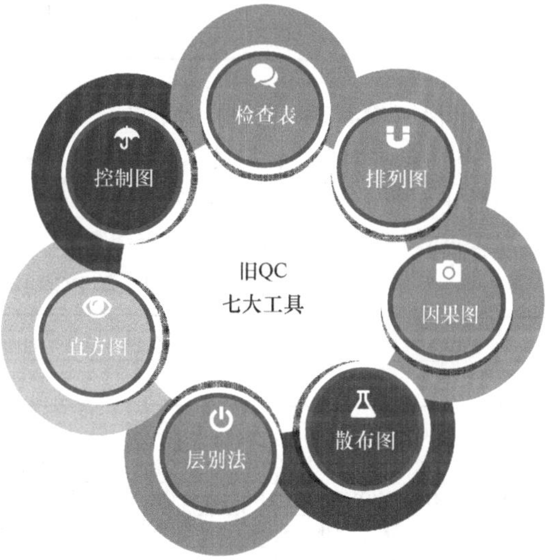

8.2.1 检查表

1. 检查表的定义

检查表又称为调查表、分析表、核对表、Checklist。检查表是一种收集、记录和整理数据的工具，它可以系统地收集资料、积累信息、确认事实，并对数据进行粗略的整理和分析。检查表既适用于收集数字数据（定量分析），也适用于收集非数字数据（定性分析）。

图 8-4 旧 QC 七大工具

2. 检查表的制作步骤

1）确定目的，即确定要解决的问题。
2）设计表格。根据调查目的和需要收集的数据，设计利于分析的表格。
3）收集数据。利用已设计好的表格开展数据收集。
4）整理数据。突出问题，直观地看出全体的形态。
5）分析数据。分析出主要原因，为制定改进措施提供数据支持。
6）必要时，评审和修订表格。

3. 检查表的分类

（1）按工作的目的或种类分类　按照其工作的目的或种类分，检查表可分为检查用和点检用两种。

1）检查用检查表常用来收集数据，目的是收集数据型的资料，供进一步统计整理使用。一般检查用检查表可以调查不良项目、不良原因、工程分布、缺点位置等情形。

例：某公司 IPQC 抽检手机按键成型尺寸所用检查表见表 8-1。

表8-1 按键尺寸检查表

按键尺寸检查表			
产品型号：	W54632	工单号：	ER100265483
检验日期：	4月12日	检验员：	×××
时间	编号	长/mm	宽/mm	厚/mm
9：30	1	5.50	2.44	1.51
	2	5.45	2.55	1.49
	3	5.53	2.51	1.53
	4	5.51	2.48	1.50
	5	5.45	2.49	1.50
11：30	1	5.50	2.50	1.55
	2	5.47	2.51	1.52
	3	5.51	2.47	1.48
	4	5.50	2.50	1.50
	5	5.51	2.52	1.51

2) 点检用检查表一般用于日常记录，有固定格式和内容，检查者只需要在结果栏填写"是""否"或"对""错"之类。其主要功用在于确认作业是否执行、设备仪器是否保养维护等，以防止作业疏忽或遗漏，例如教育训练检查表、设备保养检查表、行车前车况检查表等。表8-2为某PCB厂设备保养点检记录表。表8-3为防焊显影线周、月保养记录表。

表8-2 某PCB厂设备保养点检记录表

××公司消防设备点检记录表　　月份　3月																																
类别	日期																														
	1	2	3	4	5	6	7	8	9	10	11	12	13	14	15	16	17	18	19	20	21	22	23	24	25	26	27	28	29	30	31
灭火器	OK	OK	OK	OK	OK	OK	OK	OK	OK	OK	OK	OK	OK	OK	OK	OK	OK	OK	OK	OK	OK	OK	OK	OK	OK	OK	OK	OK	OK	OK	OK
消火栓	OK	OK	OK	OK	OK	OK	OK	OK	OK	OK	OK	OK	OK	OK	OK	OK	OK	OK	OK	OK	OK	OK	OK	OK	OK	OK	OK	OK	OK	OK	OK
安全通道	OK	OK	OK	OK	OK	OK	OK	OK	OK	OK	OK	OK	OK	OK	OK	OK	OK	OK	OK	OK	OK	OK	OK	OK	OK	OK	OK	OK	OK	OK	OK
逃生指示灯	OK	OK	OK	OK	OK	OK	OK	OK	OK	OK	OK	OK	OK	OK	OK	OK	OK	OK	OK	OK	OK	OK	OK	OK	OK	OK	OK	OK	OK	OK	OK

表8-3 防焊显影线周、月保养记录表

保存项目	第　周				
	保存日期	效果确认	保存人	组长	主管
显影段保养					
检视					
各档					
检查喷嘴有无堵塞					
显影滤芯更换					
检查各×传动是否正常					
检查各水位控制器					
各段过滤器盖是否良好					
干板段滤芯清洁					
备注					

(2) 按体系分类　按照体系，例如在内部审核时，检查表可以有以下几种。

1) 按标准条款编制的检查表。此种检查表是编制其他检查表的基础，且通用性较强，可以在审核管理体系文件或专项检查时使用。可直接将管理体系标准条款的所有要求作为问题在检查表中提出。

2) 按过程编制的检查表。ISO 9001 标准化组织在建立、实施质量管理体系以及改进其有效性时采用过程方法。为使组织有效运作，必须识别和管理众多相互关联的活动，将输入转化为输出的活动视为过程，输入、输出、资源、活动成为一个过程必不可少的四个要素。编制此类检查表时，对每个主要过程应充分体现 PDCA 的管理思想。

① 策划阶段（P）：
a）是否策划输入及相关要求。
b）是否策划输出及相关要求。
c）是否策划资源方面的要求。
d）是否策划活动的具体要求。
② 实施阶段（D）：
a）是否按要求配置资源。
b）是否按规定控制过程。
c）输入、输出是否按规定的要求实施。
③ 检查阶段（C）：是否按策划阶段要求对过程的四个要素进行了相关的监视和测量。
④ 改进阶段（A）：当过程未达到策划的结果时，是否采取了相应的纠正或预防措施。

3) 按部门编制的检查表。有自上而下审核、自下而上审核、上下结合审核以及正向或逆向审核等，但通常按部门进行审核，这种检查表编写的原则是：过程方法 + PDCA + 抽样调查。

审核员应通过查阅管理手册、相关程序文件、职能分配表、组织机构图、审核计划、相关法律法规要求、以往的检查记录（可行时）等文件和资料，了解受审核部门的主要过程。要使用 PDCA 的思路，对每个主要过程进行展开。如可行，应检查过程是否有效的客观证据。同时，审核员应掌握抽样调查的方法。

4. 检查表的用途

1) 为有效解决问题，依据事实收集资料。
2) 避免观察与分析同时进行。
3) 以记录代替记忆使观察深入。
4) 避免收集资料时渗入情绪文字叙述等不具体因素。

8.2.2 排列图

1. 排列图的定义及原理

（1）排列图的定义 排列图又称为主次因素分析法、Pareto 图，是一种对从最关键的到次要的要素或项目依次进行排列而采用的图示方法。

1897 年意大利经济学家帕累托（1848—1923）分析社会经济结构时发现 80% 的财富掌握在 20% 的人手里，后被称为"帕累托法则"。1907 年美国经济学家劳伦兹使用累积分配曲线描绘了帕累托法则，被称为"劳伦兹曲线"。

1930 年美国质量专家朱兰博士将劳伦兹曲线应用到质量管理理论中，用以找出影响产品质量的主要因素，抓住关键的少数。20 世纪 60 年代，日本质量专家石川馨在推行自己发明的 QCC 时使用了排列图，从而成为旧 QC 七大工具之一。

（2）排列图的原理

1) 应用原理。排列图是根据"关键的少数，次要的多数"的原理而制作的，也就是将影响产品质量的众多影响因素按其对质量影响程度的大小顺序排列，从而找出主要因素。通过累计百分比将影响因素分为三类：位于 0%~80% 的为 A 类因素，也就是主要因素；位于 80%~90% 的为 B

类因素，是次要因素；位于 90% ~ 100% 的为 C 类因素，是一般因素。由于 A 类因素占所有存在问题的 80%，此类因素解决了，质量问题大部分就得到了解决。

2）绘制原理。其结构是由两个纵坐标、一个横坐标、若干个直方柱和一条折线构成。左侧纵坐标表示不合格品出现的频数（出现次数或金额等），右侧纵坐标表示不合格品出现的累计频率（如百分比表示），横坐标表示影响质量的各种因素，按影响大小顺序排列，直方柱高度表示相应因素的影响程度（即出现频率为多少），折线表示累计频率（也称为帕累托曲线）。

2. 排列图的制作步骤

1）确定排列项目，收集数据。通常采用"二八原则"，确定"关键的少数"。当排列项目较多时，应将含有最小项的若干类别合并为"其他"项，以便简化分析过程，且这一"其他"项的占比不能进入前五项。

2）选择度量单位，做成缺陷数统计表或频数分布表。所有的排列项目的度量单位必须是相同的、等价的，否则将不具有可比性。

3）画直方柱。按频数大小从左到右用直方柱表示，使图形呈逐个下降的趋势。

4）描线。应注明累计占比。

5）分析关键的少数要因，作为解决问题的基础。

3. 排列图的用途及作用

1）发现现场的重要问题点，按重要性顺序显示出每个质量改进项目对整个质量问题的作用。

2）识别进行质量改进的关键点，大幅降低不合格率。

3）在工程质量统计方法中，一般用于寻找影响质量的主次因素。

4. 排列图应用实例

某客运车站某月晚点班次数为 98 班，经分析晚点原因主要是驾驶员责任、车况不良、发车员责任、道路阻塞、气候不好，还有一些其他原因。作图步骤如下：

1）将影响因素按从大到小顺序排列，"其他"一栏放在最后，将 98 个晚点班次按不同的原因分层统计，频数分布见表 8-4。

表 8-4 班车晚点频数分布表

序号	原因	频数（班次）	频率（%）	累计频率（%）
1	驾驶员责任	46	47	47
2	车况不良	30	31	78
3	发车员责任	11	11	89
4	道路阻塞	4	4	93
5	气候不好	3	3	96
6	其他原因	4	4	100
合计		98	100	

2）画出两个纵坐标和一个横坐标，在左边纵坐标的最高点标上晚点班次数 98，在右边纵坐标与左边刻度 98 齐平的地方标上 100。经分层统计共有 6 项原因，所以将横坐标 6 等分，如图 8-5 所示。

3）以各原因对应的频数为高度，依次画出直方柱。

4）画出累计频率的曲线，并说明累计频率、频率、各原因频数高度、图题等必要事项。

5）分析结果可知，主要因素是驾驶员责任和车况不良，应针对这两个问题进一步排列出产生问题的原因，进而采取措施予以解决，以后再逐步解决次要因素和一般因素。

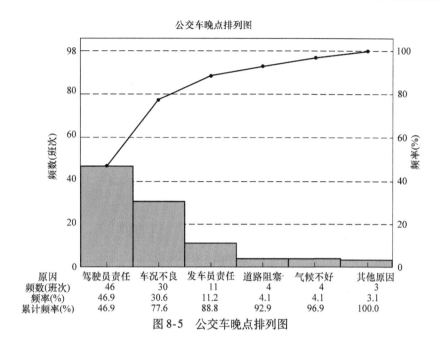

图 8-5 公交车晚点排列图

8.2.3 因果图

1. 因果图的基本介绍

因果图又称为特性要因图、鱼骨图、石川图，是由日本质量专家石川馨先生所提出的一种分析方法，用于整理和分析质量问题与其影响因素之间的关系。因果图一般采用头脑风暴法、专家判断法等来分析因果关系，通过识别症状、分析原因、寻找措施，促进问题解决。因果图可以分为以下几类：

1）整理问题型因果图：各要素与特性值之间不存在原因关系，而是结构构成关系，对问题进行结构化整理。

2）原因型因果图：鱼头在右，特性值通常以"为什么……"来写。

3）对策型因果图：鱼头在左，特性值通常以"如何提高/改善……"来写。

因果图（5M1E）如图8-6所示。因果图（基本结构）如图8-7所示。

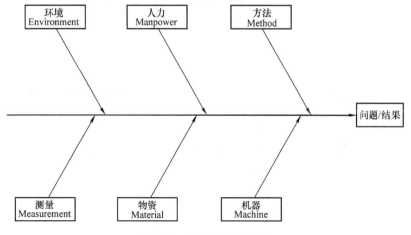

图 8-6 因果图（5M1E）

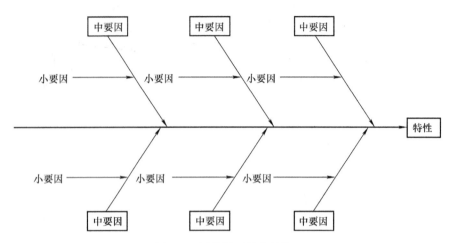

图 8-7 因果图（基本结构）

2. 因果图的制作步骤

1）决定问题的特性。简单来说特性就是"工作的结果"，首先对团队成员讲解会议目的，然后认清、阐明需要解决的问题，并就此达成一致意见。

2）特性和主骨。

① 特性写在右端，用四方框圈起来，如图 8-8 所示。

图 8-8 特性

② 主骨用粗线画，加箭头标志，如图 8-9 所示。

图 8-9 主骨

3）大骨和要因。大骨上分类书写 3~6 个要因，用四方框圈起来，如图 8-10 所示。

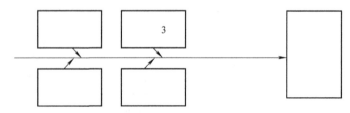

图 8-10 大骨和要因

注意：绘图时，应保证大骨与主骨成60°夹角，中骨与主骨平行。

4）中骨、小骨、小小骨，如图8-11所示。

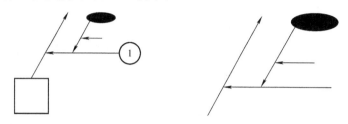

图8-11　中骨、小骨、小小骨

① 中骨表示"事实"。不从事实开始的话，要做出对策的要因的真实味就淡了。
② 小骨要围绕"为什么会那样"来写。
③ 小小骨要更进一步来追查"为什么会那样"来写。

5）记入中骨、小骨、小小骨的"要点"。

6）深究要因。
① 考虑对特性影响的大小和对策的可能性，深究要因（不一定是最后的要因）。
② 追查要因的时候，要由全员讨论决定。
③ 将深究的要因称为"主要因"，用〇标记，如图8-11所示。
④ "主要因"是对策的内容，可以用语言和数据确认。
⑤ 决定复数的"主要因"的时候，从"主要因"及"和有效对策有关的要因"中解析，按顺序用〇标记并标注数字序号，如图8-11所示。

7）记入关联事项，如图8-12所示。

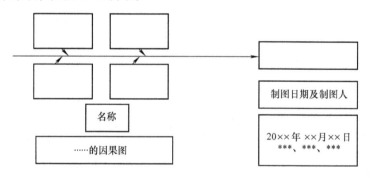

图8-12　记入关联事项

① 在制成的因果图下标注名称。
② 标注制图日期。
③ 标注制图人姓名。

下面是另一种思路的制作步骤：

1）确定要分析的质量问题，画出主骨。

2）找出影响结果的因素。采用头脑风暴法等方法，集思广益，尽可能地找出可能影响结果的所有因素。

3）确定原因的类别，画出分支线。大骨的数目一般为3~6个，然后分析寻找中骨、小骨，或者更深入，直到每个分支都找出了潜在的根本原因。

4) 检查每个因果链的逻辑合理性,画出因果图。

5) 制定解决的措施。找出主要原因后,应拟定适当的措施,到现场去解决问题。

3. 因果图的注意事项

1) 要集思广益。集合全员的知识与经验。

2) 采用头脑风暴法组织群体决策时,要集中有关专家召开专题会议,主持者以明确的方式向所有参与者阐明问题,说明会议的规则,尽力创造融洽轻松的会议气氛。

要注意的是,在开会之前,与会的人员已经清楚本次的议题,同时告知相应的讨论规则。确保讨论在相当轻松融洽的环境内进行,不要急于表达评论,使大家能够自由谈论。

3) 目的明确,要有针对性,尽可能数据化。对一些不确定的因素要进行现场核实。

4) 重点在于解决问题,并依5M1E的方法逐项列出。绘制因果图时,重点先放在"为什么会发生这种现象",分析后要提出对策时则把重点放在"如何才能解决",并依5M1E的方法逐项列出。

5) 分析原因至少深究到第三层。

6) 为找出关键因素,可以辅以各种定量化统计分析方法,例如"01"分析法、排列图等。

4. 因果图应用实例

某汽车齿轮零配件尺寸变异,需就汽车的尺寸问题找出影响因素,从人员、材料、环境、方法、设备五个方面分析,一层一层往细节处挖,并画出因果图,如图8-13所示。

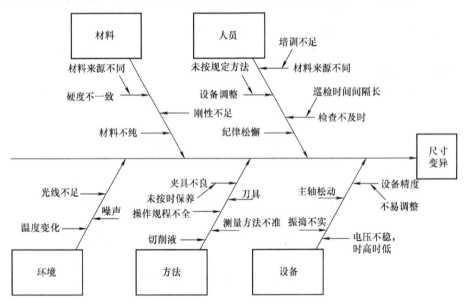

图8-13 某汽车齿轮零配件尺寸变异因果图

8.2.4 散布图

1. 散布图的定义和分类

(1) 散布图的定义　散布图又叫相关图,它是将两个可能相关的变量的数据点画在坐标图上,观察数据之间是否有相关性。

(2) 散布图的分类　r 为相关系数,有

$$r = \frac{n\sum xy - \sum x \sum y}{\sqrt{n\sum x^2 - (\sum x)^2}\sqrt{n\sum y^2 - (\sum y)^2}}$$

相关系数的值介于 -1 与 1 之间,即 $-1 \leqslant r \leqslant 1$。

1)强正相关（$r=1$）：变量 X 增大时变量 Y 随之增大，点逐渐上升成一斜线，如图 8-14 所示。如容量和附料重量的关系表现为强正相关。

2)强负相关（$r=-1$）：变量 X 增大时变量 Y 却减小，点逐渐下降成一条斜线，如图 8-15 所示。如油的黏度与温度的关系表现为强负相关。

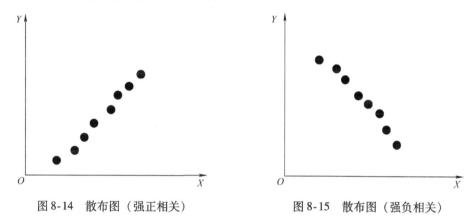

图 8-14 散布图（强正相关）　　　　图 8-15 散布图（强负相关）

3)弱正相关（$0<r<1$）：变量 X 增大时变量 Y 也增大，点有逐渐上升趋势，如图 8-16 所示。如身高和体重的关系表现为弱正相关。

4)弱负相关（$-1<r<0$）：变量 X 增大时变量 Y 却减小，点有逐渐下降趋势，如图 8-17 所示。如温度与步伐的关系表现为弱负相关。

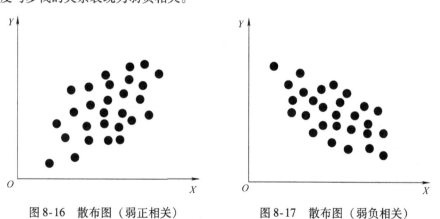

图 8-16 散布图（弱正相关）　　　　图 8-17 散布图（弱负相关）

5)不相关（$r=0$）：当变量 X 增大时变量 Y 并未随之增大，点没有上升或下降趋势，如图 8-18 所示。如气压与气温的关系表现为不相关。

6)曲线相关（$r=0$）：变量 X 与变量 Y 之间没有直线相关关系，但有曲线关系存在，如图 8-19 所示。

2. 散布图的制作步骤

1)确定自变量 X 和因变量 Y。

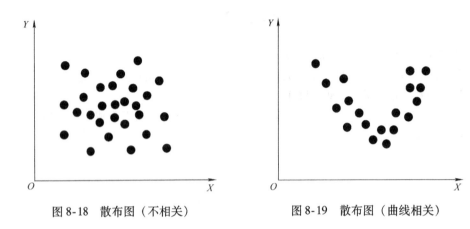

图 8-18　散布图（不相关）　　　　图 8-19　散布图（曲线相关）

2）收集 X 与 Y 两个变量足够的数据。
3）计算变量 X 测定值的平均值，计算变量 Y 测定值的平均值。
4）将数据点描绘在二维平面上。
5）观察数据，判断相关性。

注意事项：
1）两组变量的组数至少在 30 组以上，一般取 50 组，100 组最佳。
2）通常横坐标用来表示原因或自变量，纵坐标表示效果或因变量。
3）散布图绘制后，分析散布图应谨慎，因为散布图是用来理解一个变量与另一个变量之间可能存在的关系，这种关系需要进一步的分析，最好做进一步的调查与实地验证（工程实践）。

8.2.5　层别法

1. 层别法的定义

层别法（Stratification）又称为分层图，是按照一定的特征和类别，把记录收集到的数据或资料按相互关系进行分组并加以分类整理的一种方法。

2. 层别法的目的

把杂乱无章和错综复杂的数据加以归类汇总，可以使模糊不清的全部数据变得更加明朗，清楚地反映产品质量波动的原因和变化规律，进而从数据中得到准确有效的情报，再根据特性的原因进行分类，以便找出对策。

3. 层别法的分类原则

层别法的分类原则见表 8-5。

表 8-5　层别法的分类原则

分类原则	实例
按不同时间分类	月、周、日、昼、夜、星期及产品批次等
按不同操作人员分类	系、组、班、交接组、新旧、熟练度、年龄、经历等
按不同机器分类	机器编号、位置、新旧、形式、构造、模具等
按不同操作方法分类	作业顺序、速度、使用工具、参数设置等
按不同原材料分类	产地、供应者、前工序、账号、费用等
按不同检测手段分类	测量器具、测量人员、检查方法、检查员等

第8章 供应商质量改进

（续）

分类原则	实例
按不同产品分类	品种、交货处、新旧产品、标准品、特殊品等
按不同作业条件分类	温度、气压、湿度、天气、光线、噪声强度等
按不同生产线分类	A、B、C、D等生产线
其他分类	如按不同的工厂、使用单位、使用条件、气候条件等进行分类

总之，因为我们的目的是把不同质的问题分清楚，便于分析问题找出原因，所以分类方法多种多样，并无任何硬性规定。

4. 层别法的制作步骤

1）确定需研究的主题以及收集数据的范围。
2）收集数据。
3）选择分层标志，将收集到的数据根据不同的目的选择不同的分层因素。
4）按不同的分层因素对数据进行归类。
5）画分层归类表（图）。
6）对不同层别的数据进行对比观察，找出影响质量波动的主要原因。

5. 分层时的注意事项

1）尽量简便地进行分层。
2）用多种因素进行分层时，由于事先不知道是哪个因素产生的影响最大，因此不宜简单地按单一因素分层，必须考虑多个因素的综合影响效果。
3）避免分层模糊，使数据重复或遗漏。
4）分层的原则是使同一层次内的数据波动幅度尽可能小，而层与层之间的差别尽可能大。
5）与其他统计方法（如直方图、排列图、散布图等）结合运用。
6）不同层次的数据应按相同的方法进行统计，以便相互比较。

6. 应用案例

某冶炼厂所使用的某种气缸体与气缸盖之间经常发生漏油，经调查50件该产品后发现，可能是由于三个操作工在装配时操作方法不同造成的，也有可能是所使用的气缸垫由两个生产厂家提供造成的。在用层别法分析漏油原因时，按操作人员分层可得表8-6，按气缸垫生产厂家分层可得表8-7。

表8-6 按操作人员分层

操作人员	漏油	不漏油	漏油率（%）
小王	6	13	32
小李	3	9	25
小张	10	9	53

表8-7 按气缸垫生产厂家分层

生产厂家	漏油	不漏油	漏油率（%）
A厂	9	14	39
B厂	10	17	37
共计	19	31	38

由表8-6和表8-7可看出：为降低漏油率，应采用小李的操作方法和B厂的气缸垫。然而事实并非如此，当采用此方法后，漏油率并未降到预期的指标，漏油率仍为3/7=43%。因此，这样的简单分层是有问题的。正确的方法应为：用A厂气缸垫时用小李的操作方法，用B厂气缸垫时用小王的操作方法，这时的漏油率平均为0%，见表8-8。

表8-8 正确的分层方法

操作人员	漏油情况	生产厂家		合计
		A厂	B厂	
小王	漏油	6	0	6
	不漏油	2	11	13
小李	漏油	0	3	3
	不漏油	5	4	9
小张	漏油	3	7	10
	不漏油	7	2	9
合计	漏油	9	10	19
	不漏油	14	17	31
共计		23	27	50

8.2.6 直方图

1. 直方图的定义和功能

（1）直方图的定义　直方图（Histogram）又称为柱状图、频数直方图，它是用一系列宽度相等、高度不等的长方形表示数据的图。直方图法是从总体中随机抽取样本，将从样本中获得的数据进行整理，从而找出数据变化的规律，以便测量工序质量的好坏。

（2）直方图的功能

1）比较直观地观察出产品质量特性值的分布状态，以此判断过程是否处于统计受控状态，并进行过程质量分析。

2）便于掌握过程能力及保证产品质量的程度，并以此估算产品的不合格品率。

3）用来简练、精确地计算产品的质量特性值。

2. 直方图的分类

（1）正常型　正常型直方图是指过程处于稳定的图形，它的形状是中间高、两边低，左右近似对称，如图8-20所示。

（2）异常型　异常型直方图种类则比较多，所以如果是异常型直方图，还要进一步判断它属于哪种异常型，以便分析原因、加以处理。下面介绍比较常见的6种异常型直方图。

1）孤岛型：在直方图旁边有孤立的小岛出现，如图8-21所示，当这种情况出现时表示过程中有异常原因。例如原料发生变化、不熟练的新工人替人加班、测量有误、生产过程发生变化、夹杂了其他分布的少量数据等，都会造成孤岛型分布，应及时查明原因、采取措施。

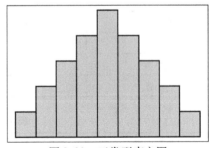

图8-20 正常型直方图

2）双峰型：直方图中出现了两个峰，如图8-22所示，这是由于观测值来自两个总体或两个分布的数据混合在一起造成的。例如两种有一定差别的原料所生产的产品混合在一起，或者两种产品混在一起，此时应当加以分层。

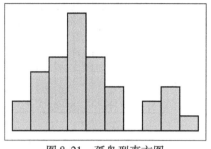
图8-21　孤岛型直方图

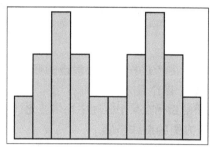
图8-22　双峰型直方图

3）锯齿型：直方图出现凹凸不平的形状，如图8-23所示，这是由于作图时数据分组太多、测量仪器误差过大、观测数据不准确或计算有误等造成的，此时应重新收集数据和整理数据。

4）陡壁型：直方图像高山的陡壁一样向一边倾斜，如图8-24所示。在产品质量较差时，为了使产品符合标准，需要进行全数检查，以剔除不合格品，当用剔除了不合格品的产品数据作频数直方图时容易产生这种陡壁型，这是一种非自然形态。

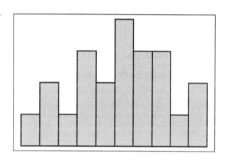
图8-23　锯齿型直方图

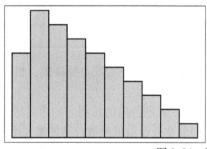

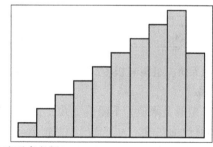

图8-24　陡壁型直方图

5）偏向型。由于某种原因使下限受到限制时，容易产生偏左型直方图，如图8-25a所示。例如用标准值控制下限、摆差等几何公差、不纯成分接近于0、疵点数接近于0或由于工作习惯都会造成偏左型。

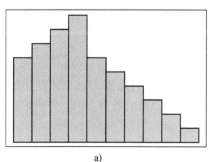

a)　　　　　　　　　　　　　　b)

图8-25　偏向型直方图

由于某种原因使上限受到限制时，容易产生偏右型直方图，如图8-25b所示。例如用标准尺控制上限、精度接近100%、合格率接近100%或由于工作习惯都会造成偏右型。

6）平顶型：直方图没有突出的顶峰，呈平顶型，如图8-26所示。形成这种情况一般有三种原因：

1）与双峰型类似，由于多个总体、多种分布混在一起。

2）由于生产过程中某种缓慢的倾向在起作用，如工具的磨损、操作者的疲劳等。

3）质量指标在某个区间中均匀变化。

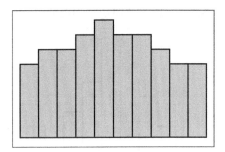

图8-26 平顶型直方图

3. 直方图的制作步骤

1）收集数据 X 并记录。收集数据时，对于抽样分布必须特别注意，不可取部分样品，应全部均匀地加以随机抽样。所收集数据的个数应至少在50个以上。

2）找出数据中的最大值 X_{Max} 与最小值 X_{Min}。

3）求极差 R。极差为数据的最大值与最小值之差，即 $R = X_{Max} - X_{Min}$。

4）确定组数 K。一般根据样本数 n 来计算组数 K，其经验公式为

$$K = 1 + 3.322 \lg n$$

由于一般正态分布为对称形，故常取 K 为奇数，也可参考表8-9来选取。

表8-9 分组对照表

数据个数 n	组数 K	常用组数 K
>50~100	6~10	
>100~250	7~12	10
>250	10~20	

5）求组距 h。组距=极差/组数，即 $h = R/K$。为便于计算平均数及标准差，组距常取为2、5或10的倍数。

6）求各组的上限值、下限值（由小而大顺序），以确定各组的组界。分组时应把数据的最大值和最小值包括在内。为避免出现数据值与组界限值重合而造成频数计算困难，组界限值的单位应取数据最小测量单位的1/2。最小测量单位就是数据单位的最小精度，如整数的最小测量单元为1，一位小数的最小测量单元为0.1，两位小数的最小测量单元为0.01，类此。

第一组的下限值为最小值减去最小测定单位的一半。

第一组的上限值为第一组的下限值加组距。

第二组的下限值就是第一组的上限值。

第二组的上限值就是第二组的下限值加组距。

第三组以后，依此类推定出各组的组界。

7）求组中点。组中点值=（该组上限值+该组下限值）/2。

8）制作频数分配表。将所有数据按其数值大小记在各组的组界内，并计算其频数（即个数），将频数相加，并与数据的个数相比较，频数总和应与数据的总数相同。举例的频数分配表见表8-10。

第8章 供应商质量改进

表 8-10 频数分配表

组号	组界	组中点	"正"标记	频数
1	10~14	12	/	1
2	14~18	16	//	2
3	18~22	20	正，////	9
4	22~26	24	正，正，正，//	17
5	26~30	28	正，正，正，正，///	23
6	30~34	32	正，正，正，////	19
7	34~38	36	///	3
8	38~42	40	/	1
合计				75

9）制作直方图。直方图就是频数分配表的图表化表示。以横轴表示数值的变化，纵轴表示频数，横轴与纵轴各取适当的单位长度，再将各组的组界分别标在横轴上，且各组界应等距分布。以各组内的频数为高，组距为宽，在每一组上画成矩形，则完成直方图，如图 8-27 所示。一般还需要填入必要事项，如产品名称、工序名称、时间、制作日期、制作者等，在直方图的空白区域，还可记上有关数据的资料，如样本数、平均值、标准差等。

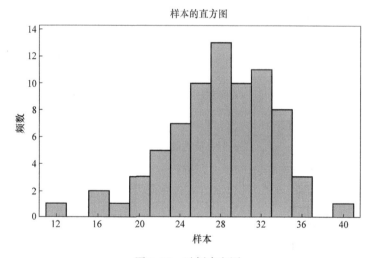

图 8-27 示例直方图

4. 直方图与规格界限（公差）的比较分析

当工序稳定后，还需进一步将直方图与产品的规格界限（公差）进行比较，以判断过程能力是否满足质量标准的要求（B 为直方图数据的分布范围，T 为公差范围）。

将直方图与公差范围相比较，看直方图是否都落在公差要求的范围之内，可以依此改善生产的质量状况。这种对比大体上存在以下 7 种情况。

1）理想型（标准型）：$T > B$，直方图数据平均值也正好与公差中心基本重合，两边有一定余量，如图 8-28 所示。这种情况下工序处于受控状态，很少出现不合格品。

2）能力过剩型：$T > B$，其分布中心基本上无偏移，如图 8-29 所示。这种情况下工序能力过大，经济性不好，需降低加工精度。

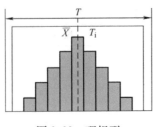
图 8-28　理想型

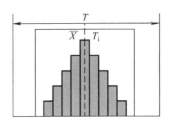
图 8-29　能力过剩型

3）能力偏态型：虽 $B < T$，但偏向一边，其分布中心偏移，达到标准下（上）限，如图 8-30 所示。这种情况下工序极易产生不合格品，应立即采取措施消除偏移量。

4）能力无富余型：$B = T$，其分布中心虽无偏移，但完全没有余量，此时 $Cp = 1$，不合格品率 $P = 0.27\%$，需要采取措施提高工序能力，且必须缩小分布范围。

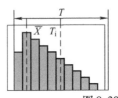
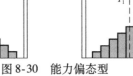
图 8-30　能力偏态型

5）能力偏态不足型：如图 8-31 所示，$B > T$，且偏向一边，其分布中心偏移造成很多不合格品，应立即采取措施纠正以消除偏移量。

6）能力不足型：$B > T$，如图 8-32 所示。这种情况下直方图数据的分布范围太大，造成很多不合格品，应立即采取措施纠正。

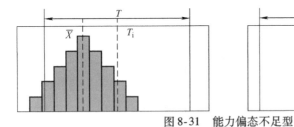
图 8-31　能力偏态不足型

图 8-32　能力不足型

7）能力严重不足型：如图 8-33 所示，$B > T$，表明会产生大量废品，工序能力太差应立即停产检查。

8.2.7　控制图

1. 控制图的定义和功能

控制图又叫管制图，主要用于分析和判断工序是否处于稳定状态。控制图是一种对过程质量加以测定、记录从而进行控制管理的一种统计

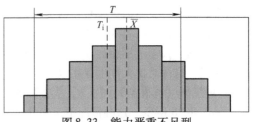
图 8-33　能力严重不足型

工具。图 8-34 所示为常规控制图,图中有三条平行于横轴的直线,即中心线(Central Line, CL)、上控制线(Upper Control Line, UCL)和下控制线(Lower Control Line, LCL),并有按时间顺序抽取的样本统计量数值的描点序列。横坐标为以时间先后排列的样本号,纵坐标为质量特性值。

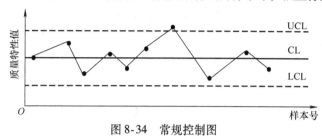

图 8-34 常规控制图

2. 控制图的原理

(1) 小概率事件原理 控制图的作图原理被称为 3σ 原理或千分之三法则。根据统计学可以知晓,如果过程受控,数据的分布将呈正态分布,位于 $\mu \pm 3\sigma$ 区域内的数据占据了总数据的 99.73%,位于此区域外的数据占据总数据的 0.27%(约3‰)。因此,在生产过程处于统计控制状态(稳态)时,点出界的可能性只有3‰,根据小概率事件原理,要发生点出界的事件几乎是不可能的,所以只要发现点出界,就可判定生产过程中出现了异常波动。

(2) 偶然因素及异常因素 控制图可以用于区分质量波动是由于偶然(随机)因素还是异常因素引起的。如果每个点都落在两条控制线之间且随机排列,表明生产过程仅有偶然因素导致的随机误差存在,生产质量基本稳定,生产过程处于统计控制状态。

(3) 控制图存在两类错误 第一种是虚发警报的错误,也称为第Ⅰ类错误,在生产过程正常的情况下,纯粹出于偶然原因导致点出界。发现这类错误通常记为 α。第Ⅰ类错误造成的风险也通常被称为生产方风险。第二种是漏发警报的错误,也称为第Ⅱ类错误,在生产过程中存在异常因素,导致质量特性值存在异常,但点处于控制界限之内,这类错误通常记为 β,也被称为客户风险。

3. 控制图的分类及应用

(1) 控制图的分类 根据控制图使用目的的不同,控制图可分为分析用控制图和控制用控制图。

根据统计数据的类型不同,控制图可分为计量型控制图和计数型控制图,它们分别适用于不同的生产过程。每类又可细分为具体的控制图,主要包含8种基本图表,详见表8-11。

表 8-11 常规控制图分类表

数据类型		控制图代号	控制图名称
计量型		$\bar{X} - R$	均值-极差控制图
		$\bar{X} - S$	均值-标准差控制图
		$\widetilde{X} - R$	中位数-极差控制图
		$X - R_s$	单值-移动极差控制图
计数型	计件型	P	不合格品率控制图
		nP	不合格品数控制图
	计点型	u	单位不合格数控制图
		c	不合格数控制图

1)计量型控制图:一般适用于以计量值为控制对象的场合,对工序中存在的系统性原因产生反应,其效果比计数型控制图显著,常用来预防、分析和控制工序加工质量,特别是几种控制图的联合使用。所有计量型控制图都符合正态分布。

2)计数型控制图:用于以计数值为控制对象的场合,如离散型的数值。虽然其取值范围是确定的,但取值具有随机性,只有在检验之后才能确定下来。其作用与计量型控制图类似,二者都是为了分析和控制生产工序的稳定性,预防不合格品的发生,保证产品质量。

(2)控制图的应用(见图 8-35)

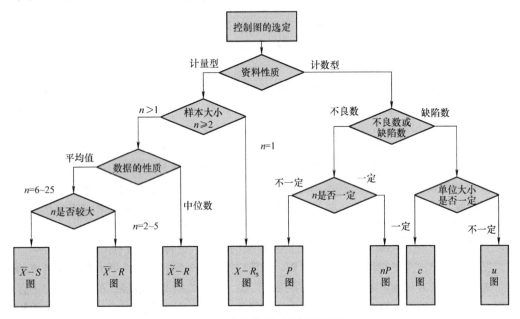

图 8-35 常规控制图选择路线图

4. 控制图的制作步骤

下面通过两个实例($\overline{X}-S$ 图和 P 图)分别介绍计量型和计数型控制图的制作步骤。

(1)计量型控制图的制作步骤(以 $\overline{X}-R$ 图为例)

1)抽样并记录量测结果,见表 8-12。

表 8-12 数据统计表

序号	1	2	3	4	5	6	7	8	9	10	11	12	13	14	15	16	17	18	19	20	21	22	23	24	25
X_1	1.3	1.01	1.22	1.08	0.98	1.12	0.92	1.04	1.08	1.2	1.25	1.24	1.13	1.08	1.08	1.14	1.06	1.14	1.07	1.13	1.2	1	1.11	1.03	1.14
X_2	1.1	1.1	1.05	1.12	1.3	1.3	1.1	1.14	0.92	1.13	0.91	1.34	1.16	1.31	1.26	1.02	1.12	1.22	1.05	0.9	1.02	1.02	1.06	1.06	1.16
X_3	1.2	1.15	0.93	1.11	1.31	1.01	1.13	1.18	1.14	1.19	0.96	1.4	1.2	1.12	1.13	1.14	0.98	1.18	0.97	1.12	0.96	1.03	1.02	1.08	1.17
X_4	1.25	0.97	1.08	1.28	1.12	1.2	1.02	1.12	1.2	1.16	1.04	1.26	1.22	1.18	0.94	0.94	1.12	1.27	1.05	1.04	1.33	0.98	1.14	1.11	1.14
X_5	1.05	1.25	1.15	1	1.08	1.11	0.93	1	1.02	1.03	0.93	1.13	1.15	1.03	1.3	1.2	1.17	1.16	1.4	1.12	1.11	1.08	1.12	1.14

2)计算各组的平均值和极差,见表 8-13。

3)计算总平均值和平均极差:

$$\overline{\overline{X}} = 1.114, \overline{R} = 0.238$$

第8章 供应商质量改进

表 8-13 平均值和极差

序号	1	2	3	4	5	6	7	8	9	10	11	12	13	14	15	16	17	18	19	20	21	22	23	24	25
平均值	1.18	1.10	1.09	1.12	1.16	1.15	1.02	1.10	1.07	1.14	1.02	1.27	1.15	1.17	1.09	1.11	1.10	1.20	1.06	1.12	1.11	1.03	1.08	1.08	1.15
极差	0.25	0.28	0.29	0.28	0.33	0.29	0.21	0.18	0.28	0.17	0.34	0.27	0.1	0.23	0.32	0.36	0.22	0.13	0.19	0.5	0.37	0.13	0.12	0.09	0.03

4）确定平均值的控制界限（查计量型控制图系数表可得，$A_2 = 0.577$）：

$$CL_{\bar{X}} = \bar{\bar{X}} = 1.114, \quad UCL_{\bar{X}} = \bar{\bar{X}} + A_2\bar{R} = 1.114 + 0.577 \times 0.238 = 1.251$$

$$LCL_{\bar{X}} = \bar{\bar{X}} - A_2\bar{R} = 1.114 - 0.577 \times 0.238 = 0.977$$

5）确定极差的控制界限（查计量型控制图系数表可得，$D_3 = 0$，$D_4 = 2.114$）：

$$CL_R = \bar{R} = 0.238, \quad UCL_R = D_4\bar{R} = 2.114 \times 0.238 = 0.503$$

$$LCL_R = D_3\bar{R} = 0 \times 0.238 = 0$$

6）绘制控制图。可使用 Minitab 直接绘制控制图，操作方法："统计"→"控制图"→"子组的变量控制图"→"Xbar-R"。绘制好的控制图如图 8-36 所示。

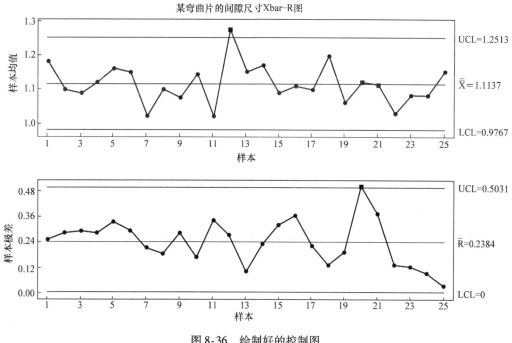

图 8-36 绘制好的控制图

7）分析控制图。具体分析内容见下文"5. 控制图的分析准则"。

其他计量型控制图的制作步骤与 $\bar{X} - R$ 图相似，不再赘述。表 8-14 为计量型控制图的中心线和上下控制线的计算公式。

表 8-14 计量型控制图的中心线和上下控制线的计算公式

控制图名称		CL	UCL	LCL
均值-极差控制图（$\bar{X} - R$ 图）	$\bar{X}$ 图	$\bar{\bar{X}}$	$\bar{\bar{X}} + A_2\bar{R}$	$\bar{\bar{X}} - A_2\bar{R}$
	R 图	$\bar{R}$	$D_4\bar{R}$	$D_3\bar{R}$

控制图名称		CL	UCL	LCL
均值-标准差控制图	$\overline{X}$图	$\overline{\overline{X}}$	$\overline{\overline{X}} + A_3 \overline{S}$	$\overline{\overline{X}} - A_3 \overline{S}$
($\overline{X} - S$ 图)	S 图	$\overline{S}$	$B_4 \overline{S}$	$B_3 \overline{S}$
中位数-极差控制图	$\widetilde{X}$ 图	$\overline{\widetilde{X}}$	$\overline{\widetilde{X}} + A_4 \overline{R}$	$\overline{\widetilde{X}} - A_4 \overline{R}$
($\widetilde{X} - R$ 图)	R 图	$\overline{R}$	$D_4 \overline{R}$	$D_3 \overline{R}$
单值-移动极差控制图	$\overline{X}$图	$\overline{X}$	$\overline{X} + E_2 \overline{R}$	$\overline{X} - E_2 \overline{R}$
($\overline{X} - R_s$ 图)	R_s 图	$\overline{R}$	$D_4 \overline{R}$	$D_3 \overline{R}$

注：其中的 A_2、A_3、A_4、B_3、B_4、D_3、D_4、E_2 皆为固定值，经查表可得。

（2）计数型数据控制图的制作步骤（P 图为例）

1）抽样并记录量测结果，见图 8-15。

表 8-15 数据统计表 1

工厂：ABC						部门：质量部							工序：×××									
机器编号：002						日期：6/10 - 7/2							特性：开工导通不良率									
序号	1	2	3	4	5	6	7	8	9	10	11	12	13	14	15	16	17	18	19	20	21	22	23
检验数	968	1216	804	1401	1376	995	1202	1028	1184	542	1325	1066	1721	1305	1190	2306	1365	973	1058	1244	392	1433	1225
不良数	8	13	13	16	14	15	13	10	24	18	16	17	19	9	14	9	13	5	15	19	10	17	13
不合格品率	0.008	0.011	0.016	0.011	0.01	0.015	0.011	0.01	0.02	0.033	0.012	0.016	0.011	0.007	0.012	0.004	0.01	0.005	0.014	0.015	0.026	0.012	0.011

2）计算 $\hat{P}$：

$$\hat{P} \approx \overline{P} = \frac{\sum_{i=1}^{m} d_i}{\sum_{i=1}^{m} n_i} = 0.01171$$

式中，m 是子组数；n_i 是第 i 个子组的大小；d_i 是第 i 个样本的不合格品数。

3）计算 P 控制图的控制界限：

$$CL_P \approx \overline{P} = 0.01171$$

$$UCL_P = \overline{P} + \sqrt[3]{\frac{\overline{P}(1-\overline{P})}{n_i}}$$

$$LCL_P = \overline{P} - \sqrt[3]{\frac{\overline{P}(1-\overline{P})}{n_i}}$$

计算结果见表 8-16。

表 8-16 数据统计表 2

CL	0.012	0.012	0.012	0.012	0.012	0.012	0.012	0.012	0.012	0.012	0.012	0.012	0.012	0.012	0.012	0.012	0.012	0.012	0.012	0.012	0.012	0.012	0.012
LCL	0.001	0.002	0.000	0.003	0.003	0.001	0.002	0.002	0.002	0.000	0.003	0.002	0.004	0.003	0.002	0.005	0.003	0.001	0.002	0.003	0.000	0.003	0.002
UCL	0.022	0.021	0.023	0.020	0.020	0.022	0.021	0.022	0.021	0.026	0.021	0.022	0.019	0.021	0.021	0.018	0.020	0.022	0.022	0.021	0.028	0.020	0.021

4）绘制控制图，如图 8-37 所示。

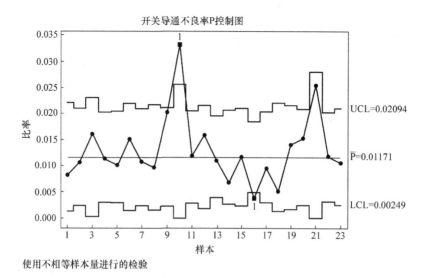

图 8-37　P 控制图

5）分析控制图。具体分析内容见下文 "5. 控制图的分析准则"。

5. 控制图的分析准则

（1）判稳准则　在点随机排列的情况下，符合下列条件之一就认为过程处于稳态。

1）连续 25 个点都在控制界限内。

2）连续 35 个点至多 1 个点落在控制界限外。

3）连续 100 个点至多两个点落在控制界限外。

在讨论控制图原理时已经知道，点出界就判定为异常，这是判断异常的最基本的一条准则。对于在控制界限内的点也要观察其排列是否随机，若界内点排列非随机，则判定为异常。

（2）判异准则　异常通常有 6 种，下面来一一分析其出现的原因。

1）有点超出控制界限，如图 8-38 所示。出现这种情况一般由以下几种原因引起：

① 控制界限计算错误或描点错误。

② 组内变异或实际制程变异，在某时变大或趋势性变大。

③ 量测系统曾经变更（如不同的检验人员或量具）或量测系统没有足够的分辨率。

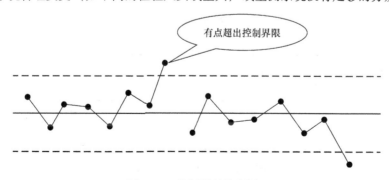

图 8-38　控制图判异准则 1

2）有连续 9 个点出现在中心线的同一侧或连续 6 个点递增（或递减），如图 8-39 所示。出现这种情况一般由以下几种原因引起：

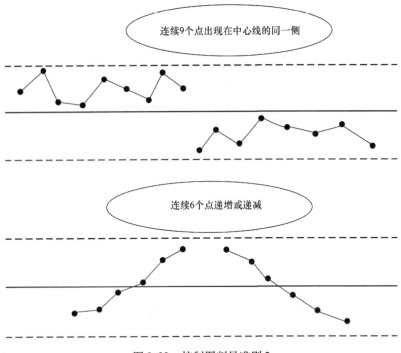

图 8-39　控制图判异准则 2

① 不规则的原因造成较大的数据变异，如设备的故障或固定松动，或单一制程条件的改变，或使用新的（或不均匀的）原（物）料批，这些问题必须及时纠正。
② 量测系统变更，如检验人员或量测设备变更。
③ 制程条件造成较小的数据变异，须进行调查与分析，经确认非特殊原因引起的应推广。
3）连续 14 点中相邻点上下交替，如图 8-40 所示。出现这种情况一般由以下几种原因引起：
① 控制界限计算错误或描点错误。
② 数据分层不够，即由两台加工设备或由两位操作人员轮流进行操作而引起的系统效应。
③ 量测系统的变更，可能是由两台量测仪器或由两位量测人员轮流量测而引起的。

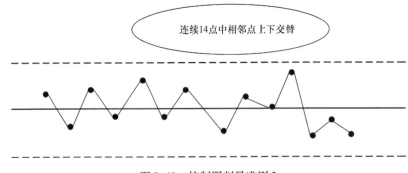

图 8-40　控制图判异准则 3

4）连续 3 点中有 2 点在同一侧的 2/3 区域外或者连续 5 点中有 4 点在同一侧的 1/3 区域外，如图 8-41 所示。出现这种情况一般由以下几种原因引起：
① 控制界限计算错误或描点错误。

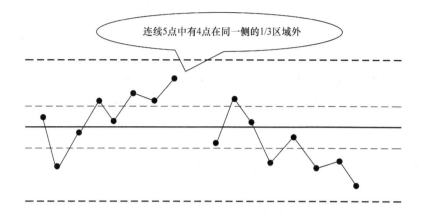

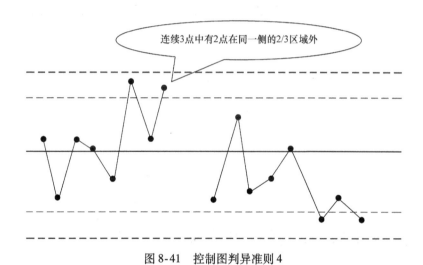

图 8-41 控制图判异准则 4

② 制程或抽样方法导致连续的组包含不同变异来源的数据，如进料混批。

5）连续 15 点在 1/3 区域上下，如图 8-42 所示。出现这种情况一般由以下几种原因引起：

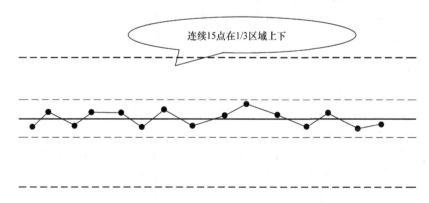

图 8-42 控制图判异准则 5

① 控制界限计算错误或描点错误。
② 量测数据可能经过编辑（极差与平均值相差甚远的几个样本数据被更改或剔除）。
③ 量测系统可能没有足够的分辨率。

当上述三种可能被排除且制程能力足够，应对该制程加以推广。

6）连续8点在中心线两侧，但无一点在1/3区域内，如图8-43所示。出现这种情况一般由以下几种原因引起：

① 控制界限计算错误或描点错误。
② 制程或抽样方法有分层，即每组数据系统性地包含不同的制程平均，如多线或多机台生产时各取一组样本。
③ 量测系统的变更，可能由多台量测仪器或多位量测人员量测引起。

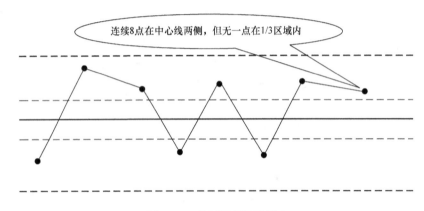

图8-43　控制图判异准则6

8.3　质量改进中常用的定性分析方法

定性分析就是对研究对象进行"质"的方面的分析，具体来说就是运用归纳和演绎、分析与综合以及抽象与概括等方法，对获得的各种材料进行思维加工，从而能去粗取精、去伪存真、由此及彼、由表及里，达到认识事物本质、揭示内在规律的目的。

定性分析主要是解决研究对象"有没有""是不是"的问题，一般分为三个过程：分析综合、比较以及抽象和概括。下面我们简单了解一些常用的定性分析工具。

8.3.1　纠正和预防措施

1. 纠正和预防措施的定义

纠正和预防措施是指对存在的或潜在的不合格原因进行调查分析，采取措施以防止问题再发生或避免问题发生的全部活动。

纠正和预防措施不仅是就事论事的对不合格的处理，而是要从根本上消除产生不合格的原因，因此纠正和预防措施可能涉及影响产品质量和质量体系的各方面活动。没有纠正和预防措施，质量体系就不可能正常运行和体现出有效性。因此，组织应制定并实施纠正和预防措施的文件化程序。表8-17为常见的纠正和预防措施单。

第8章 供应商质量改进

表 8-17 纠正和预防措施单

□客诉   □进料检验   □半成品   □成品   □其他   编号：

发文单位		接收单位		发文时间		异常批次号	
		接收者		要求回复时间			

问题描述：

品名	
型号	
批量数	
抽样数	
不良数	
不良率	
批次号	

图片放置区：

不良项目：

批准：   审批：   班长/质量工程师：   检验员：

原因分析：

批准：   审批：   班长：

临时措施：

批准：   审批：   班长：

改善及预防措施：	责任人	完成日期
纠正措施：		
预防措施：	责任部审批：	
验证结果（改善效果量化说明）：	验证人	验证日期
	品质部审批：	

纠正措施和质量改进活动在方法上相似，但是作用却不相同，纠正措施是要变质量失控为受控，而质量改进是质量在受控条件下再不断提高。

2. 纠正和预防措施的相关术语

纠正是指为消除已发现的不合格所采取的措施，如返工、返修等。

纠正措施是指为消除已发现的不合格或其他不期望情况的原因所采取的措施。

预防措施是指为消除潜在不合格或其他潜在不期望情况的原因所采取的措施。

三者的区别：

纠正、纠正措施、预防措施均是措施（活动），但是对象和目的均不同。纠正的对象是所发生的不合格，目的是消除已发现的不合格；纠正措施的对象是不合格发生的原因，目的是消除不合格的原因，防止不合格再发生；预防措施的对象是潜在的不合格，目的是消除潜在不合格或者趋势发生的原因，防止不合格发生。

举例说明：

1）张三家养了羊，有一天羊跳过羊圈跑掉了，张三马上把羊找回来。（纠正）

2）张三分析羊为什么能够跑掉，得出的结论是羊圈的围墙太低。（原因分析）

3）张三为避免羊再次跳墙跑掉，遂加高羊圈围墙，羊以后再也没有丢失。（纠正措施）

4）邻居李四家里也养了羊，李四看到张三家发生丢羊的事情后，也把羊圈的围墙加高，防止自己家的羊像张三家的羊那样越墙而出。（预防措施）

3. 纠正和预防措施的目的

系统的、标准的、有效的纠正和预防措施可以保证：

1）偏差、不符合性、缺陷或其他不期望的情况不再出现，或被永久纠正。

2）防止已识别的潜在风险再次发生。

3）减少由于已知的问题和严重事件引起的召回事件，满足法规要求。

4）减少审计过程中的发现项，提高一次合格率。

5）使生产过程更严格、持续性更好，提高客户满意度，对于不可能消除根本原因的缺陷降低其风险。

8.3.2　8D 真因分析

1. 8D 的定义及应用

8D 的原名叫作 Eight‑Disciplines，也可以称为 TOPS（Team Oriented Problem Solving），即团队导向问题解决方法。8D 是美国福特公司最早提出的用于解决质量问题的一种方法，起源于第二次世界大战期间美国采取的一种不合格品修正及部署系统。

8D 已经发展成为一个最流行的解决问题的方法，主要用于汽车及类似加工的行业。8D 的目标是找出问题的根本原因，并制定预防措施和纠正措施。

当产品有缺陷或有不满意的客户时，8D 是提高产品质量和可靠性的一个很好的方法。它是能发现真正肇因的有效方法，并能够采取针对性措施消除真正肇因，执行永久性纠正措施；能够帮助探索允许问题逃逸的控制系统，助于提高控制系统在问题再次出现时的监测能力，帮助系统将问题控制在初级阶段。但是，8D 培训具有难度，除此之外还需要数据挖掘的培训，以及对所需用到的分析工具（如排列图、因果图和流程图等）进行培训。

2. 8D 的实施步骤

8D 是解决问题的 8 个工作步骤（D1~D8），如图 8-44 所示，但在实际应用中还有准备步骤（D0）。

8D 真因分析的具体开展流程可以参考表 8-18。

第8章 供应商质量改进

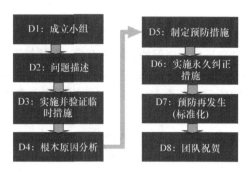

图 8-44 8D 的工作步骤

表 8-18 8D 真因分析的参考流程

过程流程	职责部门/人	相关过程	输出表单
顾客投拆或问题发生	与顾客有联系的各个部门	生产和服务控制程序	8D 真因分析报告及相关分析、验证的资料
部门负责人或质量管理部经理(必要时交总经理)审阅	部门负责人或总经理	任命 8D 小组组长	
成立8D小组，明确要解决的问题	8D 小组组长和组员	填写 8D 真因分析报告中的第1、2、3栏目的相关内容，确定不合格品控制程序	
分析问题根源	8D 小组组长和组员	采用质量分析工具，如 FMEA、因果图、排列图、直方图、趋势图、控制图等	
根源确定？	8D 小组组长和组员	填写 8D 真因分析报告中的第4栏目的相关内容	
确定措施	8D 小组组长和组员	填写 8D 真因分析报告中的第5栏目的相关内容	
实施措施	8D 小组组长和组员	确定纠正和预防措施控制程序，填写 8D 真因分析报告中的第6栏目的相关内容	
验证措施是否有效？	8D 小组组长、组员及其验证人员	使用恰当的方法，如控制图、检查表、过程能力及其他相关审核等	
措施标准化	8D 小组组长和组员	填写 8D 真因分析报告中的第7栏目的相关内容	
总结	部门负责人或总经理	填写 8D 真因分析报告中的第8栏目的相关内容	
资料归档	部门负责人或总经理	记录控制程序	

8D的具体实施步骤如下：

D0：准备计划。这一步主要是为了看此类问题是否需要用8D来解决，例如价格、经费等。这一步是针对问题发生时的紧急反应，以保护客户免于进一步接触不良症状。

D1：成立小组。成立一个项目小组，小组成员具备工艺/产品的知识，有配给的时间并授予了权限，同时应具有所要求的能解决问题和实施纠正措施的技术素质。小组必须有一个指导和组长。

D2：问题描述。用量化的术语详细说明与该问题有关的谁、什么、哪里、何时、为什么、如何、多少（5W2H）的内容。推荐常用方法：质量风险评定、FMEA、5W2H、因果图。

D3：实施并验证临时措施。保证在永久纠正措施（PCA）实施前，将问题与内外部顾客隔离（原为唯一可选步骤，但发展至今都需采用）。另外，临时遏制措施（ICA）的有效性验证可以降低客户的不满。推荐常用方法：FMEA、DOE、PPM、控制图。

D4：根本原因分析（RCA）。用统计工具列出可以用来解释问题起因的所有潜在原因，将问题说明中提到的造成偏差的一系列事件、环境或原因相互隔离测试并确定产生问题的根本原因。推荐常用方法：FMEA、PPM、DOE、控制图、5Why分析法。

D5：制定预防措施。PCA是针对根本原因已知的情况而采取的从流程制度、体系建设层面上来预防类似问题再发生的措施，同时还可举一反三，其中包括建立或完善相关的流程制度、验收标准，更新FMEA并对PCA做出平衡的选择。推荐常用方法：FMEA。

D6：实施永久纠正措施。制订一个实施永久纠正措施的计划，确定过程控制方法并纳入文件，以确保根本原因的消除。在生产中应用该措施时应监督其长期效果。推荐常用方法：防错、统计控制。

D7：预防再发生（标准化）。修改现有的管理系统、操作系统、工作惯例、设计与规程以防止这一问题与所有类似问题重复发生。

D8：小组祝贺。肯定小组的工作，对小组工作进行总结并祝贺，最后将8D文件存档备用。

3. 8D真因分析报告

8D真因分析是一个逻辑结构较为缜密的分析方法，在很多行业都普遍采用，但8D工作的有效开展是个跨团队工作且成员都须是具备相关问题的分析与解决能力的专业人员。所以，不能只要有异常、只要有客户投诉就一定要写8D真因分析报告，也需要慎用8D真因分析。常见的8D真因分析报告见表8-19。

表8-19　8D真因分析报告

8D真因分析报告

客　　户：＿＿＿＿＿　　问题发生日期：＿＿＿＿＿　　□先期开发
项　　目：＿＿＿＿＿　　4D截止日期：＿＿＿＿＿　　□概念开发
产　　品：＿＿＿＿＿　　8D截止日期：＿＿＿＿＿　　□产品定义
问题编号：＿＿＿＿＿　　问题关闭日期：＿＿＿＿＿

	倡导者姓名	倡导者职位	倡导者电话号码	倡导者邮件地址
1. 小组成员				
	其他小组成员姓名	职位	电话号码	邮件地址

第8章 供应商质量改进

（续）

2. 问题描述	描述（在是什么、何地、何时、多少等方面描述问题）			
	对客户的影响（识别潜在的对停机、干扰生产线、召回、索赔等的影响）			
	涉及的工厂（客户、我们和供应商）			
3. 临时遏制	采取了什么措施以立即保护客户并遏制任何可疑库存			
	有其他产品/平台存在风险吗		合格材料的标识	
	挑选结果（时间、日期、挑选的总数和拒绝的数量）			
	挑选数量	缺陷数量		临时遏制开始日期
4. 根本原因	根本原因			
	为何制造出问题零件 & 怎样验证			
	为何发运出问题零件 & 怎样验证			
5. 纠正措施	根本原因			
	对为何制造出问题零件的纠正措施			
	对为何发运出问题零件的纠正措施			
6. 纠正措施验证	纠正措施验证：通过统计证据/假设检验来验证纠正措施，要求对为何制造出问题零件和为何发运出问题零件的纠正措施逐个验证			
	纠正措施所有者姓名	纠正措施所有者电话号码	纠正措施所有者邮件地址	目标完成日期
	合格材料的制造日期	如何标识新零件		

				(续)
7. 预防措施	将来如何避免这个问题			
	其他存在风险的场所和平台			
	名称	零件号	负责追踪的纠正措施	最终期限
	必要的文件已经更新了吗	受影响的文件	负责更新的所有者	日期
		DFMEA		
		PFMEA		
		控制计划		
		过程流程图		
		操作指导书		
		图样（相关图纸和样品）		
		设计标准		
8. 关闭	总结			

8.3.3 5Why 分析法

1. 5Why 分析法的基本介绍

Why 分析法是一种诊断性的技术，被用于识别和说明因果关系链，主要思想就是解释根本原因以防止问题重演。5Why 分析法又称为 5 问法，也就是对一个问题点连续以"为什么"来自问，以追究其真正原因，不限制次数，直到回答"没有好的理由"或直到一个新的故障模式被发现时才停止提问。可以从以下几个角度提问：

1) 为什么会发生：从制造的角度。
2) 为什么没有发现：从检验的角度。
3) 为什么没有从系统上预防事故：从体系或流程的角度。

2. 5Why 分析法的一般步骤

（1）第一部分：把握现状

步骤1：识别问题。

步骤2：澄清问题。

步骤3：分解问题。

步骤4：查找原因要点。

步骤5：把握问题的倾向。

（2）第二部分：原因调查

步骤6：识别并确认异常现象的直接原因。

步骤7：使用"5Why"调查方法来建立一个通向根本原因的原因/效果关系链。

（3）第三部分：问题纠正

步骤8：实施纠正措施或临时措施。

（4）第四部分：预防

步骤9：杜绝根本原因，吸取接受的教训。

3. 5Why 分析法的注意事项

1）亲自到现场去了解现场、现物、现实，要身处现场亲自动手，真正去发现事物所呈现出来的现实，准确把握问题核心。

2）鼓励解决问题的人要努力避开主观或自负的假设和逻辑陷阱，从结果着手，沿着因果关系链条顺藤摸瓜，要找出所有的可能性原因，直至找出问题的根本原因。

3）如果自己不完全熟悉过程，就组建一个项目小组来完成分析。

4）若问题有一个以上的原因，则应找出每个原因的根源。

5）从最后的 Why 反推回去，逻辑上是否合理。

6）锲而不舍，追根究底，依据固有的技术理论去探究事件的应有状态，制定规范和标准。

4. 5Why 分析法的案例分析

（1）案例一：丰田的大野耐一首创5Why分析法的经过

1）　问：为什么机器停了？

　　答：因为机器超载，熔丝烧断了。

2）　问：为什么机器会超载？

　　答：因为轴承的润滑不足。

3）　问：为什么轴承会润滑不足？

　　答：因为润滑泵失灵了。

4）　问：为什么润滑泵会失灵？

　　答：因为它的轮轴耗损了。

5）　问：为什么润滑泵的轮轴会耗损？

　　答：因为杂质跑到里面去了。

经过连续5次不停地问"为什么"，才找到问题的真正原因和相应的解决方法（在润滑泵上加装滤网）。

如果员工没有以这种追根究底的精神来发掘问题，他们很可能只是换根熔丝草草了事，真正的问题还是没有解决。

（2）案例二：杰弗逊纪念馆墙面破损的5Why分析案例

1）　问题：为什么杰弗逊纪念馆墙面破损情况很严重？

　　答：因为经常要用清洗液对墙面进行清洗，而清洁液对建筑物有腐蚀作用。

2）　问：为什么经常要用清洁液清洗墙面？

　　答：为了清除大量的鸟粪。

3）　问：为什么有大量的鸟粪？

　　答：因为这周围聚集了大量的鸟。

4）　问：为什么周围会聚集大量的鸟？

　　答：因为这里聚集了很多蜘蛛，鸟喜欢吃蜘蛛。

5) 问：为什么这里有许多蜘蛛？
   答：因为这里有很多小昆虫，蜘蛛喜欢吃小昆虫。
6) 问：为什么这里有许多小昆虫？
   答：因为这里的房间灯光很亮，小昆虫被明亮的灯光所吸引。

问到第 6 个 Why 时，已经可以清楚知道问题的真正原因了，只要在天未黑前拉上窗帘就可以彻底解决这件事，而不会被采取前 1~5 个 Why 中的对应措施。

8.4 系统性质量改进方法

伴随着管理学的发展及工业化发展，质量管理方法工具也逐渐发展成如今的全面质量管理、QFD、六西格玛管理、精益生产、QCC 等组成的质量管理工具体系，以下仅介绍 QCC 和精益六西格玛（Lean Six Sigma，LSS）这两种方法。

8.4.1 质量改进圈

1. QCC 的定义

QCC 是在自发的原则上，由相同、相近或互补的同一工作场所的员工自发组成的小团体（又称为 QC 小组），利用简易统计工具进行分析、解决工作场所的障碍，以达到增强业绩及改善质量目标的品质管理活动。

QCC 需要全体合作、集思广益，按照一定的活动程序，活用旧 QC 七大工具来解决工作现场、管理、文化等方面所发生的问题。它是一种比较活泼的品质管理形式。QCC 的特点是：参加的人员强调领导、技术人员、员工三部分结合。现代的 QCC 管理内容和目标突破了原有的质量管理范围，向着更高的技术、工艺、管理方面扩展。

2. QCC 的特点及作用

①自主的（尊重个人）。②同一职场（便于开展工作）。③小组的形式（发挥团队力量）。④利用 QC 手法及工具（工欲善其事，必先利其器）。⑤品质管理（提高品质、上升利益、提高效率、确保安全、提高士气）。⑥组成强有力的工作单位。⑦搞好人际关系。⑧提高品质保证。⑨促进思考。⑩开阔眼界。⑪增加收入。

3. QCC 实施流程及主要输出内容

（1）组建 QCC

1）根据同一部门或工作性质相关联、同一班次的原则，组成 QCC。
2）选出圈长。
3）由圈长主持圈会，并确定一名记录员，担任圈会记录工作。
4）以投票方式确定圈名、圈徽。
5）圈长填写 QCC 活动组圈登记表，正式成立 QCC，并向 QCC 推行委员会申请注册登记备案。

（2）活动主题选定，制订活动计划

1）每期 QCC 活动必须围绕一个明确的活动主题进行，结合部门工作目标，从品质、成本、效率、交期、安全、服务、管理等方面，每人提出 2~3 个问题点，并列出问题点一览表。
2）以投票方式产生活动主题，主题的选定以 QCC 活动在 3 个月左右能解决为原则。提出选取理由，讨论并定案。制订活动计划及进度表，并决定适合每一个圈员的职责和工作分工。
3）设立目标。目标尽量要量化、唯一并与主题一致，既有可行性也有一定的挑战性。

4）主题决定后要呈报部门直接主管/经理审核，批准后方能成为正式的 QCC 活动主题。活动计划表交 QCC 推行委员会备案存档。

5）本阶段推荐使用头脑风暴法和甘特图。

（3）现状调查，数据收集与整理

1）现状调查，收集数据：

① 围绕选定的主题，通过圈会设计适合本圈现场需要的、易于数据收集、整理的检查表。

② 决定收集数据的周期、收集时间、收集方式、记录方式及责任人员。

③ 圈会结束后，各责任人员即应依照圈会所决定的方式开始收集数据。

④ 数据一定要真实，不得经过人为修饰和造假。

⑤ 本阶段使用检查表。

2）整理数据：

① 对上次圈会后收集数据过程中所发生的困难点，全员检讨并提出解决方法。

② 检讨上次圈会后设计的检查表，如需要，加以补充或修改，使更利于顺利收集数据，并重新收集数据。

③ 如无前两点困难，则圈长落实责任人员及时整理数据，使用 QC 工具从各个角度去加以层别，或做成排列图形式直观反映各要素，最终找出影响问题点的关键项目。

④ 本阶段可根据需要使用适当的 QC 工具，如排列图、直方图等。

（4）原因分析

1）在圈会上确认每一个关键项目。

2）针对选定的每一个关键项目，运用头脑风暴法展开特性要因分析。

3）找出影响的主要因素，主要因素应具体、明确，以便于制定改善对策。

4）会后落实责任人对主要因素进行验证、确认。

5）各圈员以分工方式对重要原因进行研究、观察、分析，最后提出对策构想并于下次圈会时提出报告。

6）本阶段使用头脑风暴法和因果图。

（5）对策制定及改进项目审批

1）根据上次圈会把握的重要原因和实际观察、分析、研究的结果，按分工方式将所得的对策一一提出讨论，除了责任人的方案构想外，以集思广益的方式吸收好的意见。

2）根据上述的讨论获得对策方案后，让圈员分工整理成详细具体的方案。

3）对所制定的具体对策方案进行分析，制订实施计划，并在圈会上讨论、交换意见，定出具体的步骤、目标、日程和负责人，注明提案人。

4）圈长要求圈员根据讨论结果，以合理化建议的形式提出具体的改善构想。

5）圈长将对策实施计划及合理化建议报部门主管/经理批准后实施（合理化建议实施绩效不参加合理化建议奖的评选，而是直接参加 QCC 成果评奖）。

6）如对策需涉及圈外人员，一般会邀请他们来参加此次圈会，共同商量对策方法和实施进度。

7）本阶段使用防呆法、头脑风暴法、系统图法。

（6）对策实施及检讨

1）对所实施的对策，由各圈员就本身负责的工作做出报告，顺利者给予奖励，有困难者加以分析并提出改进方案和修改计划。

2）对前几次圈会做整体性的自主查检，尤其对数据收集、实施对策、圈员向心力、热心度等,必须全盘分析并提出改善方案。

3)各圈员对所提出对策的改善进度进行反馈,并收集改善后的数据。

(7) 效果确认

1)效果确认分为总体效果及单独效果。

2)每一个对策实施的单独效果,通过合理化建议管理程序验证,由圈长最后总结编制成合理化建议实施绩效报告书,进行效果确认。

3)对无效的对策需开会研讨决定取消或重新提出新的对策。

4)总体效果将根据已实施改善对策的数据,使用QCC工具(总推移图及层别推移图)用统计数据来判断。改善的经济价值尽量以每年为单位,换算成具体的数值。

5)圈会后应把所绘制的总推移图张贴到现场,并把每天的实绩打点到推移图上。

6)本阶段可使用检查表、推移图、层别图、排列图等。

(8) 标准化

1)为使对策效果能长期稳定地维持,标准化是QCC改善历程的重要步骤。

2)把QCC有效对策纳入公司或部门标准化体系中。

(9) 成果资料整理(成果比较)

1)计算各种有形成果,并换算成金额表示。

2)制作成果比较的图表,主要以排列图(以金额差为频数)表示。

3)列出各圈员这几次圈会以来所获得的无形成果,并做改善前、改善后的比较,可能的话以雷达图方式表示。

4)将本期活动成果资料整理编制成QCC活动成果报告书。

5)本阶段可使用排列图、雷达图等。

(10) 活动总结及下一步打算

1)任何改善都不可能是十全十美的,也不能一次解决所有的问题,总还存在不足之处,找出不足之处,才能更上一个台阶。

2)老问题解决了,新问题又来了,所以问题改善没有终点。

3)按PDCA循环,品质需要持续改善,所以每完成一次PDCA循环后,就应考虑下一步计划,制定新的目标,开始新的PDCA改善循环。

(11) 成果发表

1)对本圈的成果报告书再做一次总检讨,有全体圈员提出应补充或强调部分,并最后定案。

2)依照成果报告书,以分工方式,依各人专长,分给全体圈员,制作各类图表。

3)图表做成后,由圈长或推选的发言人上台发言,并进行讨论交流。

4)准备参加全公司的QCC发表会。

一个具体完整的QCC活动的推行,可以参考表8-20来开展。

表8-20 QCC实施流程表

工作阶段	编号	工作项目	工作输出
准备阶段	1	QCC现状诊断	诊断报告
	2	成立QCC推行委员会	QCC活动章程及建议推行委员会名单
	3	基础培训	新旧QC七大工具及统计方法培训
	4	QCC选题理由	选题检查表

(续)

工作阶段	编号	工作项目	工作输出
实施阶段	5	QCC 课题选定	课题的选定
	6	QCC 注册登记	QCC 活动组圈登记表
	7	拟订推行计划	活动计划表、主要作业流程图
	8	现状调查，发掘问题	现状调查表、排列图
	9	目标值设定	目标排列图、目标直方图
	10	要因分析	因果图或系统图、关联图
	11	制定对策措施和工作进度	要因验证分析统计表
	12	实施	对策实施计划表
	13	效果检查	对策验证分析统计表
	14	巩固措施，标准化	实施计划分析统计表
	15	总结及今后打算	社会效益、经济效益总结分析
	16	QCC 活动记录汇整	修订作业指导书、技术规范
	17	总结及今后打算	遗留问题的提出
总结阶段	18	QCC 活动记录汇整	会议记录、培训记录、改善措施各项原始记录
	19	QCC 成果论文编写	QCC 成果报告书/论文
	20	成果发表交流	发表用投影片

8.4.2 精益六西格玛管理

1. 精益六西格玛的基本介绍

（1）定义　精益六西格玛是精益生产与六西格玛管理的有机结合，其本质是减少浪费、消除变异。精益六西格玛的目的是通过整合精益生产与六西格玛管理，吸收两种管理模式的优点，弥补单个管理模式的不足，达到更佳的管理效果。

（2）分类　根据精益六西格玛解决具体问题的复杂程度和所用工具，把精益六西格玛活动分为精益改善活动和精益六西格玛项目活动。其中，精益改善活动全部采用精益生产的理论和方法，它解决的问题主要是较为简单问题；精益六西格玛项目活动主要针对复杂问题，需要把精益生产和六西格玛的原理、方法和工具结合起来。

（3）适用领域　传统六西格玛项目主要解决与变异有关的复杂问题，例如控制一个过程的产品一次通过率；而精益六西格玛项目解决的问题不仅包括传统六西格玛所要解决的问题，而且要解决那些与变异、效率等都有关的"综合性"复杂问题，例如不但要控制一个过程的产品一次通过率，还要优化整个生产流程，简化或合并某些动作，缩短生产周期。

（4）推行收益　精益六西格玛部署是公司范围内的战略，用于在提高生产率、降低 PPM、缩短交货周期等方面实现突破。若正确采用，精益改进方法可促进按期交货，同时腾出资金，使不良工艺流程的不良质量成本（COPQ）下降75%~90%。六西格玛质量改进能增强客户满意度，同时将 COPQ 从占总销售额的20%降至占10%或更低。可获得的其他的竞争优势包括产品交货时间缩短50%~80%、制造和管理费用下降20%等。

通过实施精益六西格玛，组织可以在以下方面获得收益：

1）减小业务流程的变异，提高过程的能力和稳定性，提高过程或产品的稳健性。

2）减少在制品数量，减少库存，降低成本。
3）缩短生产节拍，缩短生产准备时间，准确快速理解和响应顾客需求。
4）改善设施布置，减小生产占用空间，有效利用资源，提高顾客满意度，提高市场占有率。

（5）六西格玛管理与精益生产的比较（见表8-21）

表8-21 六西格玛管理与精益生产的比较

项目名称	精益生产	六西格玛管理
假定	1）消除浪费可以改善绩效 2）大量的小改进有利于组织成长	1）问题总是存在理论 2）测量重要理论 3）减少变异，提高产出
文化基础	东方人的文化和管理思想	西方制度、工具化的文化和管理思想
直接目标	1）消除一切浪费，降低成本 2）缩短流程周期，增强响应能力 3）多品种小批量生产，增加柔性	1）消除变异，优化流程 2）提高质量，增加价值
关注焦点	浪费	波动
工具方法	5S现场管理、JIT、快速换模（SMED）、防呆法、看板管理、同步工程、视觉控制、自动化（Jidoka）、平衡化（Heijunka）、TPM、约束理论（TOC）、持续改进、DFMA（面向制造和装配）、价值工程（VE）和标准化作业等	QC七大工具、QFD、DOE、SPC、MSA、假设检验、多变量分析等
实施步骤	1）确认价值 2）识别价值流 3）流动 4）拉动 5）尽善尽美	1）定义 2）测量 3）分析 4）改进 5）控制
共同点	1）关注顾客满意，顾客驱动 2）关注财务结果 3）注重持续的系统改进 4）注重改变思想观念 5）全员参与，团队协作 6）管理层的大力支持和参与 7）注重人、系统和技术集成	
特点	1）工具相对简单易用 2）注重柔性、灵活性 3）强调节流	1）工具较有难度，但功能强大 2）注重系统性、规范化 3）强调开源与节流
实施方式	由下而上推动	由上而下的推动
主要效果	1）减少一切浪费 2）优化流程，缩短交货期 3）提高生产效率 4）降低成本，改善资产投入	1）减少变异 2）消除缺陷，改进质量 3）增加顾客价值，提高利润 4）顾客满意与忠诚

(续)

项目名称	精益生产	六西格玛管理
优点	1) 持续的全面创新和变革 2) 强调持续流动和拉动 3) 与相关利益主体的全面合作关系 4) 整体优化，追求尽善尽美 5) 改善见效快	1) 应用大量统计工具，系统精确界定问题 2) 基于流程改进 3) 追求完美和持续改进 4) 改善见效比精益生产慢
不足	1) 过于依赖经验，缺乏定量分析 2) 对于波动处理不力 3) 疏于人才培训和整体方法整合 4) 急功近利，出现"非精益化"反弹	1) 需要具备一定管理基础 2) 需要有系统的管理制度 3) 对领导的持续关注与资源提供要求高
精益生产与六西格玛管理结合的优势	通过有效识别一切浪费与过程变异，持续改进，消除浪费与缺陷，减少波动，以便低成本地快速满足顾客需求，获得持久的竞争优势	

六西格玛管理是在西方的文化背景下产生的，而精益生产是在东方的文化背景下产生的，两者在特征上有着诸多不同，但是从本质上来说是相同的，都是为了提高顾客满意而进行全方位的注重流程上的持续改进的方法。所以说，将精益生产与六西格玛管理进行集成形成精益六西格玛是可行的，也有利于任何组织推行精益生产或六西格玛管理的有效整合。

2. 精益六西格玛的发展基础

首先，要清楚一个式子：

精益六西格玛 > 精益生产 + 六西格玛管理

（1）精益生产和六西格玛管理简介　精益生产源于20世纪六七十年代早期的丰田生产方式（TPS），在丰田取得巨大成功之后，美国麻省理工学院成立研究团队持续追踪、研究丰田生产方式，提炼出的知识体系便是精益生产的理论方法。

精益生产是通过开展持续改进，识别和消除所有产品和服务中浪费或非增值作业的系统方法，包括利用看板拉动的JIT、TPM、5S管理法、防呆法、快速换模、生产线约束理论、价值分析理论等。

六西格玛是1987年由Motorola公司最先提出的一套质量改进的方法。该方法是建立在科学的统计理论基础上，一般采用项目管理的方式和DMAIC（Define、Measure、Analyze、Improve、Control，定义、测量、分析、改进、控制）流程分析技术来实现产品和服务质量的持续改进。

（2）精益六西格玛的必要性和可行性

1) 实施精益六西格玛是必要的。

① 六西格玛管理优化的对象经常是局部的，缺乏系统整体的优化能力，所以它需要将自身需要解决的问题与整个系统联系起来，然后优化流程。而精益生产理论的优点之一就是对系统流程的管理，它可以为六西格玛管理的项目管理提供框架。系统中经常存在不能提高价值的过程或活动，无论员工如何努力，他们都无法超越系统流程的设计能力范围之外，流程重新设计的目标就是尽量消除此类活动或过程，精益生产对此有一套完整有效的方法和工具。

② 精益生产依靠专家人才的特有知识，采用直接解决问题的方法，因此对于简单问题，其解决问题的速度更快，但缺乏知识的规范性；对于复杂的问题，它缺乏效率，无法保证其处于统计受控状态。而六西格玛管理更好地集成了各种工具，采用定量的方法分析、解决问题，解决问题有规范的DMAIC流程分析技术，为复杂问题提供了操作性很强的解决方法和工具。

③ 精益生产告诉六西格玛管理做什么,六西格玛管理告诉我们怎样做,以保证过程处于受控状态,对于复杂程度不同的问题,需要采用不同的方法去解决,因此二者结合是必要的。

2) 精益六西格玛是可行的。

① 两者都是持续改进、追求完美理念的典范。这是两者精髓上的同质性,正因为如此,两者才能有结合的可能性。

② 精益生产和六西格玛管理都与 TQM 有密切的联系,它们的实施都与 PDCA 的模式大同小异,都是基于流程的管理,都以顾客价值为基本出发点,这为两种生产模式整合提供了基础。

③ 如前所述,精益生产的本质是消除一切浪费,六西格玛管理的本质是持续减少变异,而变异是引起浪费的一种原因,所以两种模式关注的对象不是对立的,而是具有互补性。

3) 精益六西格玛的主要改善方向与目标如图 8-45 所示。

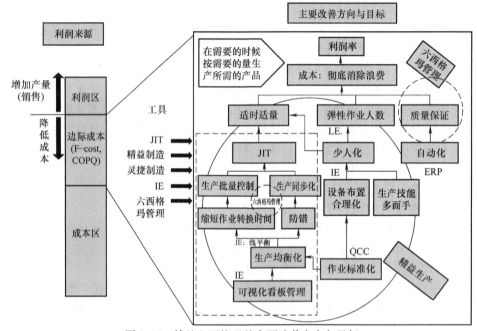

图 8-45 精益六西格玛的主要改善方向与目标

3. 精益六西格玛实施的误区以及关键成功因素

(1) 精益六西格玛实施的误区

① 公司高层(老板,CEO)过度授权。

② 没有将精益六西格玛与战略结合。

③ 策划不充分,在实践中摸索,贻误战机。

④ 首批项目取得可见成效时间太长。

⑤ 执行力度不够。

⑥ 财务总监没有对改善成果充分参与并达成共识。

⑦ 高层领导对精益六西格玛深化关注不够。

⑧ 注重项目结果,却忽视流程能力的提高。

⑨ 精益六西格玛团队得到的授权不够。

⑩ 没有形成精益六西格玛人才发展通道。

(2) 精益六西格玛实施的关键成功因素

1）关注系统。精益六西格玛的力量在于整个系统，精益六西格玛不是精益生产和六西格玛管理简单相加，而是要把精益生产和六西格玛管理有机结合起来，处理整个系统的问题。对于系统中不同过程或同一过程的不同阶段的问题，精益生产和六西格玛管理相互补充才能达到 $1+1>2$ 的效果，例如当过程处于起始状态、问题较为简单时，可以直接用精益生产的方法和工具解决，但随着过程的发展，当问题处于复杂状态时，就要用六西格玛管理的方法解决。

所以，在实施中要关注整个系统，用系统的思维方式综合考虑、恰当选用精益六西格玛的相应方法或工具。现实中一些企业实施精益六西格玛时之所以没有达到预期效果，就是因为他们虽然同时做了精益生产和六西格玛管理，但是没有把二者有效结合在一起，而是不同的部门分别使用不同的模式，不仅浪费大量资源，还导致对各种方法的机械采用。

2）重视文化建设。不论是精益生产还是六西格玛管理，文化对其成功都有着重要的作用。同样，实施精益六西格玛也离不开企业的文化建设。通过企业精益西格玛文化建设，使公司每一个员工形成一种做事的习惯，自觉地按精益六西格玛的方式去开展相关工作。

精益六西格玛的文化是持续改进、追求完美、全员参与的文化。只有追求完美，持续地对过程进行改进，才能不断超越现状，取得更大的绩效。而现代的组织管理是一个非常复杂的系统，个人或一部分人的力量是有限的，只有靠全员参与，才能最大地发挥出集体的能力。

3）流程管理为中心。精益生产和六西格玛管理都是以流程为中心的管理方式，因此精益六西格玛也必须以流程为中心，摆脱以组织功能为出发点的思考方式。只有以流程为中心才能真正发现在整个价值流中哪些是产生价值的，哪些是浪费，从而进行高效的管理。

4）领导的支持。精益六西格玛需要处理整个系统的问题，同时要分析和解决的问题也更复杂，需要与不同的部门进行有效沟通，需要得到更多资源的支持，所以没有领导的支持是不可能成功的。领导的支持应该是实实在在的支持，而不是仅仅有口头上的承诺，所以这就要求领导也要参与到精益六西格玛变革中去，只有参与其中，才能发现问题，有力地推动精益六西格玛。

5）正确使用方法和工具。在利用精益六西格玛方法对系统分析之后，针对具体某一点的问题，可能仅仅用到精益生产或者六西格玛管理的方法或工具，也可能需要把两个管理模式中的方法和工具结合起来使用。例如对于简单问题，就应该用 Kaizen（持续改善）的策略，用精益生产的方法和工具直接解决，如果还用六西格玛管理的方法和工具，必然降低过程的速度；而对于复杂的问题，如果不用六西格玛管理的方法和工具，就不能发现真正的原因，不能有效解决问题；还有一些复杂问题需要同时利用精益生产和六西格玛管理的方法和工具来解决，才能达到其目的。因此，精益六西格玛要实现精益生产的速度和六西格玛管理的过程稳健性，必须确定问题的种类，针对具体问题选用恰当的处理方法和工具。

4. 六西格玛与精益生产的有机结合

通过对六西格玛管理与精益生产的优势和不足进行分析，可以看出两者具有很强的互补性。六西格玛管理是解决问题的方法论，它以数据分析为基础，消除过程波动、持续改进获得完美品质，满足或超越顾客要求。精益生产是一种消除过程浪费、优化流程、准时制造的方法，何处都可以作为改善起点，最终目的是用尽善尽美的流程为顾客创造尽善尽美的价值。精益生产与六西格玛管理结合可以同时获得二者的优势，摒弃它们的不足。

作为一种先进的管理模式，精益六西格玛不仅能通过六西格玛管理大幅度提高产品或服务质量，增加顾客价值，同时能利用精益生产方法减少投入、提高效率和市场响应能力。精益六西格玛的技术体系如图8-46所示。

精益六西格玛不是仅仅将精益生产和六西格玛管理中的工具进行简单组合，而是将两种管理方法中的适合工具进行有效结合。表8-22是精益六西格玛的阶段工作要点与常用工具。

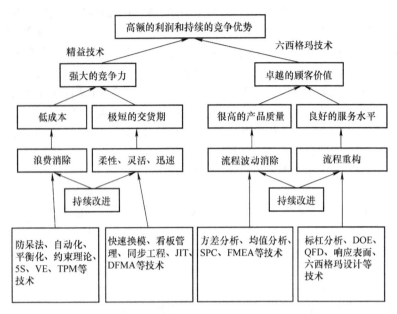

图 8-46 精益六西格玛的技术体系

表 8-22 精益六西格玛管理阶段工作要点与常用工具

阶段划分	阶段工作要点	常用工具	
D（定义）	明确问题 确定范围 制订计划 小组构建 风险分析 收益核算 启动项目	战略展开 树图 头脑风暴法 亲和图 平衡计分卡 力场图 因果图 时间序列图 趋势图	排列图 质量成本 顾客声音（VOC） KANO 模型 标杆对比 流程图 SIPOC 图 甘特图 项目管理
M（测量）	指标确认 流程分析 数据收集 测量评价 能力评估 找潜在原因 快赢改善	排列图 因果图 直方图 时间序列图 检查表 抽样计划 水平对比法 控制图	相关性分析 多变异分析 MSA 过程能力分析（PCA） 头脑风暴法 过程流程图 因果矩阵 FMEA
A（分析）	分析原因 找出关键 因子验证	假设检验 ANOVA 控制图 多变异分析 回归分析 DOE 抽样计划	价值流分析（VSM） 线平衡分析 动作分解 约束理论 MSA 流程图程序分析 价值工程

(续)

阶段划分	阶段工作要点	常用工具	
I（改善）	提出方案 评估方案 批量验证 找出合适方案	DOE 响应曲面设计 稳健设计 回归分析 头脑风暴法 创新理论（TRIZ） FMEA TPM	快速换模 布局分析与改善 单元生产 看板拉动 5S与可视化 工序优化（ECRS）
C（控制）	成果固化 保持成果 知识传递 项目移交	控制计划 标准化操作 检查表 控制图 趋势图	防错设计 抽样计划 过程能力分析 颜色管理 项目管理　看板管理

目前很多企业在推进六西格玛管理的过程中已经将精益生产的一些思想和工具应用于六西格玛管理项目，不管名称是六西格玛管理或者精益六西格玛，精益生产和六西格玛管理的结合是企业六西格玛管理应用于企业系统业务流程改进的必然。

同时，企业在持续推进精益六西格玛时，还需要企业从技术、战略和文化三个层面上有所创新和突破。从本质上来讲，推行精益六西格玛就是一个持续变革的过程，需要不断打破现状，对现有流程、制度或文化进行重构。而很多企业仅仅是热衷于精益六西格玛的方法和工具，只关心技术与战略这两个层面，却忽略了文化的变革。而这点正是很多企业在开展精益六西格玛后，在短时间内能取得一定的效益但却不能在长期得到进一步发展的重要原因之一。

附录　英文缩写中英文对照
（以文中出现顺序排序）

SQM：Supplier Quality Management　供应商质量管理
SQE：Supplier Quality Engineer　供应商质量工程师
TCO：Total Cost of Ownership　所有权总成本
COQ：Cost of Quality　质量成本
COPQ：Cost of Poor Quality　不良质量成本
SRM：Supplier Relationship Management　供应商关系管理
CRM：Customer Relationship Management　客户关系管理
CDM：Collaborative Design Manufacturing　协同设计与制造
ISO：International Organization for Standardization　国际标准化组织
IATF：International Automotive Task Force　国际汽车行动小组
VDA：Verband der Automobilindustrie　德国汽车工业协会
AIAG：Automotive Industry Action Group　汽车工业行动组织
TQM：Total Quality Management　全面质量管理
TQC：Total Quality Control　全面质量管理
CWQC：Company Wide Quality Control　全公司质量管理
QCC：Quality Control Circles　品质改进圈
PPAP：Production Part Approval Process　生产件批准程序
CIP：Continuous Improvement Project　持续改进项目
QSA：Quality System Audit　质量体系审核
QPA：Quality Process Audit　过程质量审核
SPC：Statistical Process Control　统计过程控制
MSA：Measurement System Analysis　测量系统分析
DOE：Design of Experiments　实验设计
FMEA：Failure Model and Effectiveness Analysis　失效模式与影响分析
APQP：Advanced Product Quality Planning　先期产品质量策划
CP：Control Plan　控制计划
VMI：Vendor Managed Inventory　供应商管理库存
JIT：Just In Time　准时化
ECR：Efficient Customer Response　有效客户反应
FTA：Failure Tree Analysis　故障树分析
QFD：Quality Function Deployment　质量功能展开
BOM：Bill of Material　初始材料清单
LAR：Lot Acceptance Rate　批接收率
DOA：Dead On Arrival　开箱不良率
FFR：Field Failure Rate　失效率

附录 英文缩写中英文对照

ARR：Annual Failure Rate 年度返修率
PPM：Parts per Million 百万分之一
MTBF：Mean Time Between Failure 平均失效间隔时间
MTTF：Mean Time To Failure 失效前平均时间
AVL：Approved Vendor List 合格供应商库
CFT：Core Function Team 项目小组
IPO：Input Process Output 输入、过程、输出
DVP Design Verification Plan 设计验证计划
OTS：Off Tooling Sample 工程样件
SOP：Standard Operation Procedure 作业标准指导书
EVT：Engineering Verification Test 工程验证测试
DVT：Design Verification Test 设计验证测试
PVT：Pilot – run Verification Test 小批量过程验证测试
IPD：Integrated Product Development 集成产品开发
TPM：Total Productive Maintenance 全面生产维护
5M1E：Man、Machine、Material、Method、Measurement、Environment 人、机器、材料、方法、测量、环境
IPQC：In Process Quality Control 过程质量控制
IQC：Incoming Quality Control 来料检验
UCL：Upper Control Line 上控制线
CL：Central Line 中心线
LCL：Lower Control Line 下控制线
CAPA：Corrective Action & Preventive Action 纠正措施与预防措施
TOPS：Team Oriented Problem Solving 团队导向问题解决方法
RCA：Root Cause Analysis 根本原因分析
ICA：Interim Containment Action 临时遏制措施
PCA：Permanent Corrective Action 永久纠正措施
LSS：Lean Six Sigma 精益六西格玛
IE：Industrial Engineering 工业工程
TPS：Toyota Production System 丰田生产方式
DFMA：Design for Manufacturing and Assembly 面向制造和装配

参 考 文 献

[1] 孙磊. 质量管理实战全书 [M]. 北京：人民邮电出版社，2011.
[2] 张立清，富荣彪，金剑峰，等. 轨道交通行业供应商质量管理 [M]. 北京：中国质检出版社，2018.
[3] 翟光明，郭淑红，时锦秀. 采购与供应商管理操作实务 [M]. 北京：中国物资出版社，2011.
[4] 周蓉，于春艳. 采购管理实务 [M]. 杭州：浙江大学出版社，2016.
[5] 徐杰，鞠颂东. 采购管理 [M]. 3 版. 北京：机械工业出版社，2014.
[6] 汤晓华. 如何高效管控供应商 [M]. 北京：化学工业出版社，2012.
[7] 朱仕友，孙科柳. 供应商管理实操手册 [M]. 北京：中国电力出版社，2012.
[8] 金春华，孙磊，翁明. 设计开发质量管理 [M]. 北京：中国质检出版社，2013.
[9] 李永飞. 供应链质量管理前沿和体系研究 [M]. 北京：机械工业出版社，2016.
[10] 强瑞，等. 供应链质量形成机理与危机预警 [M]. 武汉：武汉大学出版社，2014.
[11] 丁宁，宋莺歌，吕振君. 采购与供应商管理 [M]. 北京：清华大学出版社，2012.
[12] 辛童. 采购与供应链管理——苹果、华为等供应链实践者 [M]. 北京：化学工业出版社，2018.
[13] 刘宝红. 采购与供应链管理 [M]. 3 版. 北京：机械工业出版社 2019.
[14] 一汽-大众汽车有限公司. 一汽大众供应商质量能力 [Z]. 2005.
[15] 沃尔玛百货有限公司. 沃尔玛供应商工厂认证手册 [Z]. 2003.
[16] 上海汽车制造有限公司. 供应商质量手册 [Z]. 2006.
[17] 广州风神汽车有限公司. 供应商品质保证手册 [Z]. 2002.
[18] 德国大众汽车集团. 供应商质量能力评定准则 [Z]. 2000.
[19] 天合汽车集团. TRW 全球供应商质量手册 [Z]. 2004.
[20] 通用电气公司. 供应商质量管理准则 [Z]. 2000.
[21] 诺基亚集团. 供应商要求手册 [Z]. 2003.
[22] 华为技术有限公司. 供应商指南 [Z]. 2005.
[23] 浙江吉利动力总成有限公司. 供应商质量管理手册 [Z]. 2013.
[24] 奇瑞汽车股份有限公司. 供应商管理手册 [Z]. 2005.